品道午餐学术沙龙演讲集

（第一辑）

主编 姜飞 张丹

中国社会科学出版社

图书在版编目(CIP)数据

品道午餐学术沙龙演讲集.第一辑/姜飞、张丹主编.—北京:中国社会科学出版社,2013.10
ISBN 978-7-5161-3336-1

Ⅰ.①品… Ⅱ.①姜…②张… Ⅲ.①新闻学—文集 Ⅳ.①G210—53

中国版本图书馆 CIP 数据核字(2013)第 235671 号

出 版 人	赵剑英
责任编辑	冯 斌
特约编辑	刘 艳
责任校对	李 莉
责任印制	戴 宽

出　　版	中国社会科学出版社
社　　址	北京鼓楼西大街甲 158 号 (邮编 100720)
网　　址	http://www.csspw.cn
	中文域名:中国社科网　010-64070619
发 行 部	010-84083685
门 市 部	010-84029450
经　　销	新华书店及其他书店

印刷装订	三河市君旺印装厂
版　　次	2013 年 10 月第 1 版
印　　次	2013 年 10 月第 1 次印刷

开　　本	710×1000　1/16
印　　张	17
插　　页	2
字　　数	271 千字
定　　价	56.00 元

凡购买中国社会科学出版社图书,如有质量问题请与本社联系调换
电话:010-64009791
版权所有　侵权必究

编委会

主　任　唐绪军
副主任　赵天晓
委　员　（按姓氏笔画排序）
　　　　王怡红　王凤翔　张　丹　赵天晓
　　　　姜　飞　贾金玺　谢　明
主　编　姜　飞　张　丹
副主编　谢　明

序　品出学问 道出思想

本所的午餐学术沙龙始于2009年7月，由传播学研究室主任姜飞博士所倡导。举办这一学术沙龙的目的，在于广邀国内外新闻传播领域有影响力的专家学者、传媒领袖，来所介绍学界业界动态，提供思想和见解，以使本所科研人员、在读的硕士博士以及所外同好能够分享彼此的研究成果和学术观点。

社科院的"上班"概念与别处不同。对于科研人员来说，"上班"也就意味着每周一次的返所，开会、讨论、处理些日常事务。其他绝大部分时间，科研人员其实都不在办公室里"上班"，而是各自为政，或读书查资料，或奔赴各地讲学调研，或埋头做各种课题。除非有合作，否则相互之间面对面的交流为数甚少。午餐学术沙龙的设立，无疑给科研人员提供了一个面对面直接相互学习和交流的极好机会。读书人，惜时如金。利用返所日的午餐时间，人手一份盒饭，听着"外来和尚"念的"经"，胃进新食，脑增新知，相互提问，共同切磋，何乐而不为？因而，这一形式广受欢迎。

其实，这也并非什么创新之举。听老一代科研人员说，本所初创时期就是这么做的。那时也没有统一的盒饭，各自拿着从家里带来的各式各样的午餐，聚集在会议室里，你三言，我两语，海阔天空，陟罚臧否，间或你尝一点我带的菜，我尝一点你带的菜，午饭吃完了，相互的信息交流也完成了，既简单，又高效，其乐融融。因此，可以说，午餐学术沙龙的设立，乃本所优良学术传统的复归。

及至2012年年初，在实施"创新工程"过程中，本所所务会认为，午餐学术沙龙这一活动不仅应该坚持举办下去，还应该不断扩大其影响力，将其打造成学术品牌。既然要打造成品牌，就得有个响当当的名号。于是，大家集思广益，给这一沙龙命名为"品道"。"品道"这一名称可以作多重解释。按动宾结构来解释：品者，咂摸辨别也；道者，观点学说也；午餐时间，就着食物咂摸学问是谓"品道"也。也可按并列的动词结构来解释：品者，鉴赏评论也；道者，诉说讲解也；你说我听，或者我释你辩，有来有往是谓"品道"也。还可按并列的名词结构来解释：上档次者谓之品，形而上者谓之道；学问者，高深莫测，须上下求索之，是谓"品道"。甚至，你还可以独出心裁地将之解释成倒装的动宾结构"道品"，意为"说说你咂摸出了啥滋味"。不管作何解释，我们的期望是，通过冠名"品道"，午餐学术沙龙能够继续发扬和传承本所优良学术传统，打造出以本所科研人员为核心的新闻学、传播学学术共同体，从而为这个学科新思想、新观点、新理论的诞生提供孵化的场所。

中国社会科学院正在实施的"哲学、社会科学创新工程"，归根结底要落实在理论创新和观点创新上，而学术沙龙这种形式正是创新思想、创新观点、创新理论的孵化器。在中外学术发展史上，学术沙龙曾经孕育出了无数新思想、新观点，这样的例证比比皆是。马克思主义的创始人卡尔·马克思，年轻时在柏林求学期间，经常参加一个名为"柏林青年黑格尔派"的学术沙龙。1837年11月，马克思在给他父亲的一封信中写道："我和友人们在斯特拉劳的多次聚会中，接触到一个博士俱乐部，它的成员是一些大学讲师，还有我那个最亲密的柏林朋友鲁滕堡博士。在这个俱乐部里，人们在进行争论，亮出了很多相互冲突的观点。"[1] 正是在这种相互冲突的观点交锋中，马克思不断地对黑格尔的辩证法进行批判和改造，扬弃了其唯心主义的内核，从而为辩证唯物主义的创立打下了坚实的基础。另一位伟大的思想家、相对论的创始人阿尔伯特·爱因斯坦，也曾受益于学术沙龙。1902年，23岁的爱因斯坦刚刚从大学毕业，在瑞士伯尔尼专利局谋了个小差，旺盛的精力无以寄托，业余时间便与一群志同道合的年轻人组成了一个沙龙，一起读书，一起讨论问题，相互争论，相互激励。3年后，26岁的爱因斯坦在

---

[1] [德]海因里希·格姆科夫：《马克思传》，易廷镇、侯焕良译，人民出版社2000年版，第20页。

1905年连续发表了5篇划时代的学术论文，创建了狭义相对论，开创了物理学的新纪元。回想在伯尔尼度过的那段时光，爱因斯坦和他的伙伴们把他们的沙龙称之为"不朽的奥林匹亚学院"。

学术沙龙之所以能够成为思想和观点的孵化器，我以为，主要原因就在于这种形式的非正式和少限制。一群志趣相投的人聚集在一起，没有那么多讲究，没有那么多约束，自由地表达各自的观点，不同的观点在相互砥砺的过程中，就有可能碰撞出思想的火花。思想是必须独立和自由的，但同时个人的思想也是需要与他人交流的，只有在与他人的思想相互交流，甚至交锋中，个人的思想才能不断完善，最终成为对社会有价值的思想。爱因斯坦曾说过："一个人要是单凭自己来进行思考，而得不到别人的思想和经验的激发，那么即使在最好的情况下，他想的也不会有什么价值，一定是单调无味的。"[1]恩格斯在《费尔巴哈论》中提供了一个很好的例证。在分析费尔巴哈为什么没能把他的唯物论推进到社会领域时，恩格斯指出，因为他"不得不在穷乡僻壤中过着农民式的孤陋寡闻的生活"，"这种生活迫使这位比其他任何哲学家都更爱好社交的哲学家从他的孤寂的头脑中，而不是从同与他才智相当的人们的友好或敌对的接触中产生出自己的思想。"[2] 学问，学问，既要学，更需要问，在问中学才能产生出新学问。

我们当然不敢说我们所举办的午餐学术沙龙已经取得了什么成效，但至少我们一直在努力。自2009年7月21日午餐学术沙龙鸣锣开场后，迄今已历四载，累计举办了40多期。主讲人既有来自国内外包括新闻学、传播学以及其他社会科学相关学科的知名学者和专家，也有来自传媒业界的社长、台长、总编、主编以及资深编辑和记者。这些主讲嘉宾不仅带来了他们正在从事的研究项目的最新成果，也带来了他们长期关注和思考的现实问题和疑惑。他们所介绍的内容，有的客观、忠实地反映了国际新闻与传播学界的最新成就、最新知识和前沿信息；有的是在国际刊物或国际会议上获得的新观念、新思维、新角度；有的是挖

---

[1] ［美］爱因斯坦：《爱因斯坦文集》（第三卷），许良英译，商务印书馆1979年版，第303页。

[2] 中共中央党校教材：《马列著作选编》，中共中央党校出版社2002年版，第303页。

掘和提炼中国传统文化宝藏中的学术精华并结合传播学理论重新形成的具有中国特点的媒介新说和传播新论；当然也有的仅仅只是基于现实观察和个人观感对某些学术问题所作的天马行空般的自由畅想。无论是什么样的论说，重要的是，他们的讲述触发了沙龙参与者的头脑风暴，时不时会引起一些或者平和的讨论，或者激烈的争辩。所有这一切，我们认为都是有价值的，有必要把它们整理出来，让更多的人共享。

基于以上认识，我们汇编了这本集子。收入在这本集子里的演讲记录和讨论实录，虽不像学术论文那么严谨，也不似论坛讲座那么系统，但却不乏思想的火花和观点的闪光。感谢沙龙主讲嘉宾们慨允分享他们的智慧。如果您能从中品出点滋味来，我们将深感荣幸。当然，如果大家喜欢的话，我们还会接着编第二本、第三本……

是为序。

中国社会科学院新闻与传播研究所所长 唐绪军
2013 年 9 月 23 日

目 录

对新疆"7·5事件"国内外新闻报道的学术反思 …………… (1)

四重证据法探寻中国文化元素
　　——黄帝有熊：失落的信仰与历史 ………………………… (14)

创新传媒文化　引导主流舆论
　　——从中青报"三国演义"说起 …………………………… (30)

西欧主要国家的广电传媒政策及其与中国广电传媒
　　政策之比较 ……………………………………………… (38)

中国文化走出去战略背景下的海外华文传媒 ……………… (58)

新媒体与中国软实力的建构与传播 ………………………… (75)

英国10份全国性报纸对中国形象的建构 …………………… (89)

谷歌事件工作坊 ……………………………………………… (108)

走向国际的中国传媒如何界定公信力？ …………………… (139)

中国健康传播十年探索 ……………………………………… (158)

德国跨文化培训的实践以及对我们的启示 ………………… (174)

"《中国互联网状况》白皮书"学术工作坊 …………………… (177)

一个未来世界强国的互联网如何发出影响世界
　　的强音 …………………………………………………… (183)

如何认识和把握新技术条件下的网络传播变革 …………… (199)

新形势下从中央电视台的重大改革看我国国际传
　　播能力建设 ……………………………………… (211)
纪录片的历史发展与创作理念及经典获奖纪录片
　　观摩与解析 ……………………………………… (216)
媒介化时代的融合效应之挑战 ……………………… (226)
瑞典媒体中的中国形象 ……………………………… (238)
国际传播研究
　　——自传式的回顾 ……………………………… (249)
致谢 …………………………………………………… (261)

对新疆"7·5事件"国内外新闻报道的学术反思

王异虹　刘瑞生　冷凇

（2009—7—28）

德国《世界报》报道新疆事件的内容分析

王异虹

王异虹，博士，北京大学新闻与传播学院副教授，北京大学光华管理学院博士流动站博士后。曾在德国留学8年，并从事跨文化教学和培训工作，获德国汉堡大学哲学博士学位；曾是德国汉堡大学跨文化教育研究所的跨文化咨询员，德国跨文化研究协会的成员。有多篇文章在国外发表，出版专著：《跨文化理论与实际应用——各类资本的转化》（汉堡大学电子出版，2006年2月）。多次参与德国、美国和中国的跨文化沟通与传播培训项目，有长达十几年的跨文化沟通与传播的培训经验。

我今天讲述的是我对德国《世界报》在新疆事件出来之后一系列新闻报道的内容分析。通过对报纸某个时间段里的新闻报道进行内容分析，有了一个报道的定义，首先是从负面报道定义的。本研究中的负面报道给了四个负面的概念，第一个是标题的选择，第二个是遣词造句上的报道关键词选择，第三个是配图，第四个是采取什么样的态度报道。

第一个，标题的选择。从网络版的标题制作来看，首先要求清晰准确地说明一个新闻事实：或者突出一条新闻中的最为重要的新闻因素；或者强调新闻中最新的变动；也可能揭示新闻中最为本质的变动意义；

而且态度要鲜明。我们看看德国人在报道新疆的时候如何进行标题的选择。

标题是内容分析最主要的切入点，我们看一下德国媒体的标题制作。7月7号对这个事件开始报道，首先给出一个标题，这是一个比较引人注意的词，就是明显地表示瞧不起，毫无忌讳地瞧不起。瞧不起谁呢？瞧不起新疆人，瞧不起新疆的维吾尔人。这是一个带有明显作者意图的标题："乌鲁木齐暴动"。这里用的是"暴动"，没有用"骚乱"和其他的词，就用了"暴动"一词。7月7号还有一篇报道，是"流亡海外的维吾尔族首都是巴伐利亚州"。对于德国人来说，这是一个拉近距离的报道。就如同9·11事件发生以后，德国人当时马上就报道说"9·11事件的制造者在德国"。大标题出现后德国人都很震动，这也是拉近距离的报道。

然后，还在7号，又有一篇文章，紧接着"乌鲁木齐暴动"，再次用"暴动"一词。报道中介绍维吾尔族，按理说没有什么可以体现立场的，就是维吾尔族。但是在文章中，有个副标题介绍维吾尔族历史的时候，把维吾尔族和土耳其人相提并论。我们都知道在德国，土耳其人非常多，差不多有10%。后面的标题以汉字参译的，"汉：中国人"，我们看一下用的标题。"汉"，用的是中国人；维吾尔族人，他用的是"维族人"，就不是"中国人"。这个标题想要传达一种把维吾尔族人和中国人相区别的意思。然后媒体他用了一个词是"大打出手"，而介绍热比娅的时候，使用了非常强烈的词汇："死亡"、"震惊"、"恐惧"、"深渊"。下一个用的是"在北京强权的傲慢"，这个也是非常负面的。到7月11号的时候，事态有所缓和，没有什么可报道的。这个时候，德国采用了一个非常有趣的报道，当地有个法兰克福书展，报道用了这样的形容："道不明的法兰克福书展"。通过这个标题又提到中国，通过参加书展，还是想展现中国的负面形象。

7月12号报道的标题是"破坏天堂的和平"，描述整个事件的发生和事件的进行。下一个标题"绝食和坦克，老百姓往哪儿待？"还是7月12号的标题："正告北京的行动"，这是最后一份报纸的副标题。

新闻报道的规律告诉我们，在制作标题时要尽量提供读者可能不知道的信息点，吸引读者的注意。当然了，对于德国人而言，北京是异国他乡，关于新疆的内容也是异国的。这些内容对于德国人而言，与他们没有什么密切关系，只是较有重大影响的国际事件。

除此之外，新闻报道应该报道正在发展或者有广泛影响的，读者心理、地理上接近的，广大读者有共同兴趣的内容。德国媒体和读者普遍对中国发生事件非常感兴趣，这是很奇怪的现象。

第二部分是对报道关键词的分析。德国媒体的报道中有一些关键词反复出现，例如介绍中国政府的时候，用了"暴力"、"流血"、"歧视"、"傲慢"等非常强烈的词汇。当报道"游行骚乱的人"时，就说"他们有的是文明的示威"，"他们在抗议不平等"等等这些词汇。

第三个部分是配图，从配图中我们可以看到媒体报道对事件的一些影响。德国媒体采用了一些历史图片，并配有这样的文字："维吾尔族人在抗议，还有他们的父母"。还有的图片展示了当时非常混乱的场面，或者展示全副武装的警察，很有威力的样子。还有一张图片，配的标题是"一个维吾尔妇女7月7日在新疆首府，乌鲁木齐……维族人、中国人，有平等的权利"，还是意图把维族人和中国人两个概念区分开来，声称维族人和中国人有平等的权利。

第四部分分析的是报道态度、报道基调。德国媒体的报道中，其报道态度非常鲜明，一个是强调"西藏"，多次提到西藏，把西藏和新疆联系起来，暗示它们之间有可比之处；第二，强调中国经济东西部发展极其不平衡；第三，强调少数民族备受欺压；第四，强调新疆暴力镇压的流血暴力，强调政府的暴力；第五，强调骚乱的合理无畏。这是他们的报道基调。

从以上四个方面进行分析，可以发现有4%的正面报道文章，52%的负面报道文章，35%的其他报道文章，本研究中无法分类的文章，最后一部分是9%的中性报道文章。有明显的负面报道的数量是相当高的，占比重很大，虽然比起西藏报道来，相当负面的报道，已经非常缓和，从报道量到报道整个负面所占的百分比，差别已经很大。综合之前的西藏事件报道，西藏事件报道是占91%的负面报道，而且量非常大，但是因为没有时间做对比，所以我今天先给大家做一个具体的分析，总体来说还是非常负面的。

新疆事件新闻报道的文本分析

刘瑞生

刘瑞生，现任中国社会科学院新闻与传播研究所副研究员、硕士生导师，《新闻与传播研究》杂志副主编，《中国新媒体发展报告》副主编，国家互联网信息办公室网研中心特约研究员，北京市微博客发展管理专家顾问团成员，中国社会科学院青年人文社会科学中心特约研究员。研究方向为网络传播、新媒体。近年来参与国家社科基金重大委托课题《"新型传媒的引导和管理问题研究"》以及多个国家部门委托交办研究项目和多项中国社会科学院国情调研项目；为多家机构和部门进行新媒体、网络舆论等相关培训，包括中纪委、国新办、外交部、人力资源和社会保障部、北京市公安局、百度等。在《人民日报》、《中国社会科学内部文稿》、《新闻与传播研究》、《新闻与写作》、《网络传播》、《中国传媒科技》、《社会科学论坛》等报刊发表了多篇论文，两篇被《新华文摘》转载；作为主要撰稿人完成的多篇研究报告获得中央领导批示，多次获得中国社会科学院优秀决策信息奖。

我对于新疆"7·5事件"尤其是对相关的新闻报道一直很关注，本次沙龙的探讨偏重从学术上的分析，而不是一般的感性的认识。每个人看到这个事件的报道后，都有自己的看法，但是要从哪一个更深的角度才能更深入分析媒体报道呢？比方说，国内媒体的新闻报道存在一些不足，国外也存在很多问题。从一个什么样的角度来看这个事情，才能够看得更清楚？

我现在在《新闻与传播研究》编辑部工作，本身对当前我们新闻传播的现状、学术研究的现状，有一点点感触。去年姜飞老师在《新闻与传播研究》上发了一篇文章，就是强调研究要从学术前沿回到学理基础，他是从跨文化传播这个角度来讲的，就是说要对跨文化传播这个对象重新再厘清，今年还会做这方面的研究，比如说对"跨文化传播"的定义的探讨。其实我觉得，新闻学一直被人称作"新闻无学"，可能指的是恰恰在我们新闻这个学科理论的科学体系当中，真是有很多的问题，特别是对于学理基础上的东西需要再认识。

要反思新闻报道存在的问题，首先要从学理上来进行反思，反思新闻到底是个什么东西，新闻到底有哪些特性。我们这个新闻报道是不是在按着新闻的基本特性在做，国外的新闻报道是不是也是这么做的，我觉得这样可能看得更清楚。

其实近年来我们也在发现这个问题，不仅是新闻传播，其他学科类很多基本的学术问题都不清楚。近年来我们一直在跟着西方的话题、理论在走，人转来转去，却发现我们的基本东西都不清楚。我举一个例子，比方说，今年三月份，有人做了一个对西方三权分立制度的调查，我们知道，大家在观念上都已经接受西方国家普遍采用三权分立的政治制度，甚至从来没有对这个"事实"做过怀疑，包括政治学界对它也没有怀疑。但西方国家在政治体制上是否都是三权分立的呢，这是一个基本事实性的问题，去弄清它并不难，只要我们找一些代表性的西方发达国家一个一个地去分析其政治制度，就能够得出西方国家是不是三权分立的结论。为什么我们没有去做调查，就接受了这样一个观念一个认识，认为这就是一个"事实"呢？

清华大学的胡鞍钢教授做了一个研究，对西方绝大多数国家的政治制度进行了调查，看它们是不是三权分立。答案让我们很吃惊。并不是我们所认为的西方国家都是三权分立。只有一个国家是三权分立的，就是美国。其他的大多数国家都是两权分立，就是一个总统制，一个代议制。只有美国是真正的总统制，其他国家都是代议制。代议制一般来说是两权分立的。

我看到这篇文章，就在想，新闻传播学其实也存在这样的问题，包括对新闻的定义，尤其是在我看了很多著作在讨论新闻的基本特征的时候，就让我有了很多的感触。关于新闻的定义，一般来说我们都还在沿用陆定一的定义，就是新近发生的事实的报道。其他学者也进行过新的开拓，但是还没有被大家普遍接受，而且虽然陆定一的这个定义内涵有些广，但是基本还适用。可是就在这样一个新闻定义的基础上，新闻到底有哪些特征？我发现有很多著作对此认识都不一样。有的讲传播的及时性、内容的新鲜性，还有包括公开性、真实性等。我心里最有疑惑的就是新闻的真实性，我们知道新闻的真实性当然非常重要，是新闻里的一个非常重要的原则，但是事实既是新闻的基本特征，同时又在很多属性里都有，比方说新闻职业基本原则，有人在新闻的价值里边也要用真实性。那么同一个概念在不同的范畴内都出现，这个问题其实是很值得怀疑的。从理论的建构上，它的体系的科学性还有待完善。

暨南大学的董天策教授同样发现了这个问题，而且在2003年就专门撰写了一篇文章，讨论新闻的真实性到底是什么，兼论新闻理论的科学性、体系的科学性。文章提出新闻的三个基本特性，一个是事实性，一个是新鲜性，一个是公开性。我们知道，基本特征无非也就是在定义的基础上对事实做进一步的规定，也就是说新闻本身区别于其他文本形式的基本特征、内在规定性。董天策认为只需要这三个特性，就可以把新闻的基本特征都归纳清楚了。首先因为有了新鲜性，把新闻和历史区分开来；然后又有了公开性，把新闻和情报、档案也区分开来；因为有了事实性，把新闻和文学也区分开来。我们知道文学也是讲真实的。但是正是因为新闻不一样，是一个事实性的问题。

我们可以先借用新闻的这三个基本特征来分析国内的"7·5事件"新闻报道。

我看到网上官方媒体第一个通报"7·5事件"的是新华网，时间是7月6日凌晨4点23分，报道的标题是"乌鲁木齐发生打砸抢烧严重暴力犯罪事件"。新闻的内容大家可能都很熟悉，就两段。第一段是"7月5日20时左右，新疆乌鲁木齐市发生打砸抢烧严重暴力犯罪事件，截止到23时30分，已有多名无辜群众和一名武警被杀害。"这基本上是一个事实，但事实性的信息就这么一点。然后下面第二段是"据了解，民族分裂分子热比娅为首的'世界维吾尔代表大会'近日通过互联网等多种渠道煽动闹事'要勇敢一点'、'要出点人事'。7月5日20时左右，一些人在乌鲁木齐市人民广场、解放路、大巴扎、新华南路、外环路等多处猖狂地打砸抢烧。截止到23时30分，已造成多名无辜群众和一名武警被杀害，部分群众和武警受伤，多部车辆被烧毁，多家商店被砸被烧。有关部门负责同志指出，事实表明，这是一起由境外遥控指挥、煽动，境内具体组织实施，有预谋、有组织的暴力犯罪。新疆维吾尔自治区党委、政府高度重视，及时调集警力处置。目前，事态已经得到控制。"

我们用新闻的基本特征来分析这条新闻。一，及时性，从新鲜性上来说，它的时间其实已经过了。刚才有老师提了报道在时间上远远落后于国外媒体。第二就是它的事实性，这件事情，它的事实性实际上需要很多东西，它的主体到底是谁？是哪些人在打砸抢烧？它打的是谁？怎么打的？这些都是具体的事实，但是在这样一个新闻里面，语焉不详，我们看不清楚。这个报道只是很急于在第二个时间段对这个事情进行定性。我也问过一些受众，我说你看到这样一段新闻有什么感觉？大家的感觉都比较一致，"就是说好像政府早已经知道所有的事情，所有都在你的掌控之中，但是你却没能够把这个事情给阻止住。"这是第一条新闻。

我们还讲公开性，公开性是说它要面对的是受众，在社会上去公开面对各种各样的受众。那么显然这样的一条新闻，对受众而言可读性很不强。它更多的是一种表态，政府官方的表态。所以我觉得这条新闻其实并不完全符合新闻报道规律。

继续以新华网的后续报道为例看我们国内的媒体报道。7月6日这一天，包括图片之类的事实性的报道仍然很少，文字也不多，更多的都是引用上面第二段话，对这个事件定性。7月7日的报道，主要是报道乌鲁木齐"7·5事件"中的死亡人数，这是一个事实。但是也不是最重要的事实。然后"新疆积极救治'7·5事件'伤员"，"乌鲁木齐暴力犯罪事件严重破坏正常生产秩序"，这是事件的后果。接着是报道善后工作，包括维稳工作，还有一些关于重点防控的报道。我们能看到的关于这一事件的真正事实的报道很少很少。这样的报道路径一直延续下去，再后来就把重点放到了对"世维会"的揭露，包括对热比娅的批判和揭露。

其实一直到现在，从我们国内的新闻报道上来说，新疆事件的基本事实还是报道得不清楚。就是它为什么会发生？突然就爆发这样一起打砸抢烧事件吗？

胡锦涛同志去年6月20号在《新华日报》上说的"我们要按照新闻的传播规律来办事"，所以我个人认为，从新闻的三个基本特征来看，在新疆事件的新闻报道中，我国媒体尚有很多不足。

第二层面，就是我们的信息公开性，其实很多人都在讨论这个话题。在"3·14"西藏事件的时候,很多学者都讲,主要因为你信息不公开,报道不公开,西方媒体才会进行歪曲报道。当时我也提出这个问题,也写了篇文章,就是《涉藏报道与美国主流媒体的意识形态性》。我们换一个角度说,如果我们及时公开的话,它会不会就改变报道了?西方媒体对我们这样报道的口径是常态还是非常态?还是仅仅针对这个突发事件呢?在"3·14"西藏事件中我的分析是西方媒体的报道一贯就是这个口径,《纽约时报》多少年以来对西藏的报道都是这样。只不过是因为这个事件比较重要,因而它的报道倾向凸显出来。

新疆事件还是存在这样的问题。西方媒体为什么如此报道呢?我们很多新闻的原则,包括客观性,工作准则等都来源于西方,我们很多学者非常推崇。可是为什么西方媒体对我国是这么一种常态的报道的口径呢?我觉得最深的原因还是在于意识形态性。我们可以从很多层面来解决、来分析这个问题,包括文化等很多层面都可以来解决,但是最根本最深的层面,还是意识形态性。

第4期的《新闻与传播研究》会发一篇文章,也是一个对比中国和美国媒体的报道,这篇文章以事实和案例为基础分析认为,美国对我们还是基于冷战思维,而冷战的核心其实就有意识形态的对比。我们国家对待这类问题的报道,尤其是在一些焦点事件上,它的框架是什么?是主权。在西藏还有新疆问题上,这些都体现得非常明显。就是我们国家在对外报道中一定要维护一个底线,就是对主权的维护。但是西方的媒体不一样,这种意识形态的差异性是多少年都不会改变的。就是这种现实、这种意识形态的对立是不可改变的,也就是说,西方对中国的报道不公正是一种常态。

我们的媒体在引用西方媒体对我们的报道的时候,也存在很多问题。我们经常会引用一些西方的报道,表现的都是西方赞扬中国、表扬中国哪些方面做得好。而更多的对我们的负面报道我们平时是看不见的。这样一来有利于维护我们国内党和政府的形象,但是实际上又让我们对西方的媒体产生了很多误解,就是为什么总是到突发事件、很多事件发生之后我们才急着要去应对。其实意识形态是个很深层的因素,并不是说我口头表明要坚持意识形态,打好意识形态战,我就能真正做得好,这是要有一个战略的。这种深层的应对在于常态。

其实我们从事学术研究也是这样，我们刊物指《新闻与传播研究》曾发了篇南京大学青年学者胡翼青的文章，他探讨了传播研究的范式。我们知道西方的传播学研究，一般是两大门派，一个是经验学派，一个是批评学派。在美国占主流的是经验学派，经验学派从它的研究范式的深层结构来看，其实和主流的意识形态联系得非常紧密。在我们国内，这几年有把"意识形态"作为一个贬义词的趋势，我在《涉藏报道与美国主流媒体的意识形态性》中也提到了意识形态性，结果有人看了就说，现在什么年代了你还提意识形态，总认为提意识形态就说明你本人带有偏见。其实意识形态只是一个概念而已，一个在科研领域不能避讳的词。所以我觉得在如何做好对西方的舆论的宣传报道这个问题上，我们更多的是要从深层的意识形态做真正的应对，而不是仅把意识形态喊在口头。

在这方面，美国人从不讳言意识形态。例如奥巴马在他的总统就职演说中有一句话，说"我们祖先多少年以来在和共产主义做斗争"，我们国内的多数媒体都删掉了这句话。媒体为什么要把这样的话给删掉？这是很值得我们思考的。

王异虹老师刚才所讲其实也说明了这个问题。那几天我看新疆卫视报道，新疆卫视采访了美国有线电视新闻网（CNN）、美国之音，这些媒体接受采访时都是正面评价，表扬中国应对如何迅速，但他们一方面对我们的记者如此评论，另一方面又做大量的负面报道。不管你开放不开放，我都会这样报道，这是因为意识形态仍然是深度影响西方媒体报道导向的因素。

处理社会危机事件的"三态和三时"

冷凇

冷凇，中国社会科学院新闻与传播研究所理论室副研究员，世界传媒研究中心秘书长，中国传媒大学广播电视艺术学博士，国家广电总局人才中心、中央电视台、中国传媒大学特聘教师；中国广播电视协会纪录片工作委员会副秘书长；第六届半岛国际电视节终审评委。出版专著两部《中西方电视文化比较研究》、《西方电视审美文化》，另有50多篇论文发表在国家级、省部级刊物上。其中，国内核心期刊30余篇，一篇被《新华文摘》转载，一篇获"大众金鹰奖"。为央视及各省市台策划几十档节目，其纪录片作品多次获国际国内大奖。

　　刚才很多老师给我很多启发，因为时间关系我没有做太多量化分析，我就以我在传媒大学和中央电视台讲课的经验以及我在国际上互访的一些经验来讨论这个问题。

　　首先就是危机事件。其实任何一次危机事件爆发的时候，都是一个审视自身和认识外界的一个好机会。我把危机事件分为两类，一种是能够找到原因的，找到原因的可以叫做人祸；还有一种是统统找不到原因的，可以叫天灾。人祸和天灾这两种社会危机事件，媒体的社会责任和反应其实是不一样的。比如如果天灾出现，媒体有可能先要做的是解决这个问题；但是人祸一旦出现，那么媒体应该尽快找到原因。这个原因一旦指定了，就是说能够定性的话，西方媒体对我们的攻击也就不至于那么明显。

　　再简单介绍一下新疆的情况。首先新疆现在上不了网，短信能发出来，但是外界发回的短信收不到，包括喀什、库尔勒以及南疆。今天早上发了个信息给那边的学生，他们告诉我还是这个情况。主要的目的就是切断热比娅和境内的联系。

　　"7·5事件"本身各位都熟悉，我就不过多介绍了。我想说的是，社会危机事件发生之后国际媒体处理的策略。我有个总结的理论，叫"三态和三时"，"三态"是姿态、语态和心态，"三时"是时间、时机和时段。

　　首先说姿态。姿态应该是什么？就是永远不要说"不"，要保持公开欢迎的感觉，不要让人感觉不自由。其实国内外都一样，只要有警察封锁的地方，媒体是不可以进的。所以其实没关系，你可以欢迎他来，但是你可以以生命和安全为理由，不让他进入特定区域。这次事件的处理，设立新闻中心这个做法特别好。为什么？不让媒体乱跑，下了飞机以后，我们大巴直接把你接过来，五星级酒店管你吃住，然后告诉你我们在这儿每天开新闻发布会。新闻发布会一天就4场，一场一个半小时，这一天六七个小时就耗在这儿了，把外国媒体全都耗在这里。新疆那边武警部队说这次处理比"3·14事件"容易得多。为什么？媒体都关在酒店，都在开会。所以，这边赶快该抓的抓，该清扫的清扫，反而要容易得多，根本没有跑出去的。

第二个是语态。就语态我特别想做重点介绍，就是西方为什么总攻击我们？他们在关键词句上的斟酌和推敲比我们国内的新闻媒介下工夫要深得多。比较"三股势力"，可能还有很多老师还没有搞清"三股势力"的内涵，就是民族分裂势力、宗教极端势力和暴力恐怖势力。这三股势力国外媒体分别用一个词来攻击。比如说，提到"民族分裂势力"，媒体攻击我们人权；"宗教极端势力"，攻击我们的自由；"暴力恐怖势力"，攻击我们反过来种族清洗。其实我们首先要做的解释是，"民族分裂势力"和争取人权无关，"宗教极端势力"和争取自由无关，"暴力恐怖势力"和种族清洗无关。首先要澄清这三股势力和这三个政策无关。西方媒体对于如何报道中国有很多伎俩，比如说，CNN的卡弗蒂是著名的臭嘴巴。我在美国访问期间，他天天在骂各国政府，骂了那么多年也没出事儿，骂咱们中国那次出事儿了。为什么？因为他骂中国人民了。注意，西方媒体永远是把政府和人民分开的。之前的永远是骂政府，所以华人没闹，之后他骂了人民，说中国人都是暴徒和蠢人。所以，华人不干了，这才有了"卡弗蒂事件"。所以说他们在用词上，卡弗蒂等于是自身的一个失误酿成了这次危机。如果他还用"政府"这个词的话还是不会有事儿。

再一个，比如说美国新闻对于自身做的一些事儿很会用一些中性词，你在美国的CNN报道中几乎看不到"空袭"这个词，说的是"空中打击"；你看不到"侵略袭击"这个词，说的是"目标攻击"，这样的词很中性。他们比较喜欢用隐术，这个隐术特别值得研究。比如说，你看很多新闻，因为第一句话往往被人忽略，大家不注意，很多人就说，CNN经常这样说："一位不愿透露姓名的官员介绍"，你这位"不愿透露姓名的官员"是谁？不知道，猜不出来。还有，"据消息灵通人士介绍"，到底是谁，你告诉我。人家说涉密，不告诉。还有，经常用英文的一句话，就是"it is not officially"，"official"是官方的，"not officially"就是非官方消息，说白了就是假的。这一句话，很多人就忽略了，包括一些新闻时政类的各种访谈节目更这样。说得天花乱坠，不管是伊拉克,还是"3·14",还是"7·5",说到最后老百姓都以为是真的,因为时事评论员不负责任,随便说,说到最后主持人就结束节目,他说:"感谢您收看今天的60分钟,以上内容均没有得到证实,谢谢各位收看。"只要你没听到最后一句,所有美国的老百姓就觉得之前说的全部是真的,你打官司告都告不赢他,因为最后人家说了,我这是隐术,或者是别人来替我承担责任。语态上我觉得特别值得我们继续深入地研究。比如说,到"7·5"事件本身,CNN没有像刚才刘老师说的,像"3·14"那么严重,但是它依然用声画错位的形式进行报道,比如它说,"和平请愿被镇压,中国长期压制少数民族政策的结果,汉族人大量迁徙到少数民族地区",然后就开始联想了。但是大家想想,伊拉克战争其实一样,伊战之前一年,很多CNN为首的媒体就在进行新闻战,它们就做一件事,第一个,先放9·11画面,大楼倒塌,飞机撞楼,惨不忍睹的镜头;紧接着第二个画面,就是萨达姆检阅共和国卫队,解说词是别的解说词,但是画面这种长期编辑的效果,老百姓长时间观看的结果是什么?就是觉得9·11是萨达姆在背后支持恐怖袭击。他就给你造成这种误解。所以,语态上很值得我们去研究。

另外一个就是心态。心态上,就是要辩证地看每一次社会危机事件,比如说,虽然我们这次付出惨痛代价,死了二百多人,而且很多人死得很惨,但是这件事其实可以作为各个部门应对这种袭击的实战的一次训练。"7·5"事件实际上是对"三股势力"一次打击的最佳时机,可以去辩证地看待这个问题,正好把他们一网打尽。有句话说"福兮祸之所倚,祸兮福之所伏",社会危机事件也是这样。比如说,这件事可能会给以后新疆更大规模的危机事件做了一个提醒和预警,所以如果把"3·14"比喻成学前班,"7·5"事件我们可能就上中学啦,各部门这种突发事件的处理能力都提升了。我觉得新闻媒体的心态也要调整,就是换一个角度来看这件事,看看我们其他部门哪些地方做得还不够,哪些地方做得好,是不是一次改进。

接下来讲"三时",时段、时机、时下,其实还有一个时态。时下是什么?时下是我们当前要做的事情。刚刚讲了,人祸和天灾,不同情况当下要做的事情不一样。人祸是一定要先找出个原因,官方定性,这样才好;天灾是我们马上提供一些服务类的信息去处理。

"时机"是媒体各个部门介入的时机是否成熟。还有"时段","时段"决定立场。美国媒体很会使用垃圾时段来播出那些对自己不利的信息;然后会使用黄金时段,播出对自己有利的事情。这是特别简单的一个总编室就能完成的一个时段布局。但是中国很多时候不太会使用。这是个技巧。

最后谈的是"时态","时态"为什么要重点讲,是因为任何危机事件,它一定经历三个时期,第一个时期是潜伏期,如果要画一个曲线的话,X 轴 Y 轴,X 轴是时间,Y 轴是程序。那么,潜伏期的时候事件是非常平缓的,我们想一下,"7·5"事件的潜伏期实际上是"韶关玩具厂事件",这是诱因。那个时期,可能已经潜伏了一大堆人的负面情绪。媒体也好,部门也好,没有过多地去处理这件事,记者缺乏联想。如果记者的联想,这种灵感思维足够深远的话,应该会先想到新疆有可能会闹事,这是一个非常简单的联想。

在潜伏期,我觉得新闻媒体要做两件事,第一个是公开,这个大家都知道;第二件事,就是美国惯用的一个做法,是夸张。比如说 SARS 刚出现的时候,美国刚有一例,美国就做了一个图,如果一例从东海岸蔓延出去的话,美国很快在 25 天以后就全灭亡了。如果不加控制,2亿人就都染上瘟疫了。所以老百姓肯定恐慌。但是在预警期间,这个恐慌是有益的,有助于危机事件的处理。而我们危机事件的预警期往往被浪费掉了,事件随着量变达到质变,危机事件的潜伏期会达到一个爆发点,到了爆发期。这个时候媒体才大规模介入的话,就容易形成事态的夸张。比如像 SARS,最后世界人民歧视中国人,中国人歧视北京人,为什么?就是媒体大量介入。之前失语,之后媒体大量介入,没有起到危机的缓释作用,所以如果在危机事件的爆发期的时候,媒体就不应该再夸张了,而应该缓释。

四重证据法探寻中国文化元素
——黄帝有熊：失落的信仰与历史
（2009—8—18）

叶舒宪，中国社会科学院文学研究所研究员，研究生院教授；中国社会科学院比较文学研究中心主任。兼任中国比较文学学会副会长、中国文学人类学研究会会长、中国神话学会会长。国家社科基金评审组专家。主要研究领域为比较文学、文学人类学、中国文学与文化研究、神话学，专攻中国上古文化和文学方向，已出版《文学与人类学》、《中国神话哲学》、《高唐神女与维纳斯》、《熊图腾》、《耶鲁笔记》等著作30部，译著5部。发表论文300余篇；所倡导的文学人类学研究已在国内形成声势可观的新流派。

图1 安徽萧县出土汉画像石：左青龙，右白虎，中央为两足之神熊。
从画面两端的月亮与蟾蜍，太阳与三足乌形象可推知：
此为天界神话的想象景观，以神熊为中央。

我今天把自己研究的课题和传播学界比较关注的文化元素结合起来

讲一下个人的看法，我的主讲题目叫《四重证据法探寻中国文化元素——黄帝有熊：失落的信仰与历史》。

主要讲一个案例，什么是中华民族文化元素，是不是学术研究、媒介、影视界、演艺界都能介入的一个话题。黄帝在古书中被称作是华夏的人文初祖，是典型的中国元素，但是黄帝时代相传距我们现在是五千年，确实离我们太远了。有文字记载的关于黄帝的记录是司马迁的《史记》，距现在两千多年，相比五千年差了一倍还多。所以用两千多年前的文献记载说清楚五千年前黄帝时代的某些文化真相很困难，司马迁记下来的我们知道，没记下来的过去我们一概不知。现在开始慢慢地有所了解，因为有了文字记载以外的历史信息的线索，这就是我们所说的寻找中华文化元素，这项工作应该说是一个非常前沿的、我们人文社会科学要做的工作。

首先中华文化元素不是媒体讨论一下就能讨论出来的，这点从丹·布朗写的小说《达·芬奇密码》的写作中可以看出，一本畅销书的背后，需要有深入的研究和挖掘，有大量的文献根据。《达·芬奇密码》是21世纪最畅销的一本书，还拍了电影，毫无疑问是出版界、传媒界的一件大事。但是丹·布朗告诉我们，这一本小说出版时有几百页，出版前每一页后面删掉的资料有十页以上，翻译成汉语有26万字，他原稿写的调研笔记大概有二百万字，比我们几篇博士、硕士论文还要厚。所以大家不知道写作背后他为基督教——西方文化元素读了大量的书，而且因为他采用了很多学者的研究成果，所以书出版之后还有学者与他打官司。

我们只知道这本书是小说，不知道作者是不是要重新捕捉基督教信仰失落背后的文化元素，这样一部书其实对我们的启发特别大，即文学的专业学者要写出一本畅销书，应该从什么角度去寻找文化元素。就华夏文明而言，从黄帝入手应该说是寻找到一个失落的信仰文明。我们关于黄帝所知道的，除了史书上的那些简单的名号以外，材料微乎其微，需要做的工作就和丹·布朗一样，要去调研要去实地考察，对要去了解黄帝时代，也就是五千年前的中华大地上的情况。好在20世纪的考古学、历史学研究已经把这方面的很多东西复原了出来，所以我提出用四重证据法去探讨这些已经被我们遗忘或者说是深埋在文化底层的元素。

文化元素，在我们这里是纯粹的学术研究对象。

先看几个具有传播意义的图像，2005年，连战、宋楚瑜先后来大陆，连战先到陕西西安然后到陕西黄陵县，因为那是埋葬黄帝的地方，所以也是炎黄子孙回到这块故土认祖归宗的一种象征，其符号学意义非常重大；宋楚瑜是湖南人，先去了岳麓书院，然后到了郑州南几十公里的新郑市，在熊足大鼎①下拜祭，因为这里相传是黄帝出生的地方。2006年，国务院公布新郑为"黄帝故里"；而陕西的黄帝陵祭典活动被列为民俗项目中八大祭奠活动之首。如今，新郑已经是国家官方认可的华夏人祖的诞生地，因此台湾许多人回到大陆，就要到这里来拜熊足大鼎。

图2　河南新郑黄帝故里的熊足大鼎

---

① 2002年，一口名为"黄帝宝鼎"的青铜大鼎，被安放于河南省新郑市。黄帝宝鼎为青铜铸造，呈圆形，鼎足为熊足，取意轩辕黄帝系有熊氏；鼎腹饰九龙，首顶艳阳火球，口倾水纹，祈风调雨顺，象征祖国统一安定、中华民族繁荣昌盛。鼎在中国历史上是神器、祭器、礼器，也被视为王朝鼎盛的见证。（编者注）

中原应该是拿鼎来象征国家权力的。汉语成语"问鼎中原"大家都知道，还有"得中原者得天下"之类名言。"中华"的"中"字实际上是跟中原分不开的，那么"中"是怎么确立的？中原的黄帝信仰是怎么确立的？跟熊这种动物有什么关系？当代艺术家通过想象再造黄帝宝鼎，象征着问鼎中原。也因为司马迁的记载中说到黄帝跟熊的特殊关系，除了黄帝的名字跟有熊或者有熊国跟熊有关系外，关于黄帝还有一些趣事和熊有关，过去人们把这些趣事有的当事实看，有的当传说看。大家都知道黄帝跟炎帝的大战，主要的部队是熊、罴、貔、貅、虎这五种动物，除了虎以外，前四种动物都跟熊有关系，熊是黑熊，罴就是古书中认为的棕熊，个儿小点，貔、貅应该是以熊为原型而变化出来的神话动物，所以黄帝的大军何以全是熊国的大军，今天的人说不清楚，都当做子虚乌有来讲。

随着学术研究的发展，文化大国崛起的需要，提出了重新寻找中国文化元素的命题。在我看来真正在学术研究上可说的中国元素不多。2008年北京奥运会演艺界在这方面下的工夫最多，张艺谋的团队在雅典奥运会上，做了八分钟表演，提出了要在2008年8月8日的鸟巢上演中华文化元素的深度展示。这个事件，应该说是中华文化史上较大规模的一次传播事件，可以说文化元素借助于奥运会开幕式被炒得非常热。到现在，经过了一年零十天之后，有总结的有庆功的，说不好的也有，但是都把批评焦点集中在假唱之类，而没有真正从文化元素的学术基础上，从文化蕴含上去做分析反思。

什么是中国文化元素？不是大家熟知的书法、国画、二胡一类东西，如果中国文化元素都这么简单，那就不是元素了。中华文化元素需要做深度的学术探究。在我看来，北京奥运会开幕式上学术的漏洞很多。一开始的击缶大家都看了，中国有句成语叫"黄钟毁弃，瓦釜雷鸣。"指的就是最美好的东西被毁坏了，把这破瓦盆拿来敲，这就是中华文化所说的"毁弃"。虽然开幕式表演把传统的缶改装了，看起来跟过去的瓦盆不一样了，但是"缶"字本来就是瓦盆，一般不登大雅之堂。凡是读过《廉颇蔺相如列传》、读过《渑池会》故事的都知道这是一个侮辱性的事件，就是你秦国太强大了，让我赵王受辱，我现在让你秦王也击缶受辱。凡是熟悉中国文化的人都会质疑，这个东西能作为开幕式迎接全世界客人的第一乐章吗？这是什么反讽？中学课本里都教过，所以这个典故用错了。当然从艺术创作角度上可以来点新奇的，别人不知道的。但是你先得研究这个典故背后所带出来的意义是什么。中华文化的礼乐文化全部是靠黄钟大吕打出来的，开幕式表演中没有真正礼乐文化，后面弄了些二胡、扬琴……这些虽然都属于中华传统音乐文化的一部分，但是在表演中出现的已经很晚了，没有把中华文化的主脉表现出来，而且根本就没有提示。还有，刚过世的季羡林老先生提出建议"要把孔子表现出来"，所以张艺谋就采纳了。大家看得很清楚，表演中上千的儒家弟子，每人手上拿着一本竹简，上边写着《论语》，然后念："有朋自远方来，不亦乐乎？"最大的失误就在这里。孔子时代就没有书，孔子那时候如果一人给你发一教材，那么还用得着他的再传弟子根据回忆去追记老师的语录么？这都是常识性的错误，应该从考古学查验证据。中国历史上的竹简帛书很多，特别是20世纪在楚地出土最多，全部都是战国中后期以后的，孔子时代连一根一片都没有看到，你怎么敢说孔子时代的学生有三千弟子，每个人手里拿着老师编写的一本教材念，这完全弄颠倒了。那个时候的教育完全是"学而时习之"，你只要看这两个字字形，原来繁体的"习"字还是带翅膀的，那是口传文化最高的标准。书写文化是后来汉武帝建构起来的儒学，把孔子当成孔圣人，在庙里供奉，然后才有了五经之类学习的教材。

当然这不能怪季羡林先生，季羡林建议加进去孔子的内容，但这些主创人员和把关的人没有尽到责任。一个十几亿人的文化大国做这么一个"千年等一回"的文化展示，要让全世界都来看我中华是什么样的，这个时候却没有任何学术把关，都交给一些演艺人员去操作，是非常失策的。前面提到的按学术标准来说都是大硬伤。这背后一大批国学专家在做什么呢？奥运会开幕式不是一个单纯的文艺表演，怎么能把这么大的失误张冠李戴地弄出来？奥运开幕式后好多地方大卖特卖仿制的竹简书，上面写了"论语"两字。出土的《论语》竹简不是没有，却是西汉时期的，时代已经相差得很远。因为春秋时代没有书，尤其是孔子的弟子要是写，顶多在衣服上画一画。当代的这些人没有读过《论语》，又要表现孔子，是非常荒唐的一件事。在今天，虽然文化元素讨论得非常热闹，一般是文化不太高的人介入的比较多，真正做文化研究的却没发言权，或者只是在学术刊物上探讨，介入不到现实中。这也是我们传播中的硬伤——文化资本和商业资本截然脱节。现在谁是制片人谁就说了算，打造一个符号就可以，这是非常浪费资源和有损于文化大国形象的。

我从研究者角度提出这个问题。尝试真正拿出一些新鲜的、代表深层文化元素的东西？下面主要讲黄帝和熊的问题，倡导的原则就是走出书写权力的三千年的遮蔽，呼唤一种新的中国文化观。

先介绍一下什么是"四重证据"：一重证据指传世文献；二重证据指地下出土的文字材料，包括王国维当年研究的甲骨文、金文和后来出土的大批竹简帛书；三重证据指民俗学、民族学所提供的相关参照材料，包括口传的神话传说、活态的民俗礼仪、祭祀象征等；"四重证据"则专指考古发掘出的或者传世的远古实物及图像。"四重证据"是在人类学影响下提出的，其第三重证据和第四重证据实现了人文研究与民族学和考古学的充分对接。

一重证据也就是传世的文献古书中关于黄帝的记载不多，但是关于夏代及夏代以后的君王记载则比较多，在这里我们把夏代的三代君王与熊的关系做一梳理。

司马迁在写《史记》的时候，写有熊的主要根据是《竹书纪年》，这是战国时代的书，也是今天能够看到的最早的提到黄帝跟有熊关系的书。这个时候"黄帝轩辕氏，元年帝即位，居有熊"，"有熊"是一个地名；到司马迁的记载中："自黄帝至舜、禹，皆同姓，而异其国号，以章明德，故黄帝为有熊……"这时候"有熊"就成了国号。这里就产生了一个问题，司马迁这样说的根据是什么？如果古书中真有黄帝跟"有熊"这个雅号的关系，那么是一种什么关系？如果仅靠传世的文献，除了讲黄帝用熊罴貔貅大军打仗以外，更多的材料没有了。怎么办呢？这时候就可以用传世文献中涉及远古君王、帝王跟神熊信仰有关的内容做一个系统的排比，综合多方线索，在孤立的事项背后尝试摸索出系统，从而重构文化整体的轮廓，避免就事论事。这样的话，就看到夏代大禹治水的时候有"化熊开山"的传说，还有伯益与朱、虎、熊、罴争神的故事，在《山海经》和《尚书》中都有记载。大禹治水的时候化为黄熊的情节大家可能不怎么熟悉，这一部分内容在《淮南子》

中有所记载，大禹治水过轩辕山的时候打不通，于是化身为熊。现在如果到河南的嵩山一带去旅行就会看到有许多跟这个神话叙事有关的文物，其中大部分都是汉代的，只有一块大石头叫"启母石"，据说是大禹的老婆涂山氏，她看见大禹化作熊了，自己羞惭而去，化为石头。大禹说你还没给我生孩子呢，就念了三个字的咒语"归我子"，于是涂山氏所化石头裂开，就生出"启"，这便是夏代真正的君王。大禹的父亲鲧治水失败为天帝所杀化为黄熊。这样看，夏代三代王者的神话叙事中都出现了熊的元素，这样的叙事都跟熊的变化有关系，那么到底是什么关系？人和熊之间的相互转化到底说明了什么？

熊在古代跟昆虫一样，都被看作是周期性的生命再生的动物，如"惊蛰"一说，古汉语本来叫"启蛰"，后来避讳汉朝皇帝刘启，才改叫"惊蛰"。这里的"启"就是夏启的"启"，意思是一切生命都在春天开启。熊经历了漫长的冬眠从山洞中走出来，这个行动就可以用"启"来形容，所以一切死而复生的信仰和这种神圣的动物就联系在了一起。最重要的文献《山海经》中所讲的有一座山就叫"熊山"，熊山上有个洞就叫熊穴，"熊之穴，恒出神人。夏启而冬闭"。这就说明了中国人想象中的神是与这些能够死而再生、返老还童，与这种季节性循环的信仰连在一起。这些猛兽们之所以能够获得一种神圣神的地位，跟远古时代失落的那种生命力再生信仰是连在一起的。

在华夏大地上，最大的猛兽是熊罴和虎豹，这里面真正的巨型猛兽就是虎和熊两种，这两种动物在华夏上古的信仰中应该都有显赫的地位，特别是《尚书》、《山海经》中讲到夏代以前的朝廷有四个官名叫朱（豹）、虎、熊、罴。《山海经》被认为是神话，都是道听途说，那么《尚书》则是最早的史书，但是它跟《山海经》对应的这四个官名都是一样的，以猛兽做人名、官名这样一种现象特别体现在楚文化中。史书中二十几位楚王一登上王位，马上就都改名叫"熊某"，历史上没有人解释这个雅号从何而来，我们说它的命名根据完全失传了，只知道有这么个现象。古人绝不会随便给自己的王者加上一个动物名的雅号，这背后一定有尚不为人知的符号学的原因，今天要做的就是把这个原因找出来。

一重证据中的传世文献关于远古祖先、君王和熊的关系没有太多叙述，就那么简单，没太多可讲。二重证据，就是王国维说的地底下挖出来的汉字记载的文献，比如过去的甲骨文、金文，今天大量的竹简、帛书统统地可以看作二重证据。现在媒介关注的比较多的是清华简[①]，过去的传世书里没有，现在有的是考古工作者挖出来的，还有的是从文物市场上收购回来的。收购回来的文物刚开始有人提出到底能不能反映远古的真实情况，但是经过碳14测定，证明它是2000多年前战国时代的竹简，这是今天能够看到的比所有传世文献都早的文献。比如说，上海博物馆藏的战国楚竹书《容成氏》，其中讲到了大禹治水，有一段叙事是传世文献中没有的，就是建了五方旗的叙事。为了把东南西北四方来进贡的子民区分开来，大禹用了建旗帜的办法，北方、南方、东方、西方、中央，实际上这五方旗是很明确的，跟清代八旗比较相似。旗本身代表着对社会的分类编码，八旗制度是典型的满族人的军事社会组织的编码符号，这样看来大禹的五方旗就很有讲究了，哪一方的符号都不是随便可以加上去的：东方之旗以日，西方之旗以月，南方之旗以蛇，北方之旗以鸟，中正之旗以熊。按照我们今天民族学的知识，这实际上就是当时生活在中原的政权对华夏大地所谓五方之民的一种图腾编码，日出于东、月生于西，大家都知道，站在北京的日坛上，那么月坛就在西面，这是两个符号，不用说代表两个方位。南边为什么用虫呢？这虫不是昆虫，而是长虫——蛇，这背后是一个非常重要的编码。福建的"闽"和四川的"蜀"里面都有一个"虫"字，这实际上是中原的人看南方比较潮湿，崇拜蛇的部族比较多，所以就像编码一样将这些地区的人编码，意思就是从"蛇图腾地区"来的，所以这样一个符号就产生了。

北方之旗更不用说了，北方跟咱们满族、韩国、朝鲜等地的鸟生神话有关系，所以北方之旗以鸟。

---

① 清华大学于2008年7月收藏的一批战国竹简，被称为"清华简"。清华简是战国中晚期文物，文字风格主要是楚国的，一共约有2500枚（包括少数残断简）。清华简在秦之前被埋入地下，未经"焚书坑儒"影响，所以能够最大限度地展现先秦古籍的原貌，竹简内容大多为前所未见的"经、史"类书，其中的《尚书》和类似《竹书纪年》的史书，对于历史研究有重大意义。"清华简"是十分珍贵的历史文物，涉及中国传统文化的核心内容，受到国内外学者重视，对历史学、考古学、古文字学、文献学等许多学科产生深远影响，研究它们有助于了解中华文化的初期面貌和发展脉络。

这里我们将"中正之旗以熊"的原因讲一下。中国之所以成为"中国",就是从大禹开始的吧,在中原建立一个国,"中"字本来就是一个"旗"字,现在简化字有点看不出来了,在甲骨文中的"中"的上端是飘着小旗子,意思就是"中央之旗"。

　　如果我们今天根据战国时候楚国的叙事中追溯的大禹时代,那个时候中国的国旗上面只有一种动物就是熊,所以说二重证据非常重要,司马迁都没有看到,只是今天新发掘的战国时代的叙事竹简中,我们看到了。但对此情节也不能太当真,因为远古的历史全部是以神话的叙事出现的,不可能找到一个完全客观的记录历史。苏美尔、古埃及,都是如此的神话历史。熊为尊神,所以这面中央之旗透露出来的信仰、符号、崇拜是非常珍贵的。我们的二重证据确立了大禹中央之熊旗,那么中国的国名的背后和神圣的熊的潜在的联系就复原出来。

　　大禹建立的旗帜的象征体系是:辨别四方和中央关系,这是我们"中国"之所以得名的一种原型经验,"中"字的原初字形就是一个旗杆,上面飘着旗帜,表示人群围着祭祀仪式的中心象征,引申为中央空间。

　　今天的政府和法院门口一般都有两只威严的大石狮子,这也是从西方传过来的进口货。东亚大地没有狮子,中国在汉代以后才有狮子,这都是后来建构起来的。

　　最古老的神兽首先是"顶天立地"之熊,强调天地人的沟通。还有一个形象表现传统是:神熊居中,东西南北都在四周,这一下就把信仰的图像叙事突出来。传世文献中虽然没有,但是地底下挖出来的熊在中央的文物不少,还原过来才发现这就是国家至高无上的图腾圣物,所以"中"字背后我们隐约地看到了中央熊旗象征的意义。

　　旗帜就是从图腾演化而来的,图腾的功能就是部落社会、氏族社会彼此之间相互区别的标记,最重要的有一个古书中的证据,就是《周礼》里讲的"熊虎为旗"。这也属于信仰失落后的一点点残存的信息。图腾那么多,我们先人在讲述周礼时给"旗"这个字做定义的时候只举了两种动物——熊、虎。而且次序非常分明,熊在前,虎在后。今人都知道老虎最厉害,因为头上写着"王"字,今天的熊被现代的文化彻底遗弃,已经成为"蠢笨呆"的意思。比如说"看你那熊样",马上就要打起架来，这就属于骂人的话了。所以这些最神圣的东西就被遗落了，这种现象在文化史上经常出现，比如"龟"在古代非常神圣，在今天也变成了骂人的话，最神圣的东西被后人遗忘掉。

我们回到《周礼》，看看先人记录的周朝礼仪中为什么要用两种动物来讲"旗"这个概念，尽管这些线索都是散的，但当我们将它们全部串联起来就发现这的确是一个被我们遗忘已久的东西，"熊虎为旗"这四个字背后有着非常深远的宗教和神话信息。既然大禹建了中央熊旗，在司马迁的叙事中大禹也好、颛顼也好、黄帝也好都是一脉相承的，当然有人认为这一脉相承有点绝对，中华这么大的地域，广大人口并不是一个祖宗传承下来的，但总有一个核心的符号，这就是中央的符号。从远古的图腾到现代的国旗，后人彻底遗忘掉旗帜的传统，遗忘掉国旗的原型动物是什么。只有在出土的古代商周器物上才能看到，这就是被我们当做兽面纹的器物，一般来说，熊和虎可能居多。比如说郑州商城出土的兽面纹青铜构件，其建筑是木结构的卯榫，用青铜器来固定，上面一个巨大的兽面，按照美术世界的行话，这眼睛一看就是商代的"臣字眼"，是神熊最突出的刻画特征之一。在表现这些图腾动物的时候，往往会有所变形，不按照写生写实的方式来表达。熊本来没有角，要给它加上巨大的鹿角，后来的龙就是这么造出来的。如果再加上老鹰的翅膀，甚至老鹰的嘴和爪子，将猛兽猛禽的各种特征组合起来，这就变成后来所谓的熊龙。这个特征在收藏界非常清楚，通过器物能够断代，根据加工的痕迹和风格可以断代它是哪一个朝代加工的作品。比如江苏常州藏玉收藏家拿出一块春秋白玉熊龙佩，其形象完全是一只猛兽。过去被我们笼统地划分为龙一类的很多东西，仔细一辨析，发现未必是后代所信奉的龙。这个猛兽四个爪子，一个小尾巴，上下的獠牙特别清楚，而且它的身子是完全卷成一团的，唯一的区别就是熊和虎的尾巴有很大不同。老虎因为是奔跑的动物，尾巴很长，熊因为跑得慢，尾巴渐渐退化了，所以比较短。毫无争议，这是一个春秋时候用白玉雕出来的神熊。春秋时候的玉都是用来象征神圣、象征生命的永生，而且根据玉的成色来定级别，最好的玉都要献给天子，那么这块玉雕出来的这个动物到底代表什么？我说是远古的中央熊旗造型传统在后代的延续。以上便是一、二重证据和四重证据。

三重证据是指那些虽然在出土文物和传世文献中没有记载，但是在民间的口碑中有流传，这就是三重证据。过去的史学研究是看不起这些的，因为没有文字记载，并不可靠。但是今天联合国教科文组织给了一个雅号叫"口传与非物质文化遗产"。这些口传与非物质文化的叙事代表着远古失落的信息在非中原地区和非王权地区的遗存形态，所以它可以反证或者参证失落的历史。比如东北大兴安岭再往北到俄罗斯，整个这一片地区都是远古狩猎民族出没的地方，他们的神话叙事放在第一位的就是神熊。在中国的大地上能够找到的直接以熊为图腾的还有鄂温克、鄂伦春、赫哲族以及满族、蒙古族等北方的部分人群。人类学家费孝通说黄帝应该是通古斯人，也就是北方狩猎民族的人，并不是后来建构的夏人。当然这只是一种人类学的假说。如果把信奉神熊的这个地域在地图上标示出来的话，那可就大了。在远古时代是没有国界的，所有北方大陆的狩猎民族几乎都有熊图腾崇拜。韩国不用说了，朝鲜族的开国神话叫檀君神话。两个兽，一只熊一只虎争斗，最后熊胜利了，熊母生出了韩国的第一个国王。所以熊图腾之说在中国可以引起很多争议，因为中国相信是龙的传人。但如果在韩国说黄帝是熊图腾，韩国人一下子就不愿意了，好像是要跟他们抢祖宗。韩联社为此还发专文要跟我过招，说我要争抢他们的祖宗图腾物。古代没有国界，我们只知道北方萨满教普遍崇拜神熊，韩文化只不过是这个文明激流中的一股支流。越过海峡到日本列岛，日本的原住民，最早的叫阿伊努人，两万年前去的，也是以熊为图腾，而且还饲养熊，至今还在举行一年一度的熊宴会。

古代的《山海经》中经常讲到神的形象叫操蛇之神，蛇本身已经是一个死而复生的符号。北美洲的印第安萨满教领袖穿的萨满服上全是用各种熊面打造的符号，穿上这个衣服，就表明你是化身到人间的神熊使者。在西伯利亚萨满击鼓表演中，萨满穿的服装上面也有一个神熊，以显示自己是神熊的使者。我们把这些通通叫做第三重证据。

四重证据法探寻中国文化元素　　25

图3　身披熊皮的楚克奇萨满祭祀形象

最直观的是楚克奇萨满祭祀（图3），扮神的人一边拿着法器，一边敲着锣，在视觉上则把萨满本人打扮成神熊在人间的投影。北方叫萨满，南方普遍叫跳傩，就是跳大神，"傩"字跟"鸟"有关系，神熊的关系被遗忘了。在《周礼》中对"傩"的最早的记载中，有"方相氏掌蒙熊皮"的规定，这句话就说明在跳傩中预备的既不是老虎皮也不是狮子皮，而是熊皮，熊皮的本身代表神灵下凡。这样我们就可以说熊图腾是农业民族中彻底失落的文化记忆，这个记忆虽然在官方没有了，但是在新郑黄帝故里的那个三熊足大鼎中依稀透露出一点。汉字中保留了它最可靠的证据，你把"熊"字下面的四个爪子拿掉，这就是我要告诉大家的熊的本字——能。中国人在造字的过程中，符号都是象形字，取象都是从大自然中来的，大象的"象"就变成我们今天说的图像的"像"，因为它是陆地上人的眼睛能够看到的最大的动物，它代表了一切物象。那么这个"能"字的取象是从哪里来的？能，熊也。熊能经历五到六个月的冬眠期，在洞里不吃不喝，然后重生过来。这给人的信仰和信心便是它是生命能量的最高表现，它自己就代表能。再生的信仰表现在熊的身上，这种能够冬眠的动物抽象出了这些美好的意义，还要再造一个字让它和抽象的意义相区别，于是再加上四只爪，便成为"熊"。这样"能"和"熊"彻底分家，这就还原到了这个字的本来意思。"能"和"熊"的关系作为证据，比什么其他证据都好。象形字是先民仰观俯察总结出来的符号，这个字的背后已经告诉中国人所讲的"能"是什么。在神话故事中，龙和熊是并列的。

　　这些视觉上可以直观的证据就是四重证据，四重证据即考古发掘或传世的文物及其图像，包括今人所称的"美术考古"的对象，一是考古发掘，二是传世。一是实物，二是图像。今天的专业划分把这看成是美术考古，但我觉得其内涵远远不是美术专业所能把握的，应该是失落的宗教信仰、历史的信息，所以我们将这些看作是最应该关注的对象。

　　《达·芬奇密码》认为在西方的基督教——男性中心的宗教建立之前，曾经存在过上万年的女神信仰，这在整个欧亚大陆发现了大量的证据，学界也已成定论，那么在中国境内有没有一个史前的女神信仰，跟神熊有没有关系呢？"林西县女神"雕像便是最好的证据，它距今约八千年，内蒙古林西县的博物馆藏的兴隆洼文化的女神像，她抱着自己的两个乳房，别的东西都没有雕，考古学界一看她的造型就知道是表现女神生命孕育特征的，在时间上比黄帝还早几千年。

　　在中国后来的文化中，熊的造型被改造，比如安阳殷墟妇好墓出土的熊龙。为了建立中原一统大帝国，必须找一个既不是你的图腾也不是他的图腾，大家都能接受的造型，这个时候龙凤这些现实中没有的符号就被建构出来。北方图腾的鹿角、熊，南方图腾的蛇等被组合在一个身躯上，再腾飞起来就是《周易》里面说的"见龙在田"，龙就腾飞了，蛇就彻底被遗忘了。同一个墓中的文物形象，除了变成龙的玉雕熊龙，还有没变的玉熊多件。王后墓中出土的文物是最高级别的，代表着当时最高的地位，三千多年前的商代王室还继承着远古的这种信仰。在文字记忆中被遗忘，但在器物造型中还在复制生产的东西便是四重证据。这类文物在古玩城里还可以看到，抱成一团的熊形象为什么讨人喜欢，这背后联系的就是华夏最初的图腾圣物。

2005年，国家博物馆举办全国非物质文化遗产展，崇拜熊图腾的北方民族赫哲族，把世代珍藏的鱼皮制熊图腾像拿出来展览。这属于活态文化传承，与从地下挖出来的熊图腾文物一起，实际上形成了一个立体的叙事层次。21世纪新出土了陕北神木汉画像宇宙图式中的神与熊：图式左侧的西王母造型奇特，牛头牛角；图式右侧是鸡首形象的东王公。画面的中央则是一个舞蹈状的两足动物神熊（图4）。

图4 陕西神木大保当镇出土汉画像石：左侧为牛头西王母；右侧为鸡首东王公，中央为舞蹈状神熊。熊身旁刻画云纹和飞鸟，表明这是神话天国中的"天熊"。

这说明熊作为中央的象征至少在汉代的图像叙事中没有被遗忘，在表现的时候还是西有西王母，东有东王公，中有神熊，都是用象征编码的语言来讲述的远古的信仰。在汉画像中还有一种造型，在神熊的背上长出了一棵树。神树象征就相当于《圣经·创世纪》神话中常见的那棵生命树。以上各种熊神图像叙事，是从八千年之前一直到秦汉、唐宋元明清，历数下来未曾中断。接下来从空间上看，在九百六十万平方公里的国土上，大概有六七百万平方公里可以找到神熊或熊图腾的表现。最北在哈尔滨师范大学文博馆中收藏的汉代陶熊；陕西出土的战国秦墓中的玉熊龙，这还不是秦国造的，是他们收藏的更早的红山文化玉器。因为秦人姓嬴，"嬴政"的"嬴"在《左传》里跟"熊"是通假字。也就是用"嬴"的时候可以换成"熊"，用"熊"的时候可以换成"嬴"，这就让我们明白秦人对这种动物为什么情有独钟。在秦始皇还没有称霸的时候，最早的祖先在甘肃礼县，因为给周人养马，周王室认为他们养马有功就给了一块封地，命名为秦。以前是没有"秦"这个字，就叫"嬴"，"嬴秦"之称晚出。嬴姓人在公元前六世纪秦始皇统治中国前，甘肃地方已留下早期秦人的青铜器，这些礼器上面就有神熊神虎，保留了图像叙事的神话记忆。在一个重要的墓葬中出土了一个"车型器"，车的四角有四只虎做守卫，车的上方也有四只鸟朝向四方，在车的中央位置端坐着一只神熊。这个叙事中把熊作为中央主神，可以回溯到秦始皇的祖先那里，因为古人绝不会把一个无足轻重的东西放在神虎、神鸟的中央，还让它端坐在车上。这件车型器告诉我们，黄帝时代的文化记忆怎样把车即轩辕同有熊联系为一体。顺着河西走廊再往西走，到张掖这个地方，也就是古代匈奴曾统治的地方，汉代的陶案仍然用三熊足来表现。

以上所论，我把中华元素的深度探寻落实到黄帝号有熊这个案例上，将其在史书叙述之外的彻底被遗忘的历史脉络，根据今天新的知识重新复原出来：从八千年前的兴隆洼文化到五千年的红山文化；到四千年前的小河沿文化、三千多年的殷墟妇好墓，西周晋侯墓等；再到周秦汉唐玉器形象叙事，从这个历史线索依稀可以看到熊神崇拜传统是深厚且没有中断的，特别是在图像叙事中多姿多彩。如果把它看成是中国人曾经信仰的神话世界的生动图像表现，那么今天我们已经依稀看到华夏最古老的信仰元素之一。

从证据学的意义上说，一重证据和二重证据皆为书证。但最有证明力的证据应该是物证。文字书写的东西可能欺骗人。物不发声也不写字，物不会骗人，除非它是伪造的。如果这个物确实是五千年前的庙中供奉着的，那它能说明一切精神信仰方面的东西。所以要弄清楚什么是潜在的中国文化元素，任重而道远。希望文史哲方面的人文研究能够走在最前列。如果还有人置疑有关熊的信仰有这么深远这么普遍吗，那么法国南部洞穴祭坛上的熊头骨便是最好的证据，这比所有文字记载的历史都要早十倍以上。在这个洞穴的洞口保留着人类的第一幅油画，画着35000年前的冬眠觉醒以后走出洞穴的神熊，前面一个大熊，后面一个小熊，因为是用赭石画的，所以是红色，可以称为人类第一幅油画。这样的信仰告诉我们，在农业社会之前的狩猎社会，人对熊的观察至少是长达几十万年的，应该说是跟人类进化同步进行的。所以说，我们未知的历史不知道有多深远，神熊的信仰是史前人类狩猎时期的普遍信仰，然后通过黄帝有熊进入华夏、进入后来的中原地区，经过改造、置换、变形，最后为神龙所取代，这就是我们透析中华文化元素的一个解读案例。

创新传媒文化　引导主流舆论
——从中青报"三国演义"说起

张　坤

(2009—8—18)

　　张坤，中国青年报常务副社长，高级记者，博士，共青团中央委员，曾获得多项全国奖项，包括5次中国新闻奖，3次论文奖，出版过《新财富伦理》等多部专著，担任过教育部高校评估专家组成员、央视经济年度资深评委等，中国社科院新闻与传播研究所"世界传媒研究中心"特约研究员。

　　非常感谢各位，也非常荣幸能有这样一个学习和交流的机会。今天的题目是传媒文化创新，这是一个非常宏观的题目，我想只要是从事传媒工作的现在都应该思考如何进行创新。我是从一个微观角度、甚至更具体到像《中国青年报》这样一个有将近60年历史的传统媒体、主流大报如何面对今天的网络化时代，如何在同质化状态下进行竞争、进行转型，来讲讲我的一点体会，举的两个案例，也是从去年开始一年多时间刚刚进行的探索，所以说很多地方非常不成熟，也请大家批评、指正。

　　《中国青年报》不用我多介绍，它确实有一种文化，到今天为止依然在业务氛围中坚持理想、道德、良知、信誉、职业操守等等方面的追求，坚守自身的一些价值，在今天这个时代确实非常不容易。但是面对全媒体时代的到来，《中国青年报》该如何转型？客观地讲，我们严重地缺乏这方面的一些人才。

　　我以前在地方的一些媒体、机关工作过，长期从事采编工作，也就近三四年来开始做一些转型。做什么转型呢？在从事采编的同时，我们在考虑如何把《中国青年报》的品牌资源做进一步的拓展和延伸，实现报纸和网络的互动乃至融合。同时，在探讨构建一个新的能够适应今天这种传媒时代的平台。我经常与我们的编辑记者交流，过去我们是通过报道，来直接参与社会甚至来影响我们的经济、政治和生活；但是今天不一样了，今天我们可能是通过参与到社会生活、经济、政治的过程中间，在参与的过程中进行报道，这两个切入口是不一样的。由于我们现在从简单的报道变为参与，这个过程中间就需要我们最大限度地把品牌资源进行整合，有效地走出过去单向的、灌输式的报道模式。过去的新闻报道，不管你报道做得多好，某种意义上它还是单向的。而现在网络化时代，不仅是点对点，而是一个多点式的互动平台。所以我们现在努力地去构建一个平台，去打造一个渠道，构建一个机体，试图努力探索然后去做相应的一些机制。在这样一个大的背景下，我就以两个具体的案例来切入，讲"三国演义"这样一个概念和我们实际操作的一个案例。

所谓"三国演义"是指在2008年奥运会期间，我们要在全国性的所有媒体之间打造一个互动渠道。这项工作也被某些新闻学者收到了研究案例中。中国以《中国青年报》为代表，日本以《每日新闻》为代表，韩国是发行量最大的《朝鲜日报》，三国媒体构成"三国演义"的这样一个平台进行奥运报道的合作。

回溯到去年，我们为什么要做这项工作？实际上在2007年，因为奥运大战即将到来，很多媒体提前一两年就开始准备，当时我们确实面对很大的压力。像《人民日报》这些中央直接管辖的媒体，注册记者就比我们多得多，给我们的名额能有几个人就算不错了；而且我们不可能像央视和《人民日报》一样实现对北京奥运会会场的采访，因为很多采访的证件都是不一样的，包括摄影的证件。所以在主流媒体圈里面，我们面临的竞争压力就很大。另外，网络化时代的到来，以央视、新浪、搜狐为代表的网站，甚至当时都市化媒体都在构建自己的联盟。

《中国青年报》一直以来都持这样的一个观点，每次在重大事件面前，我们必须要有自己的声音，在中国媒体中要有所作为。实际情况也是如此，从新中国成立以来到现在为止，每一个重大历史事件，《中国青年报》要么在新闻现场，要么在引领着思想，要么在前沿的领域。

所以，这次奥运会，我们应怎样在极大的竞争压力之下，在同质化的压力下，做出我们的差异性，做出我们的特色。其实从 2006 年开始我们就在琢磨这个问题，因为《中国青年报》的历史荣誉感，和对网络时代的焦虑，当时确实也很痛苦。

这么大的事件怎么应对，从简要到简化，我们在这个过程中间慢慢地树立我们自己的观念：要么你把你的差异体现出来，要么你把包括报纸本身的历史文化的内在的最主要的价值，和当今我们所能够做到的结合起来。正因为如此，《中国青年报》建报 59 周年了，还是以思想性见长。

第二个，《中国青年报》的原创性。这个原创不仅指到现场的原创的表现形式，还包括思想的原创和理念的原创。当年我很敬佩《中国青年报》的张建伟，他没有写过一篇批评报道，张建伟当时发明了"信息组合论"，也有很多争议。但是到今天为止我认为这个说法依然很有价值。所谓信息组合论，就是指在泛滥的信息时代，把不同的信息，通过整合提炼选择。选择就是标准，通过这种选择的过程、整合的过程、提炼的过程，信息就变成了原创性的，带有思想含量的，有立体感的，而不是平面的、分散的信息。所以我觉得，思想性就是我们的原创性。包括今年《中国青年报》有很多独家的调查影响力非常大，如贵州习水嫖娼事件、吉林松原高考舞弊事件、河南灵宝跨省追捕事件，都是《中国青年报》独家暗访和调查发出报道，在全国引起了巨大反响。

除了原创性还有一个就是国际性。这是我们自己树立的观念。虽然《中国青年报》不是市场化的报纸，但境外一直比较关注《中国青年报》的报道，包括我们的一些国际报道。我们在境外也有很多记者，这些年发出的一些报道是带有风向标式的，新闻起到一个测试的作用。2000 年千禧之年跨世纪的时候，法国的《费加罗报》，在一版用半个版面宣传《中国青年报》，这是我们第一次被境外媒体如此大规模地宣传。在他们看来，我们《中国青年报》是中国国内最活跃的主流报纸，这样的定位也非常符合我们自身的特点。我们认为《费加罗报》的这种态度可以代表性地说明境外媒体对我们的认知，也表明了中国在世界的影响力。

再回溯过去，20世纪90年代初的时候，《中国青年报》曾经在中日问题上有过非常大的影响。当时中央电视台《焦点访谈》连续做了三期节目，关于《中国青年报》所做的中国青年对日本态度的调查。这是我们《中国青年报》20世纪末最有影响的对外报道。从那篇报道以后，我们《中国青年报》的领导到日本去，一般都是首相亲自接待，可见其国际影响力。

综上所述，我们基于思想性、原创性和国际性，树立自己的差异。基于这样的一个理解，我们把我们的奥运报道首先定位为中国改革开放三十年，改革开放成果的集中展示，也就是"收获三十年"。还有一个就是"快乐奥运"，奥运比赛不是沉重的，不应把它当做一个仅仅关注得多少金牌的国家的一个荣誉，而是当做一个人类共同的快乐奥运。

围绕这样一个核心理念，我们当时就想，能不能和境外媒体合作。大家都知道，大陆的新闻管制非常严格，特别是前些年，由于"冰点"事件的影响，在我们报社门口总有法新社、美联社的记者等着我们接受采访，我们连电话都不敢接，基本处于半封闭状态。直到这次奥运会之前，很多新闻媒体希望和我们合作。当时有包括俄罗斯、印度、日本、韩国在内的七个国家对我们放出了一些合作信号，俄罗斯、印度的积极性特别高，我们就想能不能尝试采用多国联合的形式，最后我们选择了当时跟我们关系最密切的国家。选择韩国和日本，主要的考虑很简单，韩国和日本都是亚洲具有一定影响力的国家，都举办过奥运会，特别是在传统文化方面有很多共同的基础。另外这些年来大陆和日韩的交流非常多，交流起来相对更方便一些。基于这样一个考虑，我们就选择了这两家。

2007年我们和他们洽谈，先跟他们达成一个意向，提炼出了"三国演义"这样一个说法。这个很简单，大家一听就明白，因为在日本和韩国，对于中国传统文化中的"三国演义"这个典故接受程度非常高。这两个国家的很多代表团到中国第一站就是到四川，去访"三国演义"的旧址。所以后来大家都非常认可"三国演义"这个概念。达成初步意向后，我们又打报告给团中央、外交部，2007年底签订了战略合作协议。

这是我们第一次进行这种合作，大家交流起来也不知道具体该怎做，也很敏感。当时我们只是讲以奥运会为切入点，探讨三国的三家媒体作为代表，在今后的哪些传播领域进行交流，就签署了这样一个备忘录，然后互相访问。从2007年我们就开始准备，分了几次访问韩国和日本。

这几年，我们报社参与的中日交流活动越来越多。三年以前，我们正式参加每年中日之间的高层论坛。《中国青年报》总编陈小川讲了非常明显的一个变化：三年前到日本去，日本对中国传媒特别不了解，讨论总是特别的激烈，激烈到针锋相对，所谓牛头不对马嘴，就是因为交流双方对彼此的了解完全不对等，中国人对日本的了解完全超过日本对中国的了解。在三年的交流中，传媒文化这一块每年都发生许多变化。

今年交流会的最后一个晚上，我们总编辑应邀参加《每日新闻》社长的宴请，《每日新闻》社长还讲到"三国演义"这个活动。"三国演义"对我们来讲就像一次模拟实验一样，但是在日本影响还是非常大的。

"三国演义"可以说是我们第一次全方位的开放，当时经过了外交部和团中央批准。我们有个叫曹竞的体育记者写的评论，在我们这边没落地，结果连续几个月，她发的一些评论都在日本那边落地了，日本受众很多都知道《中国青年报》记者曹竞。

这种合作模式不光是在奥运会报道方面产生了影响力，而且在前期对我们的整个品牌，对奥运会的宣传报道都起了很大的作用。我们访问后回来发表了两篇文章，一篇文章的题目叫《看奥运》，另一篇是《国家现代文明的标志——东京奥运向大众体育华丽转身》，这两篇文章发表后转载率非常高，在网上是可以查到的，当时的影响非常大，被教育部列为内部重点要宣传的文章。当然当时写了很多文章，而这两篇文章是其中非常具有代表性的，是我们记者在采访以后对奥运精神用心认真的思考。当时民众对奥运客观来讲是一种热情，但是对奥运会所体现出来的这种人文化的、提升人类素质的体育运动对一个国家现代文明的促进还是思考不多的。

其中一篇文章的作者是我们教育版的主编，他后来受到三个奥运会举办城市政府的邀请，这也可以看到"三国演义"前期所产生的影响，包括对我们报社的影响，也包括对国家形象的影响。三个政府邀请他到这三个城市去做巡回演讲，主要是针对三个系统，一个是三个城市从事奥运会主管的官员，第二个是志愿者，第三个是高校。演讲题目之一就是如何做好东道主，也就是中国当代青年的使命和责任。这位主编结合这两篇报道，以及他们在韩国和日本访问对奥运会的体会，对中国将要举行奥运会的一些思考，整整做了半个月的巡回演讲。

具体合作方面，"三国演义"的合作实际上很简单，我们这个战略合同是长期的关系，但是集中以奥运会为切入点。大的层面就是以奥运会为切入点进行战略合作，到现在为止我们还在谈下一步。最近我们还在打报告，想要举办中日企业家的高峰论坛，由我们和《每日新闻》牵头，召集日本在华的企业举办这个论坛。

具体到奥运会的报道上，大概是五个方面合作的具体模式。经过前期的预热，各自拟主题，统筹采访和编译、统筹新闻资源，这是第一个方面。第二个是在比赛中间整合资源，互相交换。第三个是各自创办特刊，他们两家的策划就不讲了，他们都做出了自己的特色。我们做的是"日出东方"的特刊，连续做了几十期，每期有十二个版左右。第四个就是做了"日出东方"的网络版，特别是下午版。虽然我们条件有限，但是奥运会期间那两个月，我们集中制作了音频视频，特别是"日出东方"下午版。下午版的很多内容不落在纸媒，而是直接在网络上传播。第五个就是三国共建一个网站，进行网络同期调查，对各国青年网民进行调查，调查以后各自分享再细化。

这样的模式在奥运会期间确实发挥了很大的作用。因为当时《每日新闻》和《朝鲜新闻》获批采访的记者名额并不多，《每日新闻》大概四五个，《朝鲜新闻》有几个，我们几个，加起来我们大概将近二十个记者。这二十个经过奥运会批准的记者是我们共享的。他们可以同时给我们发稿，我们也给他们发稿。我们的稿子可以同时翻译出来。有些是专稿，有些是共用稿件，互换的稿件全部开放。

当时这个过程也很复杂，也牵扯了许多成本，当时我们找了许多日文翻译和韩文翻译，他们也找中文翻译。刚才讲统筹采访，采编和编译包括翻译，这是很复杂的事情。共建网站其实很有价值，但是我们觉得很遗憾，只短暂的存留了两个月。当时我们做这件事时，网站上日文、韩文、中文在那几个月同时存在。

"三国演义"当时确实产生了很大影响,包括萨马兰奇一到中国就来到《中国青年报》报社,接受了我们三国年轻记者的采访。"三国演义"模式在奥运会期间,给《中国青年报》在整个奥运会大战中间,树立了一些差异化的特色。如果没有这个的话,在奥运会期间,我们没有什么优势,没有什么特色。就是因为"三国演义",我们的奥运会报道最后获得了党中央的最高嘉奖。

精彩讨论选编

提问:你们做了一个网络同期调查,就是针对青少年的吗?他们的调查对象范围很可能比我们的广吧?

张坤:以青年为主,但是也不一定,有些话题是共性的。

提问:他们也很感兴趣吗?对象的选择他们没有不同?

张坤:没有不同,基本上是我们主导的。但是他们也有他们的方式,要遵循各自的观念。其实他们的竞争意识非常强,而且韩国《朝鲜日报》的版面非常贵。我们本来还想探讨在经营方面合作,深度探讨之后发现根本没法做。我们一个版十几万了不起了,人家一个版折合人民币将近一百万!一个版至少六七十万,七八十万。日本的《每日新闻》是这次奥运会的获利者,它一下排到了日本媒体的第三位,在奥运会期间最出风头,赚了很多钱。三个国家的报社经营理念和特点完全不同,观念上也好,机制上也好,根本没法比。

提问:我想问一下,因为体育和音乐是无国界的,这个"三国演义"如果在政治和经济的领域能否实现?

张坤:您这个问题非常尖锐和新颖,体育是无国界的,所以奥运会是我们当时最好的一个切入点。我们现在很慎重地正在跟日本谈合作,准备采取项目制的合作形式,比如中日青年企业家这种论坛,这个实际上也没有什么大的政治意义。我们说政治也是政治吧,本身体育也是政治,就是回避掉两国敏感的区域,这完全是一种探索。我们现在还没有很好的经验。

提问:中国的记者想要在日本或者是韩国发表对中国奥运的看法,基本上不可能吗?

张坤：没有，人家不会，你说很优秀的《中国青年报》记者会给日本媒体写稿，这是不可想象的。

提问：那么稿件共享的时候你们写的稿子他们两家报社用吗？

张坤：我们这个合作也是需要日本和韩国的宣传主管机构来审批。

提问：这里面涉及的一个是国际传媒，一个是跨国传媒。刚才一直在说各家报社的区别，这种合作模式跨越了国界，我们的记者能够在对方的媒体上报道，但是国际传播跨了国际之后，他这个报道能否突破本地社会的文化障碍。你们在和他们合作的过程中有没有感受到他们怎样在突破国际的同时调适自己的文化，怎么让中国社会接纳他们的方式？

张坤：这中间也是有一个磨合，因为时间的关系，我都没展开。比如说《每日新闻》的社长对我们的记者曹竞有印象，她写体育类评论，她这个稿子很适合日本读者的口味，认为带有个人的风格，甚至有批评的锋芒，日本人在他们的传统理解里面中国的媒体都是宣传奥运如何好，奥运会期间我们有些评论很犀利甚至有批评。比如说中国足球为什么踢不好，中国男子游泳与日本韩国的差距在哪里。我们带着这个问题采访他们的日本教练相对来说没有什么顾忌，这个内容落到我们版面上我们也没有什么顾忌，都爱看，也不突破政治的界限。

提问：在整个过程中有没有发现这种情况，他们写出的报道我们觉得不能用。我们的稿子他们拿去他们觉得不好？

张坤：这种情况也有，但大部分不属于政治原因，属于技术原因，比如说版面挤了等。这是自由选择，除非是约稿。

西欧主要国家的广电传媒政策及其与中国广电传媒政策之比较

张咏华

(2009—10—13)

    张咏华，上海大学影视学院教授、博士生导师，国际传播研究中心主任，上海市高校人文社科重点研究基地上海大学影视与传媒产业研究基地副主任。享受国务院特殊津贴专家。主要研究领域：传播学理论、大众传播与网络传播领域的中外比较研究、国际传播与跨文化交流。承担并完成国家哲学社会科学基金项目和教育部社会科学基金项目等多项研究项目。主要专著有：《大众传播学》、《大众传播社会学》、《中外网络新闻业比较》、《媒介分析：传播技术神话的解读》和《新闻传媒业的他律与自律》等。

    我今天讲的题目是《西欧主要国家的广电传媒政策及其与中国广电传媒政策之比较》。我设想的构架是四个部分，第一部分是欧美传媒政策范式发展史的总体脉络；第二部分是英德法的广电传媒政策，这里我要做一个说明，这主要是基于《西欧主要国家的传媒政策及其近期转型》课题组的研究成果，不是我一个人的专利，特别是德国的部分要感谢中国传媒大学两位老师的支持；第三部分是英德法广电传媒政策的经验以及对我们的启示；第四部分是当今我国的广电传媒政策及我国与英德法在该领域中的比较。我非常抱歉第四部分是我的空白点比较多的地方，寄希望于同大家一起来完成它。

    关于欧美传媒政策范式发展史的总体脉络，先要讲传媒政策范式三阶段论的论点，这论点库伦伯格（Jan Van Cuilenburg）和麦奎尔（Denis McQuail）两位学者早就提出来过，我想简单归纳一下这三个阶段，一个是传媒业政策的兴起阶段，大约是19世纪中叶到第二次世界大战爆发；第二阶段是公共服务传媒政策阶段，大概是第二次世界大战后的1945年到20世纪八九十年代，最后，也就是现在，处于探寻新传播政策范式阶段。探索阶段总体的倾向是偏向新自由主义的。目前全世界范围内形成的是整个的新自由主义的社会思潮的反思。这并不是局限在新闻传播领域，因为新自由主义的思潮并不是在新闻传播领域先兴起的，主要是在经济领域等一些领域先兴起来。

这个部分要讲到对欧美传媒政策范式的解读，讲到这些政策的思想理论基础。传媒政策范式三阶段论中说的第一阶段，即欧美传媒业政策的兴起阶段，其实就是从无到有的阶段，所以当时管理措施的制定并不是很连贯的。但在这一阶段的后期已开始出现根据传播技术因素把传媒业区分为印刷传媒、公共传输载体和广电传媒三大范畴进行不同的管理之思路。当然这三大范畴里哪个管理最严呢？广电管理是最严格的，理由是广电资源非常稀缺，而且它是属于公共资源，因此要加强管理。在第二阶段，即公共服务政策传媒阶段，传媒社会责任论的思想作用于传媒管理决策，民主、社会责任要求/公共精神和多样化成为重要理念。但是我想更多的还是民主、社会责任这些思潮在起作用，这些思潮倒并非完全是关于传媒的社会思潮，西方民主思潮是欧美整个社会思潮中的重要组成部分，而社会责任也不仅仅局限于传媒领域，传媒的社会责任价值观是社会责任/公共精神在传媒领域的反映。在第三阶段，即兴起中的新范式阶段，新范式"主要由经济与技术逻辑驱使"，库伦伯格和麦奎尔认为，在这一阶段，欧美传媒政策背后的价值观的优先次序发生了变化；"公共利益"的观念在很大程度上被重新定义为包含经济的和消费主义的价值观。

英德法广电传媒政策的演进过程，与欧美的整体传媒政策范式发展史的总体脉络一致。但在具体做法上却因各自特定的社会历史背景、文化传统而互有不同。这个演进过程，是选择适合于自己的模式、并且在不同的时期进行必要的调整的过程。

这个范式的思想理论基础之一是西方自由主义政治哲学，强调人的理性的力量，极力提倡个人权利。但是欧美还有不同之处，说到西方自由主义政治哲学，欧美应该说是一致的，但是大家能感觉到欧洲和美国在很多方面是不一样的，我想一个主要原因是欧洲是一个历史文化非常悠久的地方，西方许多思想在欧洲发源，非常突出的便是民主思潮。民主思潮美国也很突出，但是略有不同。美国民主思潮在自由主义上可能更彻底一点。还有就是公共服务的思想。另外，我有一点比较把握不准的是，欧洲是不是似乎有一种文化精英主义或者文化至上的观点在起作用，这一点和美国也有所不同，因为美国本身建国历史非常短。现在西方国家内部也有争议，法国经常提出要文化保护，美国就在反对。其他西欧国家也多少都有一点文化精英主义。所以我们看到法兰克福学派早期的理论家，当年批判西方的传媒工业时，其实就是站在文化精英立场上的，认为传媒工业破坏了那些文化。

欧美国家在传媒业管理的基本的操作性原则上是一致的，比较明显的是独立性原则，主张在新闻自由的界限问题上由立法司法体系来充当控制角色的法制化原则，以及传递信息内容上的多样化原则。这些原则在不同的传媒领域基本上是一致的，当然具体到广电和报刊领域，操作细节上还是有所不同。另外美国更多强调政治上的独立，经济层面商业化的影响美国好像是不担心的。但是西欧国家不一样，它们担心经济上商业化的因素如果过多的话，也会使传媒沦为一些公司的附庸。所以还是有所不同的。

下面我们进入第二部分，即英德法的广电传媒政策部分。先讲转型中的英国广电传媒政策。先是初期的管理思路，然后是公立的BBC与英国公共广电政策的形成及演进，接着是英国商业广电政策及演进，最后是英国广电政策沿革和广电业改革的动因。

下面是英国人自己的一段话："每天早上7点，闹钟一响，习惯性地打开收音机，在广播节目的伴随下穿戴洗漱完毕。走下楼，早报已经送达，客厅的电视正在播放早间节目，一边看报，一边听电视，一边享用早餐，一个英国人就这样在媒体的陪伴下开始了新一天的生活。"我想我们中国的很多记者也是有（或者有过）这样的习惯的。

下面我们来梳理一下英国无线电广播兴起初期的管理思路。

英国的广播媒介在20世纪20年代正式出现。但在这之前，由于技术出现，就已经提出要办广播电台。根据英国1904年的无线电法案，英国邮电总局负责颁发电台广播营业执照。德国最早也是由邮电总局负责颁发电台广播营业执照。这也许并不怎么奇怪。英文里"communication"最早是交通的意思,后来才加入了传播的含义。那么交通和传播到底有什么共同点呢?为什么会用同一个词表示?我个人认为是交通和传播都促进了人的移动性。交通是真正把一个人移动到一个地方,传播在物理意义上并没有将人移动到另一个地方,但是现代传播通过远距离的信息上的交流在象征意义上大大缩短了空间距离。另外就是电信的媒体,电报或者电话的技术手段是和广电媒体相同的。20世纪20年代初,开办电台的申请者越来越多,1922年,英国邮电总局收到将近100份来自无线电制造商希望开办电台的申请。在这样的情况下,改变当时广电资源稀少和申请者众多之间的矛盾就成了当时管理的初衷。所以最初的管理就是把资源集中起来。英国邮政大臣说服互相竞争的制造商们共同投资一家电台。1922年英国广播公司(The British Broadcasting Corporation)成立,并对其进行严格管理。但是当时公营的思想还未成立,彼时的BBC还是私营的。

在克瑞斯福委员会的建议下,1927年,私营的英国广播公司(BBC)被改组为公营的公司。英国广播公司获得皇家特许状(Royal Charter of Incorporation,又译作《皇家管理宪章》),由独立于政府以外的BBC监管委员会(BBC Board of Governors)负责管理(2007年初起,改为BBC托管委员会,BBC Trust),监管委员会委员由政府任命,每人任期四年,公司日常工作则由理事会任命的总裁负责。公营的英国广播公司的特殊地位受到法律上的确认,从此长期享有英国政府特殊政策的保护和扶植。经费来源上,英国形成了视听设备牌照费(license fee,又译视听费)制度。后来英国广播公司一统英国广播电视的天下30年左右。

英国广播公司的模式有着自己的特点。它的理念是公共性、独立性。经营形式是公共企业,试图做到既不为私人所占有,又不为政府所控制。它的经费来源主要靠视听设备牌照费(或者说视听费)的收取,试图摆脱政府拨款和广告费带来的对政府的依赖和对广告商的依赖。在管理上是实行集中式管理,形成垄断。这和德国形成的管理模式是不一样的。

1954年,英国政府通过了允许办商业电视的法案,打破了英国广播公司的空中垄断。英国广电传媒规制走向双轨制，对英国广播公司和商业广电采取不同的规制。英国走向引进广电领域商业体制的过程，一方面是受到了世界上其他国家的影响（美国是商业广电占主导地位的）。另一方面是由于英国国内的变化，广电这么大的蛋糕，谁都想分一点。英国的广电政策后来走向了一个极大的调整，就是放松管制，进行整合。在英国广播公司垄断阶段被打破以后它自身要进行一个调适。20世纪80年代英国广播公司的模式遇到的打击比较大，一个是来自我们今天所说的新自由主义的思潮的冲击，撒切尔政府是非常推崇新自由主义思潮的，美国则当时已经把新自由主义思潮化作它的政策；另外来自政治、商业和技术上因素的冲击也很大。如在技术上随着互联网兴起和广电加盟互联网，资源不再稀缺。20世纪80年代末到90年代末英国政府对于英国广播公司的政策调整更进一步，进入21世纪，英国公共广电政策对公营广电进行了一系列的改革。

英国对商业广电的引进在政策上大致有这样几个过程。首先是颁布《1954年广播法》，决定允许开办商业电视，并组成独立电视局（ITA）负责管理。1955年9月英国第一家商业电视台（ITV）开播。到1972年，英国政府又通过《无线广播法》，准许开办商业广播，并将商业无线广播也纳入独立广电的管理体系，独立电视局更名为独立广电局（IBA）。商业广播接受独立广电局的管理。根据该法案，英国第一家私营电台伦敦广播公司于1973年正式营业。这样，英国广播电视就出现了公营（BBC）、商营（IBA）广播电视机构双头垄断、公共广电和商业广电并存的局面。也就是双轨制。

英国政府对公营和商营广播电视均执行严格的管理。逻辑理由是，波段被视为稀缺的公共资源，为了公共利益，为了保护本国的话语空间，应对之妥善管理。这在思路上同广播业在英国初兴时的集中化管理思路以及公共广电政策形成期间的突出公共利益的管理思路有沿承性。

20世纪80年代，英国政府对商业广电采取"更轻微的管制"（lighter touch）态度，出台了《1984年有线广播法》，成立有线电视管理局（CA），该局被赋予促进和管理新兴的有线电视的责任。1988年英国的广播白皮书及《1990年广播法》，更是成为对商业广电进行改革的政策源头，指导了对商业广电管理机构、执照制度、节目内容、所有权等各方面的调整性变革：管理机构方面由独立电视委员会（ITC）和无线广播局（RA）取代原有的独立广播委员会（IBA）和有线电视管理局（CA）；执照制度从契约管理制走向竞标制，所有权方面，对商业性广播电视执照所有者，媒体所有权以及报纸与广播跨媒体所有权做了详细的限定。

在节目内容方面，20世纪80年代以来，英国支持"家庭价值观"，1988年成立了广播电视标准委员会，负责监控电视节目中色情和暴力的情况；《1990年广播法》在此基础上进一步加强了节目质量门槛的审查，同时加入一系列法律上的约束，鼓励高质量、高品位、欧洲原创、节目制作商来源的多样化等。

1996年英国政府颁布了新的广播法案。基本与1990年广播法一脉相承，但对1990年广播法的某些条款做了修订和完善，最主要是为数字地面广播的发展制定了管理框架，并放宽了1990年广播法中有关媒体所有权和电视台与节目制作公司间的交叉所有权以及传媒业中的跨媒体交叉所有权的限制。

1996年广播法和节目管理规定：原有的广电投诉委员会和广播电视标准委员会合并，新的广播电视节目标准委员会（BSC）成立，负责制定一套适用于所有地面、有线和卫星电视服务的节目准则。广播电视节目标准委员会指定的节目准则（1998年12月公布）涉及节目品位、暴力描述、隐私侵犯和政治事件等方面的管制。

2003年英国出台的新的《通信法》确立了整合的一体化发展的方向。这个和前几年中国一直在说的技术上的融合化一样，带来了新的挑战。原来是说电信媒介就是电信媒介，但现在很难说。比如说我们现在正在做的手机电视，就很难说它是电信媒介还是广电媒介，当然，如果不是在讨论规制对象的范畴划分，我们可以直接说它是移动媒体。

简单地归纳，英国广电政策沿革和广电业变迁的路径是从BBC独大到允许商业广电，然后转向BBC和IBA双头垄断的双轨制，再后转向整合一体化发展。其广电政策沿革和广电业改革的动因我们可以归纳为以下几点，第一技术因素，第二社会思潮，第三政治因素，最后是欧盟的超国家规制的影响和全球媒介环境中的倾向。

再来看看德国广电传媒政策演进的历史脉搏和思路。

二战前，德国从其无线电广播业一开始，就形成了国家集中管理的思路。真正大众传播意义上的广播在德国于 1923 年发端（以柏林的 Radio – Stunde AG 播出第一个广播节目为标志）。德国国家邮政部规定："建立地方电台，国家邮政部必须持有 51% 的股份。"这里非常明显的一个思想就是国家邮政部要拥有管理权。关于德国无线电事业的更早些的文献中，就已确立了无线电的国有性质。

二战后，西德在军管期结束后形成了不同于其他西欧国家的公共广电模式，即"去集中化"管理，联邦州具有自主管辖权的公共广电模式，奉行"公共服务"和"去集中化"的理念，强调广电传播自由、民主精神和传媒独立。这体现了德国传媒政策沿革中的第一次思路转型。也就是从国家集中管理到去集中化经营，更加注重公共服务。这背后有一系列的力量博弈和争议，德国联邦宪法法院曾经做过几次电视判决。

德国公共广电模式阶段后期，社会现实的变化，形成了对广电频率稀缺性作为规制理由的挑战。经过一番围绕广电政策方面的激烈争议之后，德国在 20 世纪 80 年代推出了有线电视项目。

而后德国广电传媒政策开始了第二次思路转型，开始走向双轨制。1984 年 1 月和 2 月，德国第一家私营电视综合频道卫星一台和著名商业电视台卢森堡电视台先后开播。伴随着私营电视实践的兴起，西德各联邦州先后制定了各自相应的法律，以调控私营广电和保护公共广电。这是德国广电政策的又一次转型：从排斥私营广电转向认可其存在的合理性，允许其与公共广电并存。德国联邦宪法法院 1981 年的第三次"电视判决"和 1986 年的第四次"电视判决"的两相对照，清楚地显示了这一点。第三次"电视判决"以频率和财力有限为由，称商业电视不符合当时社会需要，维护了公共广电的垄断地位。而五年后 1986 年的第四次"电视判决"，则确立了公共和商业广电的双轨制，"一方面给予私营广播电视媒体更大的发展空间；同时也强调公共广播电视机构是整个国家体系的重要构成，并赋予各州维护和保证公共广播电视机构应有地位的义务"。广电传媒政策的又一次思路转型就是从排斥私营广电转向认可其存在的合理性，允许其与公共广电并存。由此可以看出，德国适时根据时代变化做出了广电政策调适，但始终坚持保障公共电视发展的原则，体现了坚持广电社会使命的理念而又容纳经济和技术逻辑的政策思路。

德国广电传媒政策的基本原则和特点是：

作为德国广电传媒政策的集中体现，德国广播电视的法律体系架构完整，由四个层次组成，即宪法（基本法）和欧盟关于广播电视的法律规定、联邦法规、联邦州之间以及各广播电视机构法，以及跨国协议。基本法作为最高层面的法律规定了有关传播自由的基本原则，这是德国广电传媒政策制定的最基本的依据。其他三个层面的法律为规范管理不同层面、不同类型的广电，提供了具体的指导方针。在这样一个法律框架下，德国对公共和商业广电采用了不同的行业管理机制。

历史上，德国早在其广电政策的第一阶段，在魏玛时期的两次广播改革期间，就提出了独立性和"超党派"的原则。二战后形成了"去集中化"管理的原则。1945—1983年德国的公共广电模式阶段，见证了德国一系列影响深远的广电政策基本原则的确立：公共广电机构以公共法权性质存在的原则，将广播电视自由首先视为服务于个人意见和公众舆论的自由表达的原则，保障"基本供给"（为所有公民提供广泛的节目内容）的原则，公共广播电视以收音机和电视机牌照费（或者说视听费，license fee）为主要经济来源的原则等。

德国1984年起确立广电双轨制后，依然坚守着传媒社会职能的理念，并非常注意公共和商业广电的关系，注意广电业结构平衡，市场和谐。例如，德国重要的广播电视法规《广播电视洲际协议》第八次修订版在其前言部分就清楚阐明了广电的使命、职责："公共广播电视和私营广播电视有责任促进自由的个人观点和自由的公共舆论的形成，并承担舆论多元化的使命。"该协议的这一部分还明确提出："广播电视的双重体制必须有能力适应国内和国际竞争的要求。"不难看出，德国传媒政策把服务于自由表达和舆论多样化视为公共和私营广电共同的使命，而双轨制的结构则是为了使广电能够适应竞争的要求，履行好其使命。该协议第三部分"关于私营广播电视的规定"中也要求"商业广播电视的节目内容应该体现舆论多元化的基本特征"（见第二十五条第一款）。节目或频道稿件"多样化"、"舆论多元化"的提法在这部分中一再出现。又如，以释法的形式阐述广电核心原则的德国联邦宪法法院的几次"电视判决",都涉及了广电双轨制情况下公共广播电视的职能,以及公共和商业广电在广电系统中的地位。从上面的讨论中可以看出,德国强调广电的社会使命和公共广电的文化功能的理念之坚定,一如其对广电的去集中化管理的追求,体现出其广电传媒政策的特色。而在这些背后,无疑有着深刻的社会历史原因。

德国广电政策的沿革过程,反映出其文化传统、社会思潮、政治制度、历史经验和教训等多种因素的影响。德国作为文化悠久的西欧主要国家之一,具有重视广电内容的文化含量和警觉传媒商业化的负面影响之传统。德国近现代社会思潮的变迁虽然不乏错综复杂,但毕竟是西方民主思潮胜出成为主流思想。广电传播自由,广电媒体独立自主,广电服务于民主、独立于党派的理念,在德国具有坚实的思想基础。因而,尽管早在魏玛时期就形成的"广电管理追求民主和超党派"的传统,在历史上曾在纳粹党掌权时被一度打断,但是这种打断注定不能长久。

再来讲讲法国广电传媒政策演进的历史脉搏和思路。

法国广电传媒政策演进的历史脉搏和思路大致包含以下几个方面:法律框架、基本原则、发展阶段和各阶段的思路,以及数字化传媒崛起之后法国广电传媒政策的新动态。

先讲法国广电传媒政策的法律框架。

法国在1959年颁布的《关于视听传播的法案》清晰地定义了国家对视听传播垄断的两个方面,一是播出活动本身,即使用基础广播设施播出的权力;二是播出的内容,即广播电视节目的编排。该法令再次明确了广播电视公共服务的特性。1974年的《关于视听传播的法案》是法国早期传播政策的转折点。这涉及20世纪60年代起出现的一些相关变化。20世纪60年代起原有的视听传播政策模式受到质疑,广电自由化趋势开始涌动。1974年通过的视听传播的新法案开始建立广电领域的竞争逻辑,启动了结束高度中央集权的广电传播体制的过程。在1974年的新法案下,法国原有的国家垄断的化身 ORTF(Office Radio - Television Francaise)这一公共机构按照职能被分解为七个独立的机构:三个电视频道(TF2,Antenne2,F. R. 3)以有限责任公司的形式存在,国家是唯一的股东;一个广播节目公司(Radio - France);法国节目制作公司 SFP(Societe francaise de production)(一个经济混合体);仍旧保持公共机构身份的是负有发射使命的法国电视发射公司 TDF 和负责资料收藏和研究的国家视听中心 INA。

这尽管是一个转折点，但是真正推动了法国传媒政策和体制转型的还要说到1982年的视听传播法案，该法案从两个方面推动了这种转型：它废除国家垄断和建立独立监管机构；广播领域迅速向私营开放，形成了公共广播和私营广播共存的局面。一方面，法国广播公司承担公共传播的使命，另一方面，形形色色的私营广播分布在明确的区域内。

电视的情况有所不同。按照1982年的法案，私营的公司只有通过"公共服务特许"才能进入电视领域，私营电视频道要在严格公共合同的框架下进行活动，严格遵守合同内容，并接受监管机构的监督。所以私营的广电领域里，私营的广播兴起得很快，私营的电视兴起较慢。目前法国的广电最高监管机构是最高视听委员会。

法国传媒的基本原则，深深根植于西欧的文化与政治传统之中，深刻体现着西欧主流价值观，典型地突出公共服务的地位，以维护民主、多元和文化多样性为使命。对于公共广电，立法者所依据的三个主要原则是：公共广播电视提供"信息、教育、娱乐"，促进具有独创性作品的创作和生产，拓宽节目和发展制作、播出的新科技。

1982年的法案确定了视听传播自由的原则，法国公营私营视听并存的基本格局由此基本形成。在进入双轨制阶段后，法国的视听传播政策仍然在不断地调整，仍在寻找公共服务和市场竞争两个逻辑之间的平衡。我们国家目前也面临着在这两者之间寻找平衡这个问题，当然我们的情况是不一样的，我们国家历来强调公共服务，可是目前我们毕竟已处于市场经济的大环境下，市场竞争的逻辑已形成了。市场竞争的逻辑有着它自身的逻辑，如果完全听凭市场竞争，一点都不规制，那么就和跑步一样，跑得最快的就是冠军，跑在后面的就落后。所以，能不能在市场竞争的同时很好实现服从于公共利益、服务于文化使命，就始终是要找一个平衡的。

再来看法国广电传媒体制发展的阶段及各阶段的管理思路。

初期：在历史上，早在路易十一创立邮政的时代，邮政系统在法国就被认为是皇家所有，以后出现电信、广电传播方式时，这种国家垄断的思路被沿袭。

法国于1903年在埃菲尔铁塔进行了广播发射的首次试验，20世纪20年代开始了定期广播，20世纪20年代末广播已普及并和报纸竞争。鉴于无线频率的空间可以跨越国界，法国对于广播的管理当时传承了电信的国家垄断模式。

最初，法国政府对于广播的垄断一度比较宽松，在许可证的制度下允许私人广播电台存在。但是二战后国家对于广播的垄断变得非常严格。法国对于广播（后来又加上电视）采用国家垄断的政策思路，延续了很长时间。从1959年《视听传播法案》的颁布到1982年的视听法案，法国一步步明确了广播电视公共服务的特性。从1982年法案到1986年视听传播法案再到1994年及2000年视听传播法案修订版，法国先是经历了确立双轨制的过程，继而在公营、私营如何平衡方面经历了一个调整过程。

目前，法国广电传媒政策也面临数字化时代的挑战而呈现新动态。数字化技术的发展和应用使视听渠道大量增多，接收方式不断增加，影响了人们的视听消费模式。广电频谱资源稀缺性作为广电规制的理由得到挑战。另外融合对传播政策产生影响。原本的分开管理开始行不通。

下面讲讲第三部分，英德法广电传媒政策及其经验对我们的启示。一是总要寻找适合本国的模式；二是总要不断在探索政策难点的过程中、在探索回应现实带来的挑战中，进行必要的调整；三是总要寻找政策制定的平衡点，比如社会责任、文化使命同市场逻辑之间，效率与社会正义之间的平衡点；四是寻求广电结构平衡和市场秩序的和谐。对这些国家来说，原来是公营，后来走向有公营有私营，之间要有一个结构平衡。对我们国家来说，这个问题还不是很明显。但也慢慢出现一些变化，比如说制作方面已允许民营公司进入，还有就是我们在进一步展开文化体制的改革，有一点是：新闻传播这一方面还是要受到比较严格的规制，但是娱乐方面的该怎么规制，这个很不一样。这时也会面临广电结构平衡和市场秩序和谐的问题。因此西欧国家的经验对我们来说还是有启示作用的。

现在西欧主要国家广电规制较完备的法律框架，以及针对公共和商业广电分别设立的监管机制等，对我国均有一定的参考价值。目前我国也有民营制作公司，还在进一步展开文化体制改革。这一方面有一定的阻力，但是大方向是很坚定的。这个阻力来自各种各样的原因。有不少问题需要思考。其中有一条就是，我们一旦走向这个体制改革之后，出现新的问题如何解决？以出版社为例，我们是不是都要走市场化的路，如果都走，那么一些不赚钱但是很有学术价值和社会价值的书，就会没人肯出。这些问题又如何解决呢？也就是大学的出版社、研究所的出版社是不是也要走同样的道路，或者政策上把它们分开来管理呢？这些都是要思考的问题。

关于第四部分，跟我们国家一些政策的比较，我觉得有两个倾向都值得我们注意。一个就是对传统需要重视，不能干脆扔掉了，就像有学者所说，明明是很宝贵的东西，我们却觉得它没用了。还有一个就是如何传承传统的问题。我们得明白，古代的一些东西要传承下来需要经历一个现代化转型的过程。比如说儒家思想，我们现在研究是很有必要的，但有一点是要明确的，儒家思想毕竟是在封建社会形成的，它是中国封建社会最高的文化成果，但它不是针对当今中国社会的一些矛盾、问题而形成的。如果要指望解决当今中国的现实问题，不可能只简单化地强调儒家思想，让大家学习一下《三字经》就可以解决的。但是我们是有优秀文化传统的。此外，以前讲到西方，我们认为他们是不顾及公共利益的，也根本不会讲公共利益原则，但其实他们好多政策的出台，其宗旨都是公共服务的。在这一点上，我们的认识要更新。与此同时，发展都是要顾及效率的，我们国家以前曾经在效率这个问题上出过错，我们吃大锅饭的一个后果就是，大锅饭不可能有效率，因为没有竞争，它的发展缺少竞争动力。但是与此同时，我们也会面临着效率和公平之间平衡的问题，因为并不是光快就好。无论欧洲国家也好我们也好，都面临着此类平衡问题。

不同点也非常多。首先最大的不同点是我们的体制不同，我们的主导思想不一样。对于西方来说，他们传媒政策的治理，从大的方面来说，是依据国家社会思潮的，具体到传媒领域而言，其中一个思想是传媒自由主义的理论，后来进入到社会责任的层面。他们的社会责任和我们所说的社会责任也是有所不同的。我们传媒领域的规制思想是基于党报理论的传统，但是近年来一些其他的思想也进入到这个领域，比如发展传播学、发展新闻学等等。但是这些思想和西欧传统、美国传统有着根本上的不同。因为按照以前的传统的说法，我们是集体主义文化，美国是个人主义文化。但是我个人认为这种二元对立式的概括也并不完全正确，难以全面地展现文化中个人元素和集体元素之间多种组合的可能性。因为从一个社会的存在来讲，不可能完全只有个人元素而没有一定的对集体的尊重，完全是一盘散沙。而任何一个社会，也不可能只顾集体不顾个人。因为毕竟每个个人是作为个体存在的。其实在我看来，个人主义文化也好，集体主义文化也好，主要是这两种元素的比重不同，优先顺序不同。他们可能更偏向于强调个人权利，以此优先，我们更偏向于强调集体利益，以此优先。但是我们也有个人的元素在里面，他们也有团队精神之类。其实也是对集体的一个尊重，否则的话，他们那个社会是没办法存在的。或者我们可以用美国早期的一句话"united we stand, divided we fall."这是美国早期独立时的一句话，翻译成中文就是"团结起来我们将战胜一切，分裂的话我们将会失败。"当然，我们毕竟对集体强调得比较多，但是在这个里面，也有一个动态的过程，比如说今天我们对于个人合法利益的保护这一块，比以往强调得要多。现在更年轻的这一代，他们对个人利益、个人主义的想法，和之前不一样。但是整体来说，这样的差异还是存在的。

精彩讨论选编

宋小卫：张老师您刚刚提到1996年的英国传媒政策法案，我也看过，给我印象最深的是投诉委员会的设立。

张咏华：英国给我的体会就是他们在管理上特别有一套。比如他们要想搞法制，有几个方面要健全。首先是这个法规一定要具体，要有执行法规的一个机制，或者说是一个机构。如果这个机构做得不好，你向谁去说呢，说了之后由谁来处理呢？所以专门设立一个投诉委员会。投诉委员会专门负责投诉，然后进行处理。投诉委员会所处理的投诉问题还不至于犯刑法，只是其他的过失比如说行政过失。如果最终触及法律的问题，要通过法院起诉进行解决。

宋小卫：这个传媒政策法案也是全国性的法律，里面谈到权利。我现在想向您请教的是，咱们现在学习国外的法制，一种方法是全面移植，那么有没有可能是零打碎敲的？也就是某一部分咱们可以向国内做个介绍，比如说广电部也有关于投诉的规定，前几年广电部的网站上也公布了投诉电话，但是基本没什么反馈，收了多少投诉，怎么回答的，这些信息都没有。这方面我们还没有台湾健全，台湾有新闻局，他们每个月都有回应，都是以新闻局局长的名义，或者是以某个负责人的名义给予回应，说明收到了什么投诉，是怎么处理的。如果这一部分法规可以翻译过来，那么对咱们国内是一个直接的促进。

现在要是比较一下新闻出版署和广电部，可以在网站上查到他们公布的文件。去年我有个学生是做 BBC 的投诉研究，他基本上可以在网上查到 BBC 公布的文件。现在很有意思的一个细节就是出版界做得比较好，公布的一些法律文件都有完整的文号。但是在广电部查找到的文件都没有文号，只是告诉你，我们这个部公布了一个什么东西。

张咏华：这点我也同意。英国有一个独立的机构来管理对传媒的投诉，而不是媒体自身来管。我们应当客观地承认，我们国家这些年是渐渐地在产生变化，学者对于变化也要有一个认识。西方的变化也是经过了一段历史，是一个渐进的过程，用我们的术语来说他们是资产阶级革命，或者说他们是从封建社会过渡到今天的社会的一个革命。这样一个过程其实也是比较缓慢的，生产方式的改变也是一个渐进的过程。我们国家的大量的变化发生在改革开放以后的 30 年，有些东西还没有完全走完西方国家走过的过程，我们要稍微有点耐心。

当然了，学界还有一个重任就是我们要推动它前进的过程。为了推动这个过程，学界也要反思自己的行为，比如宋老师谈到西方学界参与度很高，他的政策变化背后都有一个思想依据，这个思想依据从哪里来呢？其实就是来源于学界的思想。他们制定的一些政策都是有一些思想在里面，我们甚至可以追溯到当年的启蒙运动或者更早时的一些思想家的思想。从历史上来看传统中国确实有些不足。中国的学界我觉得也有一些问题，1996 年我去美国做访问学者，一到美国，就看到他们著名的传播学教授桑德拉·保尔－罗凯奇（Sandra Ball Rokeach）在做一个非常大的项目，研究公共交通包括一些交通事故中传播体制起到的作用。这就是一个非常接近实际的问题，不是一个纯理论的东西。而后她又做了一个课题，到今天还在做，叫做传播基础结构，主要研究传媒转型的情况下，社区的传播结构有什么变化。她的传播基础结构用的是英文"infrastructure"。我们讲到"infrastructure"首先想到的是基础设施，但是她用这个词主要是从"结构"（structure）角度来讲，研究基础结构的变化，比如说原来是人际传播，后来是大众传播，现在是网络传播，这个结构有什么变化，这个结构的变化反过来对社区归属感之类的又有什么样的影响。这个研究非常接近实际，在这个基础上，她又把它归纳成理论，她当年的媒介系统依赖论又发展成为传播基础结构论。当然有一个很重要的条件就是桑德拉·保尔－罗凯奇本人是社会学出身，又常年接触传播学基础理论。但她不像我们一些常年做基础理论的人，对现实问题关注不够。我们对于现实问题的研究也许是应急式的，政府说做这个就赶紧做，政府说赶紧完成就赶紧完成。我们学界不是非常积极主动地关注社会问题。而西方国家一些学者会主动关注社会，关注现实，这些我们做得不够。西方国家把理论和现实联系起来，做得比我们更好。并不是像我们想象的那样，比如西欧是搞思辨的，空对空的思辨就是主要方式。就像我们说到英国伯明翰学派提出了一些理论，这些理论也是建立在他们对许多的不同群体文化研究的基础上的。

另外，整个中国学界的各种年会比较多，学界也做了好多的讨论，以前我们叫做"清议传统"[①]。我们的"清议传统"和西方来比，有什么特点呢？首先我们要肯定"清议传统"，对国家大事发表我们的看法，就叫做政治参与。但是我们的"清议传统"比较容易完全根据自己的思路来议。这个是可以的，西方有好多学者讲得也完全是理论化的东西。但有一点比较清楚的是他们知道具体的政治操作跟理论和理想之间不一样。他们强调所谓的独立，就是说，他做的是思想的研究，不干涉这些政治化的东西。我们的清议是，这个政治管理的东西我很懂，要照我的思路来做。这一点我们也要纠正一个思路，就是管理不纯粹是理论，但管理如果有理论肯定要好过没有理论。有理论支撑的管理，方向目标非常明确，非常坚定，不会徘徊，虽然决策过程可能比较慢，但是

[①] "清议"是中国古代的立法形式，即以儒家的伦理道德为依据，臧否人物。为官者一旦触犯清议，便会丢官免职，禁锢乡里，不许再入仕。"清议"最早出现在东汉后期，其设置从政治上来说是为了适应庶族遏制士族而设，但客观上也起到了激浊扬清，维护封建家族关系，维护封建伦理道德的作用。

一旦决策，推行起来会比较顺利。这一点上跟我们还是有比较大的不同的。

讨论者：我印象比较深的是美国关于反色情法的讨论，美国有一个人权同盟，向最高法院申请反对互联网上的色情内容，但是由于美国自由主义的限制，到现在这个法案都没有通过。人权同盟一直在努力，还促成了相关的一些商业上的规则去限定商业互联网的色情内容。我最近看到一篇文章，也是美国学者写的关于社会科学的研究跟政策制定之间的关系。他回顾了一些美国历史上媒介政策的形成跟科学研究之间的关系。有这么一个过程，先从思想开始，从学术开始，或者最早从现实开始，中间有一个院外执法，或者说有一个民间的组织，通过民间组织再进入到法律的过程。跟我们相比，美国这一整套环节还是比较新颖的。

张咏华：民间力量的介入有一个机制上的保证，我们在这一块还缺失。但是我们也要看到中国渐渐地在开始实行。比如以前我们国家从来没听说过NGO、非政府组织。另一方面，我们的一些行业协会，比如说我们的新闻工作者协会，比较早就成立了。

讨论者：这一点我稍微说一些，就是自主规制这个阶段，世界各地都是，尤其是在西方。自主规制都是行业内部的，不具备法律效应，只是在行业内部具有力量。它有两个最主要的作用，第一，规范行业内部以防止政府过多地插手，来保证新闻的自由；第二，就是保护消费者，也就是读者视听者的利益。出现一些误报、诉讼案之类的时候，通过规制避免进入到法律程序，保护了业界从业人员，也从各个层面来约束他。

张咏华：关于刚刚这位老师说的自律的问题，我想补充一点，就是自律在一开始的时候，出发点是为了防止自己管不住自己，那么政府一定要管起来，是为了防止新闻传播的自由受到阻碍，起码英国是这样的。但是我们的自律，指导原则和他们不一样。我们的新闻工作者协会，也完全是一个行业协会，但是由于种种历史的原因，在相当长的时间内，是一个半官方的性质。由于这样一个原因，它就不是一个独立的机构，因此它能不能站在公共利益的立场上来说话是值得质疑的。但是在这个过程中间，我们也逐渐看到，它为广电事业做得越来越多。关于新闻法，我的看法是世界上的好多国家，也并不是每个国家都有一部专门的新闻法，好多国家没有专门的新闻法，但不是说没有新闻法的国家就没有新闻法制。因为传媒法的概念是远远大于新闻法的。

李斯颐[①]：我提出一个问题。20世纪70年代末以后，新自由主义在全球形成浪潮，在这个过程中，您前面讲的是欧洲先是有个公共体制，然后开始发生变化，然后私营出现。那么到了20世纪90年代末以后，这个思潮又开始回转了，也就是民主主义这些东西在欧洲逐渐多起来了，甚至提出第三条道路，那么出现这个变化对公共体制有没有"回锅"的现象，把以前自由主义的东西热一下，影响怎样？

张咏华：我感觉到好像没有大的影响，重要原因有：政治上的有些东西是不断变化的，比如说换一届政府可能政治上的倾向就不一样，但是经济上的运转有自己的一些规律；就新闻传播这个领域来说，还要回应技术上的挑战。技术上的挑战在那段时间实际上还是在慢慢地走向融合。一个行业的出现，是不能完全融入到旧的管制框架里面，然后再很快地发展的。如果要推动它发展很快的话，必须满足社会要求，就是要让环境比较宽松。说白了西方对互联网的管制也存在争议，争议的焦点就是到底把它放入哪个体制管理？放到广电传媒领域，是要比较严格的，但是如果放到公共传输领域，其实指的就是电话电报一类。电信只管提供技术服务，具体的内容不会去管。开始的时候一直在争论该怎么管，该放在哪一块来管，是放在电信还是放在广电。最终的一个偏向是放在电信。为什么放在电信？其实也很明显。最早开始兴起的就是服务，另外互联网需要一个能使它很快发展的环境。这是符合国家利益打算的。如果一个新的行业比较快地发展，肯定不能一开始就把手脚完全绑住。相比较而言，电信管理是比较松的，所以互联网管得也很松，但是慢慢地互联网在发展过程中，因为它的影响非常大，互联网开始的时候是人际传播的一个手段，但是它的潜能非常大，它其实本身是文本型的媒介，是复合式的。

讨论者：我一直觉得互联网大于媒体，媒体功能只是其中很少的一部分。

张咏华：你可以把互联网说成是一个媒介，但是媒体这个词和媒介

---

① 李斯颐，时任新闻所副研究员，2012年年初因病逝世。

还不一样。我们往往说媒体是只有一个机构的。我们说网络媒体往往是指具体的一个机构，我们说一个报刊一个网站，其实就是具体的一个媒体。

李斯颐：公共体制说起来比较笼统，但实际上每个国家的公共体制都不一样，欧洲各个国家都不一样。若论松和紧，在我看来英国最紧。好多问题，比如2004年前后BBC出现的"吉利根事件①"，别的国家就不会出问题，在美国更不会。美国五角大楼的文件拿到BBC是犯法的。现在我认为最要紧的是政府和公共台之间的委员会，我想问一下欧洲这几个国家的委员会构成在管理上有什么特征。比如拿美国做例子，公共电视和公共广播上面有一个CPD，它的权力非常大，包括拨款数额，联邦给他多少钱，地方州给他多少钱，免税怎么免，规定非常细致，目的就是要把广播电视台和政府隔开。那么在欧洲这几个国家里面，委员会能起多大作用？比如BBC的主要负责人，委员会可以决定他的任免。而人员任命首相又有特别大的权力。那么欧洲其他国家有没有这样的情况呢？公共体制最终的落脚点，宽与松，就取决于这个委员会的构成，比如它的来源，权限，任命程序取决于什么。

张咏华：英国最初之所以让BBC成为一个公共机构，其初衷是既要同政府分开又要同商业分开。政府不能直接去管这个公共机构，但是议会在任命上有比较大的权力。现在英国的整个体制是有所改组的，政府的权力越来越小。BBC曾经受过威胁要被收回特权，但是最终还是收回不了。第一是政府不可能单独地决定要收回，要通过议会等等一个完整的法律程序；第二是商业媒体极力地反对BBC，默多克最为明显，他认为BBC效率低下；第三是BBC也有商业的部分，但是对商业性的部分有一些非常详细的规制。BBC自己也是极力地强调它跟商业不一样。各种力量的博弈下出现的结果说白了就是各种力量的妥协。妥协这

---

① 2003年5月，英国BBC记者安德鲁·吉利根披露英国政府"渲染"了与伊拉克大规模杀伤武器情报相关的报告。在报道中号称引用了"情报官员"的话，而英国政府为了证实消息源并非所谓"情报官员"，而把武器专家戴维·凯利的名字泄露给媒体。戴维·凯利因不堪压力走上绝路。事件导致BBC与英国政府的关系恶化。在独立检察官发表的《赫顿报告》中，吉利根和BBC高层都被指责对新闻处理不当，事件导致吉利根本人、BBC总裁和BBC理事会主席的辞职。

个词在中国来说传统上一直是个贬义的词语,因为我们印象中妥协就是立场不坚定。但是我们要在管理上寻求一个平衡点,其实妥协客观上是必然存在的,只是妥协做到的是朝哪边更偏一点,这样妥协是不是更有利于整个社会的发展。

讨论者:其实用权衡是不是更好一点。西方的议会制其实就是背后的党派、财团利益的代表的权衡。

张咏华:我们以前是不讲权衡的,不讲权力的制衡。

姜飞:李老师刚刚提出来,传媒政策变动时期,究竟我们是向欧洲学习还是向美国学习呢?怎样制定下一步政策是关键。但是李老师提出来的专家委员会这个问题,其实我也很感兴趣,我记得丹麦可能有一个"一臂间隔"[①]的文化政策,中间有一个专家委员会,在欧洲有这么一个传统,如果我们想要参照欧洲的传媒政策,专家委员会是一个很重要的部分,现在怎么选是一个问题。

李斯颐:每个国家都不一样。像美国是两党制,两党制它不占满名额,各占不超过几个,然后社会占几个。德国是社会各界,学者、经营者、广告商都参与进来。

张咏华:我印象中英国也是有各界比例这样一个问题。

李斯颐:我为什么会提委员会这个问题,我觉得这个问题如果学习不好,就和听证会一样了。如果学习欧洲国家的体制,美国的好像离中国更近一些。

张咏华:我比较同意李老师说的一点,我们学习西方的一些东西是先从学习美国开始的,这里面有一个客观的原因,最早开放的时候,大批的留学生都到美国去了,必然对美国了解比较多,这里面我们也学到了好多公共思想。但是有个问题是美国和中国差异实在是太大了。有一段时间我们走得比较激进,因为一下子接触到这么多不一样的东西——美国是自由主义走得最远的啊。然后就会产生一个巨大的反差,我们就会觉得这也不是那也不是,产生很多的缺点。但是现在想想,欧洲跟我

---

① "一臂间隔"原则。在文化政策的通行术语中,"分权化"的文化管理观念通常被形象地表述为"一臂间隔"原则。所谓"一臂间隔"原指人在队列中与其前后左右的伙伴保持相同的距离。经济领域,子母公司。被挪用到文化政策上多指国家对文化拨款的间接管理模式,但这种管理模式同时要求国家对文化采取一种分权式的行政管理体制。

们共同点也许更多，我个人觉得从欧洲借鉴也许比从美国更好。

（演讲者的几点说明：一、演讲中我一开始就曾说明关于英德法的广电传媒政策的部分，"主要是基于《西欧主要国家的传媒政策及其近期转型》课题组的研究成果，不是我一个人的专利，特别是德国的部分要感谢中国传媒大学两位老师的支持"。这里因社科院新闻与传播研究所将把学术沙龙的演讲内容结集出版，本人觉得有必要再补充更具体的说明：关于德国传媒政策的部分，许多材料主要来自中国传媒大学何勇老师参与这一课题组撰写的德国部分的成果；而关于法国传媒政策的部分，许多材料主要来自具有法国卢兹大学传播管理和传播法学双重硕士学位的郝进平女士参与这一课题组撰写的法国部分的成果。英国传媒政策的材料，部分来自课题组成员曾海芳的研究。二、本讲中引用到的英国人自己的一段话，引自：O'Malley, Tom (2000). Communication Revolution: Who Benefits? Media Issues Raised by the Forthcoming Communication Bill. 获自互助网上，URL 地址：http://keywords.co.uk/freepress/files/commswp.pdf。三、本讲中关于德国联邦宪法法院的第四次"电视判决"的一段话，引自国家广电总局发展研究中心课题组《发达国家广播影视管理体制和管理手段研究》，中国传媒大学出版社 2007 年版，第 60 页。）

中国文化走出去战略背景下的海外华文传媒

程曼丽

(2009—10—20)

程曼丽，毕业于中国人民大学新闻学院，获学士、硕士、博士学位。现为北京大学新闻与传播学院教授，博士生导师，新闻与传播学院副院长，学术委员会主席，北京大学世界华文传媒研究中心主任。主要研究领域为新闻传播史、国际传播、海外华文传媒。兼任中国新闻史学会会长，国家外文局对外传播研究中心高级研究员，中国广播电视学会学术委员会委员，国家突发公共卫生事件专家咨询委员会委员。出版《〈蜜蜂华报〉研究》、《海外华文传媒研究》、《公关心理学》、《外国新闻传播史导论》、《国际传播学教程》等专著及教材，发表学术论文百余篇。

据统计，目前世界华侨华人已近3000万，他们分布在140多个国家和地区，形成了一个庞大的群体。他们既与中华民族一脉相承，保持着血缘亲情，又融入当地社会，为所在国的经济发展和社会进步做着贡献。而为数众多的华侨华人媒体在其中起着重要的作用。

今天我将围绕"中国文化走出去战略背景下的海外华文传媒"的话题，和各位做一个交流。分四个方面来谈。

一　海外华文传媒的历史沿革

19世纪初至19世纪中期，东南亚地区和美国先后涌现出一批华文报刊，如1815年马礼逊、米怜在马六甲创办的《察世俗每月统记传》，

1823年麦都思在巴达维亚创办的《特选撮要每月纪传》，1828年纪德在马六甲创办的《天下新闻》，1837年郭实腊在新加坡复刊的《东西洋考每月统记传》（1833年在广州创刊，翌年休刊），1854年威廉·霍德华在旧金山创办的《金山日新录》，1855年基督教长老会在旧金山创办的《东涯新录》。这些早期华文报刊有一个共同的特点，即它们都是由外国传教士创办的。

从19世纪50年代开始，中国人自己创办的华文报刊在华侨聚居的美国和东南亚一带相继出现。如广东籍华侨司徒源于1856年12月在美国加州首府萨克拉门托创办的《沙架免度新录》、福建籍侨商薛有礼于1881年12月在新加坡创办的《叻报》、福建籍华侨杨汇溪于1888年在马尼拉创办的《华报》等。中日甲午战争以前，海外华文报刊数量不多（海外各地总共出版过30几种华文报刊），发行量有限，内容也大都以商业信息为主，不介入国内及所在地的政治斗争。甲午战争以后，由于国内政局发生剧烈动荡，各派政治力量纷纷到海外创办报刊，宣传政见，以争取华侨的支持。海外华文报刊也因此而具有越来越鲜明的政治色彩。

辛亥革命前，华文报刊日益增多，并且形成两大阵营：一方是以康有为、梁启超为代表的主张维新变法、实行君主立宪的保皇派报刊；另一方是以孙中山为首的主张推翻清朝政府、实现民族独立的资产阶级民主革命派报刊。两派报刊针锋相对，展开了长达数年之久的政治大论战。这场论战不但促进了革命力量的发展壮大，同时也带来了海外华文报刊空前繁荣的局面。辛亥革命后，清王朝被推翻，海外华文报刊分为拥袁与倒袁两派。袁世凯去世后，拥袁者大多转而拥护陈炯明，倒袁者则转而拥戴孙中山。在后来的北伐战争以及抗日救亡运动中，一大批华文报刊同仇敌忾，为打倒军阀、为抗日救国而大声疾呼，表现出空前的一致性。中华人民共和国成立后，由于大陆与台湾尚未统一，海外华文媒体又出现了双峰对峙、二水分流的局面。

20世纪50年代以后，海外华侨的大多数陆续选择了所在国国籍而成为外籍华人，华侨报刊也由中国人在外办的报刊变成由华人登记注册的地地道道的外国报刊（尽管它们从语言文字到版面风格都没有发生变化）。

华侨报刊转变为华人报刊继而本地化之后，就要遵循所在国的法律并接受所在国政府的监督与管理。而各个国家对待华人的政策和管理方式不同，各国的华文传媒也就呈现出不同的发展态势。在印尼等国，当地政府对华侨华人社会采取同化政策，对华文报刊严格限制，甚至不允许它们继续出版。在华侨报业一度相当繁荣的缅甸、柬埔寨和老挝，其政府也开始限制华文报刊的发展，使得华文报刊绝迹达几十年之久。在欧美一些发达国家和地区，当地政府对华人报刊采取宽容的政策。美国尤其如此。由于美国实行的多元文化政策，它因此而成为海外华文传媒最发达的地区之一。140多年来，美国华文传媒经历了不同的发展阶段，已经形成品种多样、内容丰富、覆盖全美华人社区的华文传媒体系。在世界上唯一的华族人口占绝对多数的国家——新加坡，政府对华文媒体采取鼓励发展的政策，从而使新加坡成为中国版图（海峡两岸及港澳）以外华文报刊业最为发达的地区。据不完全统计，截至20世纪末，新加坡累计各类华文报刊1000家以上，居海外各国第一位。

1965年，美国实施了大幅度放宽华人移民政策的法案，之后加拿大、澳大利亚等国也颁布了类似的法案，使得这些国家华人人口数量激增。相对于上一代华侨华人而言，这些新增人口被称为新移民。和老一代华侨相比，新移民具有以下特点：

第一，早期的华侨大多不想久居海外，衣锦还乡、叶落归根才是他们的最高理想；新移民则不同，他们远走他乡的目的主要是在那里定居、入籍、创业。

第二，早期华侨大多是破产的手工业者和贫苦农民，文化水平低，从事的也都是粗重的体力劳动；新移民大都具有良好的学历背景、知识层次和经济基础，在就业和创业能力方面大大优于他们的前辈。

第三，早期华侨是在祖国积贫积弱的情况下离境的，国家地位的低下使他们长期处于受歧视、受压迫的境况中；新移民是在祖国日渐强大、与其所在国关系平等的条件下离境的，与此相应，他们的地位也大大提高了。

大批新移民的涌入，使海外华文传媒进入了一个飞速发展的新阶段。据统计，在美国700余种（累计数）华文报刊中，有三分之二是1970年以后创办的，华语广播电视、华文电子媒体也获得了前所未有的发展。80—90年代，北美中文传媒继续保持稳步增长的势头，其他国家，如巴拉圭、多米尼加、瑞典、奥地利、阿根廷、哥伦比亚、意大利、西班牙、匈牙利等也开始出现华文报刊。在1992年开播的欧洲东方卫视的基础上，欧洲第二家华文电视台凤凰卫视欧洲台又于1999年8月开播，此举对于传播华语文化，增进海外华人同母语地区的联系具有特别重要的意义。

转眼间，人类社会已经进入21世纪。新的世纪，伴随着世界多极化和经济全球化的进程，中国社会必将发生历史性的转变。而这个转变在世纪之初即已显露端倪：在美国衰退、欧洲减速、世界经济陷入十多年来最低增长的情况下，中国国民经济保持着良好的发展势头，年增长率达到8%；中国境外投资扩展到世界160多个国家和地区，进出口贸易总额较改革开放前增长20多倍，在世界贸易中的排名由1978年的第32位上升到2001年的第6位，创造了对外贸易增长速度的世界之最；人民生活实现了由贫穷向温饱、由温饱向小康的历史性跨越，总体上达到小康水平，综合国力有了很大的增长。加上北京申奥成功，中国加入世贸组织，上海赢得2010年世博会的主办权，等等，这一切使中国获得更为广阔的发展空间，在更大的范围内和更高的程度上参与国际间的竞争与合作。中国的变化，必将对海外华文传媒的生存环境带来深远的影响，使它面临着新的机遇与挑战。

机遇在于：首先，以加入WTO为起点，在"引进来"的基础上，中国将进一步实施"走出去"战略，实行双向对外开放。外商外资"走进来"，中国企业"走出去"，无疑增加了双方相互了解的迫切性，国内媒体对此自然责无旁贷，海外华文传媒因其地域上的优势也被赋予了更高的期许。其次，世纪之初，随着中国与世界各国联系的日益增多以及开放程度的不断提高，大批中国人以学习、旅游的形式走出国门；随着"走出去"战略的进一步实施，到海外投资者的队伍也将不断扩大。这些人构成了海外华文传媒的新的读者群体。第三，随着中国国际地位的提高，近年来到中国留学、工作的外国人越来越多，回国后或在国内从事对华贸易的人数也不断增长，这就构成了对汉语学习的更大程度的需求，一股学习汉语的热潮也在世界各地兴起。而国外学习汉语的人，无疑会成为海外华文传媒的潜在受众。第四，近年出国人员的成分也在发生变化。以前出国人员多为国家资助或自费留学生，经济能力普遍偏低。现在出国经商、投资者越来越多，其中的一些具有相当的经济实力。这一部分人既需要通过海外华文传媒了解当地市场、适应市场，最终立足，同时也为海外华文传媒的进一步发展提供了经济支持。

与此同时，海外华文传媒也面临着中国及国际局势变化带来的种种挑战。首先，与过去海外华文传媒的读者仅仅满足于报纸提供有关中国情况的一般性的文字、娱乐性的材料不同，新一代读者（受众）更希望了解中国政治、经济以及各个方面近期的发展变化，更注重资讯的时效性。在这种情况下，海外华文传媒继续走原来的老路子肯定是不行了。此外，由于互联网具有的迅速及时、交互性强的特点，它对新一代华人读者的吸引力是显而易见的。因此，以印刷媒介为主体的海外华文传媒必将失去大量读者，陷入生存困境。

在新的世纪里，海外华文传媒如何抓住机遇、迎接挑战，获得更大的发展空间，这正是海外华文传媒及其研究人员面临的重大课题。

二 海外华文传媒的特殊地位

海外华文传媒既是中国新闻史的研究对象，又是外国新闻史的重要内容。作为中国新闻史的研究对象，它们远离母体，与国内传媒有许多不同之处；作为外国新闻史的重要内容，它们又更多地带有中国特色，明显地区别于当地传媒。这就使它成为了世界新闻传播领域中的一个独具特色的支系。它的特殊地位也由此决定。

第一，海外华文传媒是中国媒体在国外的延伸，除早已本地化的外，它们对中国始终具有向心力，有助于中华民族传统的发扬光大和中国国际影响的扩大。

尽管海外华人分布于世界各个地方，有些已经融入当地社会，但是他们对中国同宗同源的亲近感和与生俱来的民族性是无法改变的。

《欧洲时报》（法国华文报纸）曾经报道，美国有不少华人一直保持着中国的风俗习惯，在家里讲"家乡话"，让孩子们读中文，希望古老优美的"中华文化"能在异国土地上代代相传，绵延不息。而在海外华文传媒的诸种功能中，传扬中华文化无疑是最重要的一项，无论东西南北，无论是左是右。有些报刊还以薪传华文教育为己任，开辟专栏专版，协助中文学校推展华语教学。从这个意义上说，海外华文传媒实际上担负起了国内媒体的部分使命，成为国内媒体在海外的延伸。这就为我们提供了一种可能性，即通过海外华文传媒将中华文化和中国影响扩展到更广大的地方，形成自己的优势。在目前的世界传播格局下，这一点尤其重要。

目前，西方国家的传媒在其强大的经济、政治、军事势力的支持下，在日新月异的通信科技的推动下，正在实施"全球化"战略。无论哪一个国家，无论多么偏远的地区，哪怕是对外封闭，从技术上说，都处于西方通讯网、广播网和发行网的覆盖之下。这种强大的力量对世界造成的冲击和影响是不言而喻的。同时，由于西方国家在国际事务中一直处于支配地位，习惯于将自己的价值观念强加于其他国家，而不考虑当地社会政治、经济、文化等方面的具体情况，这对后者来说有害无益。要想改变这种状况，掌握信息传播的主动权，我们除了采取相应的措施之外，还应当在民族性上做文章。具体来说，就是通过拥有世界五分之一人口的汉字、汉文化，通过具有强大向心力的"大中华圈"，建立我们在国际传播中的优势，逐步改变信息传播中的不平衡状态。而为数众多的海外华文传媒正可以在此过程中发挥重要的作用。研究表明："美国的节目虽然在世界传播内容的数量上居于垄断地位，但其成功并不象人们想象的那样巨大。如果本土节目艺术上乘、制作精良的话，会比国外节目更具吸引力。"[1] 这提供了一个很好的思路，如果我们将对外传播内容制作精当，并延伸至海外华文传媒，其影响将不仅限于华语地区，还会在世界范围内产生影响。南洋理工大学传播学院院长郭振羽教授对此也有着很好的见解。他指出："世界上不同地区的华文报业，所处环境不同，经验有异，但是隐隐然却是血脉相连，命运与共。这不只是因为有共同的历史和文化语言背景所带来的认同感，同时也因为今日各地华人社会经济和文化互动日益频繁，已经形成了'大中华经济网络'以及'大中华文化网络'。未来世界华文报业的发展，势必成为

---

[1] 郭镇之：《全球电视传播环境对中国与加拿大的影响》，《国际新闻界》1997年第5期。

这经济网络和文化网络之中重要的一环,发挥整合联系的功能。各地华文报加强合作交流,建立'世界华文报业网络',可以说是大势所趋。"① 而这个"世界华文报业网络"完全可以纳入我们进行对外文化传播的思维框架中。

第二,海外存在着两岸三地融合的趋势,这也体现在新闻传媒中。在目前大陆与台湾暂时分离的情况下,海外华文传媒有可能成为促进祖国统一的推动力量。

相比本土,海外华文传媒的政治色彩(意识形态色彩)更为淡薄一些。这一方面是因为二战以后全球性的、大规模的战争已经结束,许多殖民地相继独立,进入和平稳定的建设时期。同时,随着华侨社会转变为华人社会,人们的注意力也从持续多年的党争、政争转移到当地社会和经济活动中来,对政治不再像从前那样热心了。另一方面,随着国际政治格局的变化和中国国际地位的提高,华文传媒受众的心态也发生了较大的变化。党同伐异、政治攻讦一类的内容不再有市场,不再受欢迎,代之而起的是读者对中国大陆各方面信息的关注和对具有民族特色的传播内容的需求。为了争取读者,赢得发展,必须改变观念,顺应潮流。在这种情况下,一贯念唱反共八股的"古老石山"们也不得不做出调整,淡化报纸的政治色彩,增加读者感兴趣的相关内容。如法国的《欧洲日报》开始采用中国新闻社的稿件,菲律宾的《联合日报》每周定期刊登对中国大陆各项改革措施的评论,有时直接使用来自中国大陆的电讯稿和特稿。这就使得不同政治派别、不同立场的传媒的相异性大为降低,而使其相同性的一面凸显出来。

而且,随着近年中国大陆新移民的不断增加,亲大陆的报刊迅速崛起,在海外形成了左、中、右"三分天下"的格局。尽管与港台移民创办的报纸(尤其是与港台报纸的海外版)相比,大陆新移民创办的报刊在物质技术条件上还不够完备,但是作为海外华人一方面的舆论代表,它正在逐步发展,并逐渐形成自己的强势。令人称庆的是,目前在许多与中国有关的重大事件上,如"李文和案件"、中国申奥等,在全球的华文媒体上都会形成共同的关注和一致的舆论。这种"合"的趋

---

① 郭振羽:《展望二十一世纪世界华文报业》,《中央日报》,1993年12月9日。

势是十分明显的。

正因为海外华文传媒能够在海外华人中形成一致的舆论,并"放大"这种舆论,它在促进中国统一方面的作用是不容低估的。

近些年来,海外华侨、华人在促进祖国和平统一方面的作用越来越大。目前,许多国家的海外华人都成立了"中国和平统一促进会",包括欧洲促统会、全英华人促统会、法国促统会、匈牙利促统会、罗马尼亚促统会、瑞士促统会、澳洲促统会等。2000年8月26日,"全球华侨华人推动中国和平统一大会"在德国柏林召开。来自世界60多个国家的华侨华人代表、中国内地和台港澳地区的代表600多人出席了会议。会议通过了一份共同声明,内容是坚决反对台湾分裂势力,要求外国停止对台军售等干涉中国内政的行为,呼吁台湾当局承认一中原则,真正拿出诚意,开始两岸对话与和谈,开放两岸直接三通,撤销一切阻碍两岸经贸交流的障碍,并呼吁全球中华儿女更加紧密地团结起来,为促进中国的和平统一努力奋斗,以求实现民族复兴的责任。由此可见,在海外,反独促统已经是华侨华人共同的心愿。在这方面,海外华文传媒的舞台和空间是非常大的。在目前两岸关系暂无重大进展的情况下,它可以利用自己现有的优势和条件,形成统一舆论并强化舆论,以这方面的实际工作促进祖国的和平统一进程。

第三,海外华文传媒在让中国了解世界、让世界了解中国方面具有不可替代的作用。

"让中国了解世界,让世界了解中国"是中国政府对外宣工作的基本要求。但是,由于内对外的传播是远距离的传播,我们对受传者的文化背景、心理状态、兴趣、爱好以及他们对媒体信息的认知程度缺乏必要的了解,因此我们的对外传播内容常常是不切实际的。

海外华文传媒有助于弥补这方面的不足。首先,海外华文传媒具有双重属性。它既是中国传媒的延伸,又是所在国传媒体系的一部分;它不仅存在于世界各国的华人聚居地,也存在于华人所在国的大众社会。从这个意义上说,它是一种近距离的传播。其次,海外华文传媒是应华人沟通信息的需要而产生的,它原本就有两大功能:一是向华侨、华人提供所在国各方面的信息,帮助他们更快地融入当地社会;二是向华侨、华人提供有关中国的信息,帮助他们维系与祖国的感情联系。而将这两种功能放大并以中国的视角观之，恰好就是"让中国了解世界，让世界了解中国"。此外，海外华文传媒的创办者（或编辑者）具有独特的优势，他们来自中国，又植根于当地社会，因而既了解中国又了解世界（各所在国）。因为他们了解世界，具备所在国历史、地理、政治、经济、民族、宗教等方面的知识，因而对世界的描述更接近客观真实；因为他们了解中国，对中国方方面面的情况有一个大致的把握，又了解所在国受众的心理特征及需求，因而他们对中国的推介和描述也更加符合实际，更容易取得良好的效果。

在"让中国了解世界"方面，海外华文传媒是一个不可多得的渠道，新移民传媒尤其如此。新移民传媒出现之前，国内获取国外信息（通过媒体）无非是两个渠道：一是各个国家本地方的报纸；二是港台移民在海外创办的报纸。前者不但有语言上的障碍，还有思维方式上的差别；后者虽然语言相同，思维方式相近，但因为有着不同的政治背景且与大陆长期隔绝，所提供的信息也缺乏决策参考价值。新移民报刊则不然。它的创办者与国内（中国大陆）有着相同的理念和视角，他们对世界的看法和评价带有更多的中国特色。正因为如此，他们所提供的信息不但更直接、更真切，也更加具有决策参考价值。一些有大陆新移民参与或主办的海外华文报刊的网络版在大陆地区广受欢迎，充分印证了这一点。

在"让世界了解中国"方面，海外华文传媒的优势也越来越明显。首先，华文报刊的读者群不仅限于华侨、华人，也逐渐扩大到一部分当地人士。例如，在美国、日本、德国等与中国文化交流、经贸关系较为频繁、密切的国家，学习华语的人数越来越多，由此形成了一个新的华文读者群。这是一个值得关注的新动向。有些华文报刊因势利导，开辟专版、专栏，通过教汉语的形式向学习者传播中华文化和中国信息。华文报刊的双语版也是"让世界了解中国"方面的一种有效的方法。据悉世界上约有几十家华文报刊办起了英语版，还有少量的中文和马来文、中文和日文的双语版报刊。美国的一家华文报纸认为，这种双语版报纸很有意义，它对只懂英文，不懂中文，希望了解华人圈子的事，了解母国政治、经济和文化的华裔子弟，对那些关心中国问题，尚不能阅读中文报刊的朋友，对打破中、英语的隔阂，服务社会是及时和必要的。

总之，海外华文传媒在"让中国了解世界，让世界了解中国"方面的优势是显而易见的，只要具备必要的条件，它定能发挥应有的作用。

三 海外华文传媒发展趋势

海外华文传媒与祖国休戚相关、荣辱与共。以此观之，海外华文传媒必将出现大发展的局面。因为随着中国国际地位的提高，随着世界经济发展重心的东移以及海外华人经济的进一步扩展，华文传媒所需的物质、人才、市场等条件必将得到极大的改善。

通过对不同国家华文媒体的考察，我们发现，海外华文传媒正日益呈现出如下趋势：

第一，集团化的发展趋势。与报业发展的国际化趋势相吻合，海外华文传媒也逐步走上了集团化的道路。海外华文传媒的集团化有两种情形：一是随着本地华人办报者经济实力的不断增强而形成的以报为主、同时出版多种报刊（甚至多种传媒）的集团。如马来西亚的南洋报业控股有限公司办有《新生活报》，而《新生活报》同时又办有《风采》、《淑女》、《健康》、《休闲》等12种期刊。又如新加坡报业控股有限公司控制着全国的主要报刊，仅华文报章集团，就由3份日报和1份周报组成。二是港台报业集团在海外的拓展。如台湾的联合报系除了在本岛发行《联合报》等外，还在美、加和欧洲出版《世界日报》，在泰国出版《联合报》。该报系自称是世界上最大的华文报业集团。香港星岛集团有限公司不仅在本岛出版《星岛日报》，还在世界三洲五国九市出版了不同版本的《星岛日报》海外版。从趋势上看，这两种类型的报业垄断集团都会有进一步的扩充与发展，而报业集团化也必将在资源配置等方面为海外华文传媒带来更多的益处。中国大陆也有人民日报社的《人民日报（海外版）》和新民晚报报业集团的《新民晚报》在海外发行，但规模和覆盖面尚不如港台报团。不过随着大陆方面经济实力的增强和国际地位的进一步提高，大陆报业集团在海外的辐射力将会越来越大。

第二,多媒体的发展趋势。海外华文传媒由单一媒体发展起来,到如今已形成多种媒体共存共荣的局面。从19世纪50年代到20世纪30年代,只有华文报刊一枝独秀。20世纪30年代以后,华文广播开始出现并逐步发展。到90年代中期,北美洲先后创办的华语电台已有30多家。在大洋洲的澳大利亚、新西兰以及欧洲、非洲、拉丁美洲的一些国家也都出现了华语广播。20世纪70年代,华语电视问世。进入90年代,在华人聚集的北美、西欧、东南亚逐步形成了三个华语电视中心,并且出现了卫星电视。电子传媒方兴未艾,将信息输入电脑互联网的华文电子报刊又迅速兴起。先是80年代末期留学生网络杂志纷纷出现,至90年代中期已超过30余种(大多在北美、欧洲、日本)。继电子报刊之后,新加坡的《联合早报》、马来西亚的《星洲日报》和《南洋商报》相继进入因特网,拥有大量的读者。这说明,与全球新闻业发展的进程相伴随,华文报业的发展也进入了一个新阶段。诚然,新媒体的出现是对传统媒体尤其是印刷媒体的挑战,但同时也为其发展提供了新的契机。许多报纸借此重整旗鼓,或扩版,或彩印,或增设地方版,并采用"电脑全页组版系统",向着"全面全程自动化"目标而努力,从而显示出了新的生机。可见,每一次传播科技的改变与更新,都推动了新媒体的出现,同时也促成了报业的进一步发展。总之,新媒体并不能消灭传统媒体,多种媒体的相辅相伴、共依共存将是海外华文传媒的发展趋势。

第三,全球拓展的趋势。作为一种信息传播工具,海外华文传媒是以华人社会的形成及其规模的扩大为基础的。20世纪50年代以前,华文报刊主要集中在东南亚一带,五六十年代以后,这种状况逐渐改变,由东南亚国家占压倒优势变为相对集中在东南亚和北美洲两个地区。七八十年代以后,欧洲(包括澳洲)的华文报刊逐渐发展起来,遂形成东南亚、北美、欧洲三个中心。90年代以后,一些华文报刊销声匿迹数十年的国家,如拉美各国、日本、蒙古、新西兰等,其华文报刊重新获得生机;一些过去没有华文报刊的国家,如意大利、西班牙、瑞士、丹麦、奥地利、匈牙利、罗马尼亚等,也出现了华文报刊。总之,经过一百多年的发展,海外华文报刊已遍布全球,成为世界性的传播媒介之一。它不仅存在于数以百万计的华人聚居地,就是在华人人数不多的天涯海角，也有它的踪迹。例如在只有3万名华人的毛里求斯，就有铅印的中文日报两家和中文周报一家；在只有数千名华人的苏里南，也有两家华文报出版。尽管由于主客观条件迥异使得海外华文传媒发展的水平和规模大不相同——有些报刊已采用彩色柯式印刷，有些则仍旧停滞在手抄油印或石印的初级阶段上；有些报刊发行量高达十数万份，有的仅销一两百份，但是它们的广为存在和与日俱增，是任何人不能回避的事实。从目前的情形看，海外华文传媒这种全球拓展之势仍在继续。

第四，海内外融合的趋势。随着海外华文传媒的全球性拓展以及香港、台湾、大陆报业集团向海外的延伸，海内外华文信息的全球性传播与分享已成为现实。过去大陆与港台、与海外长期隔绝，彼此在语言文字、词汇、字体、行文等方面均存在一定的差异，由此而造成不同受众群体的差异。如今这种差异正在逐步缩小。例如，受大陆人士在海外所办报刊的影响，一些港台人士所办的报刊也开始采用简体字，变直排为横排；而为了影响老一代的海外华人和港台人士，大陆人员所办报刊有的也采用繁体字。在词汇、行文等方面，港台、大陆报刊也出现了同一的趋势。这就使海内外华文传媒的受众群体逐渐趋于一致。在这种大的背景下，过去因地域分割而形成的"港台"、"大陆"的概念已日渐淡化，代之而起的是海外中国人（华人）的概念。国际互联网的兴起，进一步突破了区域的限制，使天下华人无论身在何处，都可以分享彼此的信息，从而加速了华人社会、华文报刊及其读者群体的融合。互联网不但实现了华人社会更大范围内的信息共享，而且提升了海外华文传媒读者的层次，使之上升到知识群体和政治权力群体。这就使海外华文传媒具有了更大的影响力。伴随着新世纪的到来，海内外媒体及受众相互融合的趋势也更加明显。

四　海外华文传媒——金融危机中的契机与生机

2008年下半年，由美国次贷危机引发的一场金融风暴席卷全球，致使大批企业倒闭，员工下岗，持续多年的经济繁荣景象消失殆尽（据说全球约有5万亿美元的资金化为乌有）。这场金融风暴不仅对金融业、制造业、进出口企业等造成巨大的冲击，对新闻传播业的冲击和影响也是显而易见的。在美国，《纽约时报》、《洛杉矶时报》、《芝加哥论坛报》等有影响的大报纷纷陷入困境，《西雅图邮报》、《洛矶山新闻》等多家百年老报相继破产。2008年12月，发行量排名第三的论坛报业集团宣布申请破产保护；2009年4月，全国性日报《基督教科学箴言报》正式停止日报印刷，改为每周刊载线上新闻。据统计，在金融危机期间，美国有507家日报发行量锐减，报业面临困境。而由于广告收入的减少，各国媒体（尤其是报业）普遍感受到生存压力，其中的一些难以为继，纷纷停刊。

作为世界各国新闻媒体中的一个特殊支系，为数众多的华文媒体也不可避免地被卷入这场金融风暴中来，面临着严峻的挑战：一些小本经营的媒体企业靠压缩开支、降低成本艰难度日；也有少数媒体最终没有抵御住风暴的侵袭，宣布停刊。不过从整体上看，尽管海外华文媒体身处金融风暴的旋流中，它所遭遇的冲击和影响却远没有西方媒体那么严重。不但如此，一些国家的华文媒体还受惠于危机背后潜藏着的契机，出现了逆势而上的发展态势。

海外华文传媒逆势而上的契机在于：

华人人口数量持续增长

海外华文媒体大多是服务于当地华人族群、针对性很强的地方性（社区）媒体，它的生存与发展主要取决于华人人口的数量及其信息需求。近年来，世界各国的华人人数，特别是来自中国大陆的新移民人数持续增长，从而使这一部分媒体的受众群体呈现出稳中有升的势头。美国商务部人口普查局最新公布的数字显示，全美的亚裔人口已经超过1520万人，占全美总人口的比例为5%。其中华裔人口超过354万，稳居全美亚裔人口的第一位；而全美华人人口中来自中国大陆的移民人数占在美华人总人数的63.12%，成为华人族群的绝大部分，这就给了以中文为主要文字载体的华文传媒进一步提升的空间。据亚美全国调查机构统计，有89.5%的美国华人喜欢听和说华语，65.9%的美国华人深信华文广告的内容，少数族裔中只有5%的移民会经常阅读《今日美国》、《纽约时报》或者《华尔街日报》等。在澳大利亚，由于30年来中国移民的不断进入，具有中华概念的事物已遍及澳洲社会的方方面面，唐人街和中餐馆已不再是中华文化的单一符号；中文学校遍及各主要城市，大中学校纷纷设置中文课程，中文取代法语和日语成为第二语言逐步成为主流；越来越多的政府文告纷纷采用中文版本。这些都为华人媒体的持续发展提供了良好的条件。在与其他国家和地区（加拿大、欧洲、南美等）华文媒体负责人的交流中，他们均对华人人口增长所带来的中文信息市场的不断扩大持乐观态度。

华人社会地位不断提高

经过多年的奋斗与积累，华人群体的经济实力和政治影响力均有较大幅度的提升，这就为华文媒体的良性发展提供了有力的保障。从经济上看，虽然目前华商群体中的绝大部分仍然从事资产规模小、技术含量低、经济效益不高的零售业、餐饮服务业等，但是最近这些年，特别是进入新世纪以来，华商经济出现了明显的结构性转型，逐渐走向现代化经营之路。例如在传统中餐业迅速发展的基础上，美国华商新兴产业纷纷出现，包括华资旅馆业、华资金融业、华资连锁超市、华资高科技企业等。早先加拿大华人主要以经营食杂店、洗衣店和餐馆的小生意为主，如今经营范围已扩展到房地产、石油、金融保险、旅游、国际贸易、计算机、通讯、能源、制药等领域。欧洲华人经济的产业结构也发生了重大变化，华商纷纷涉足科技、教育、文化业，并且向金融、海运、贸易等领域拓展。随着经营领域的拓展、产业的转型和技术手段的不断升级，全球华人的经济实力有了明显的增长。而华人经济实力的增长，无疑将惠及华文媒体，使它产生不竭的动力。在世界许多国家，华商注资华文媒体或以经营实力兴办媒体的情形已是屡见不鲜。

与此同时，随着华人生活的日趋稳定及其与主流社会的良好融合，华人参政意识普遍增强，一些人开始涉足政坛，影响力直达主流社会。例如在美国前总统布什执政时期，就出现了首位华裔内阁成员劳工部长赵小兰，本届奥巴马总统任内又出现了能源部长朱棣文和商务部长骆家辉两位华裔内阁成员，还有越来越多的华裔已经在政坛崭露头角。华人地位的逐步提升，赋予了华文媒体不可多得的发展良机。

中国的快速发展与备受关注

经过多年的快速发展，中国已经成为世界第三大经济体和第三大贸易出口国，为各国媒体所关注。2008年，第29届奥运会在北京成功举办，中国再度成为国际舆论关注的焦点，由此引发的"中国热"至今未减。全球性的金融危机爆发后，凭借30年高速发展所形成的雄厚积累，中国不但先于其他国家走出经济低谷，还积极发挥主导作用，获得各国媒体的高度评价。凡此种种，都使中国的国际关注度空前提高，而以华语为载体的海外传媒也因此获得了更多有价值的信息资源。加拿大《大华商报》社长马在新说：2008年北京奥运会的成功举办，让全世界看到一个流光溢彩、生机勃勃、繁荣富强的中国。在全球拯救金融危机的困难时刻，中国的表现令世人信心倍增。这使得北美的普通民众对中国及其经济的发展渐渐产生好奇，产生欲知的愿望。加拿大温哥华多元文化电视台制片人丁果说，世界真的有一个动力，有一个愿望，要更多地看中国，了解中国，与中国打交道。澳大利亚《澳洲侨报》社长金凯平说，我们可以看到中国已经站在了世界经济格局的领袖地位上，"倾听中国的声音"已是众望所归。据美国鹰龙传媒总裁苏彦韬介绍，在美国，越来越多的媒体和民众开始关注中国新闻，这给了华文媒体不可多得的机会。当中国发生重大事件（如"5·12汶川大地震"）时，当地主流媒体与华文媒体彼此合作、共享信息的情形已经频频出现。

"借船出海"战略产生拉动效应

近年来，为了扩大海外市场，一些实力雄厚中国媒体（包括港台媒体）纷纷采取"借船出海"的战略，利用海外华文媒体兴办当地版，形成"报中报"的格局。例如在菲律宾，香港《大公报》借助《世界日报》每日发行8版《大公报（菲律宾版）》，《文汇报》借助《商报》每日发行8版《文汇报（菲律宾版）》，台湾《宏观周报》借助《联合日报》每周发行8版《菲律宾宏观周报版》，《人民日报》借助《华报》每日发行2版《人民日报（海外版）》，上海《新民晚报》借助《商报》每日发行2大版，《泉州晚报》借助《商报》每周发行4版《泉州晚报（海外版）》。在美国，鹰龙传媒公司旗下的电子传媒与国内媒体合作，相继开设了"今日浙江"、"锦绣江苏"、"安徽之声"、"精彩辽宁"、"魅力黑龙江"、"吉林之声"、"东方流行音乐榜"、"天津快讯"、"东海明珠·宁波"等固定的专栏节目。在2008年北京奥运会期间，以及传统的中秋节、春节期间，鹰龙传媒公司还与中国中央人民广播电台联合制作了多档大型连线节目，为当地听众带来了充满现场感的全新体验和更加贴近中国的真实信息。美国休斯敦《华夏时报》自

2008年秋季起，与新浪网携手报道NBA赛季休斯敦火箭队的赛况，为中国，为全世界热爱姚明和火箭队的球迷们提供了翔实的文字、图片报道。与中国本土媒体的嵌入式合作，不仅提升了海外华文传媒的影响力，其获得的收入，也在一定程度上弥补了由于印刷费上涨、广告下滑带来的亏损。

综上所述，在全球性的金融危机中，海外华文传媒之所以能够规避风险并逆势而上，首先得益于华人人口数量的不断增加和华人社会的良性发展，同时得益于中国经济实力的增长、中国国际地位的提高以及中国媒体的海外拓展，这些都将成为海外华文传媒持续发展的强大助力[①]。

但是，纵观海外华文传媒的发展现状我们不难发现，受地域观念、宗族观念、政治观念的影响，受华人总体经济实力的制约，海外华文传媒（少部分除外）普遍存在"小而散"、"小而弱"的情形，难以与实力雄厚的当地媒体一比高下；此外，由于华文传媒大都以华文（语）作为信息载体，除华人之外的其他受众群体无法阅听，这就在客观上形成一道屏障，将华人的表达、华人的话语阻挡在当地主流社会之外，难以向更广阔、更深入的领域延伸，华人社会、华文媒体的影响力也因此而大打折扣。

近年来，中国面临的国际舆论环境发生了令人瞩目的变化，一个重要的标志是国外媒体（尤其是西方媒体）对中国的报道数量直线上升，当然，由于各种原因，其中充斥着大量的误解与偏见，各种不实报道、歪曲性报道也屡见不鲜。针对这种情况，中国政府提出着力构建大外宣格局、着力提高对外传播能力、着力展示良好的国家形象的战略方针，国内主流媒体据此纷纷制定自己在对外传播中的战略、策略，以更加主动的姿态参与国际舆论的竞争，力求形成话语优势。这表明，中国媒体正在逐步改变以往在国际传播中的信息依附或依赖状态（边缘化心态），开始向国际舆论的主阵地进发，参与主战场的较量。在中国对外

---

① 当然，海外华文媒体在金融危机中受冲击较小，与其规模普遍不大、广告客户以本地小商家为主也有一定的关系。据全美社区报业协会的统计，在这次金融危机中，大报广告普遍下降了22%，而地区小报的广告只下降了6.6%。

传播发展史上，这是一个重大的转折点。

与中国大陆对外传播的历史进程相呼应，"争取话语权"也日渐成为海外华文传媒热议的话题。例如法国《欧洲时报》总编辑梁源法认为，海外华文媒体除了服务华侨华人社会之外，在当地如何为华侨华人争取合法权利发出声音，同时客观、公正地介绍中国的历史与现状，在国际社会争取应有的"话语权"，也是广大海外华文媒体义不容辞的责任。奥地利《欧洲华信报》社长徐品华认为，与国外主流媒体相比，华文媒体的声音处于弱势地位，为了自身的生存，有时不得不委曲求全。面对席卷全球的金融危机，对于华文媒体而言，挑战就是机遇。发出强音，打造"话语权"，对于华文媒体来说责无旁贷。特别值得一提的是，2009年9月于上海举办的"第五届世界华文传媒论坛"，将"如何打造华文媒体国际话语权"的问题列入了议题中。

"争取国际话语权"是时代的命题，也是世界华文媒体全面提升能力与水平、向更高层次发展的必由之路。但是，就海外华文媒体的实际情况而言，还需要做具体分析。对于那些资金匮乏、规模较小、无力拓展业务的报刊来说，立足华人社区未尝不是一种发展之道，而那些具备了一定实力的华文媒体，则可借此机会向国际化媒体拓展，参与"主战场"的较量，在更大的平台上发出华人的声音。

新媒体与中国软实力的建构与传播

栾轶玫

(2009—11—24)

栾轶玫,传播学博士。中央人民广播电台高级编辑、网络发展部主任,北京大学新闻与传播学院兼职教授,中国政法大学新闻与传播学院兼职教授,资深传媒人、广播与新媒体研究专家。曾荣获中国新闻奖、中国广播奖,全国"十佳百优"广电理论人才获得者。出版专著及合著:《网络新闻编辑简明教程》、《英国新闻史》、《媒介形象学导论》、《21世纪电视人生存手册》、《新闻发布会概论》、《新闻心理学原理》、《新闻学理论》。在国穷学术刊物发表学术论文80多万字,多篇文章被中国人民大学书报资料中心《新闻与传播》卷全文转载。

我国的全球传播现在面临的问题有这样几个方面:一、缺乏对主要概念的定义权;二、缺乏设置全球流行议程及讲故事的话语权;三、缺乏多渠道、多介质、多样貌传播和设置议程的传播能力。新媒体具有更加国际化的覆盖方式和覆盖特质,使得它能够成为一个非常好的渠道,它能够多介质、多样貌地把预设议程很好地传播出去;四、缺乏对"目标对象"的运营能力,我们不知道目标市场或目标受众的需求和他们喜欢的方式,以及应该用什么样的方式传输给他们,这是第一步;第二步是我们如何把他们当做用户,而不仅仅是受众,去运营的能力,也就是用户运营的一种能力;五、缺乏亲和形象的建构及输出能力,一方面是我们自己能力的缺乏,另一方面是国际上有些偏见、误读。

软实力建构有多种维度,有很多方面都能做到,我本身学传播学,自己也做新媒体,今天就是想从新媒体角度来讲,新媒体到底能在中国软实力传播和建构中做些什么。

第一点就是它能够制造符合全球流行标准的文本——话语和影像等等。因为我们知道新媒体所承载的是一个多媒体文本，它包括了文字、图片、音频、视频甚至 Flash 等动画手段，所以它的标准文本在形态上就非常丰富，而且人们消费这种碎片化内容的需求和新媒体提供的碎片化的微内容又非常吻合，所以它从内容层面上可能更容易制造出符合全球流行标准的文本。

第二点就是在渠道层面上，我们要加入到全球传播的平台中去，将文本高质量、高效率地输出。过去我们加入到全球传播平台的竞争中，可能就是一些电视节目的输出，我们对外的传播就是落地，我们落地的时间都是垃圾时间，像 CCTV9 这种在国外基本都是当地时间凌晨 2 点到 4 点之间播出，并没有取得很好的效果。利用新媒体传播平台，可能有助于将文本高质量、高效率地输出。

第三点从介质层面上来讲，因为我们 Web2.0 的家族还是很丰厚的，有很多成员，它可以多维度、多介质地塑造国家形象，增加中国的形象权力。

今天的核心命题就是用新媒体提高国家软实力。龙永图先生在 2008 年 4 月 28 日的一个经济高峰论坛上就指出，新媒体本身就是中国文化软实力的代表，像百度成功地登陆纳斯达克，这样的事件标志着中国科技的发展，因此他认为新媒体在提高软实力中扮演着非常重要的角色，它表现和提升了中国企业在国际上的整体形象。

我们今天更多地是从新媒体作为一个内容的承载者、平台和推动者的角度来看它怎么样推动软实力。新媒体的特点大家都已经非常熟悉：开放性、实时性、交互性、融合性、低成本、信息量大，是很重要的一个点对面的媒介平台。由于 Web2.0 的发展，现在开始呈现出点对点的这种形式。现在大家都在谈我们已经进入到了 Web2.0 时代，那么我们来看看 Web1.0 到 Web2.0 有什么样的转变和不同。Web1.0 强调的是一个发布平台，而 Web2.0 更强调的是一个交互场所。实际上，Web1.0 强调的是针对人的阅读的一个发布平台，它是由一个个超文本链接组成的；但是在 Web2.0 时代已经形成了一个圈子的概念，我们更多地强调社会性网络服务（SNS），强调信息聚合（RSS）这样一个系统，形成交互系统，它的空间形态也发生了一个很大的变化，这基本上是新媒体发展中一个质的飞跃。

Web1.0时代，最重要的都是谈门户，现在再有哪些网站立志高远地说我要做一个某某门户的时候，实际上这个时代已经结束了，因为门户时代在十年前天下就已经定了，而且大家的阅读路径依赖很难改变。比如说我最早期依赖新浪，读新浪的新闻，即使现在我知道搜狐的新闻非常好，我每天还是习惯性地打开新浪的新闻，看新华社的新闻和人民网的新闻只是我作为一个研究的需要，因为路径依赖很难改变。门户江山已定，现在我们再推出说做一个某某门户，基本上是很难的一件事。

Web1.0谈的是内容，像一些媒体的网站，它有原创的内容，进行一种网上的复制和搬移。那么对于一些商业的网站，像搜狐、新浪一类的，它开始就是在一个非版权状态下将直接"偷"来的东西进行粘贴，现在就是在很低的版权制度下来生产它的内容。但是现在这些商业门户网站到了Web2.0，已经有了用户生成内容（UGC）来贡献内容，这使得它们的内容构成发生了很大改观。

那么Web1.0还有它的商业模式，Web1.0是一个密闭环境，基本上还是一个相对封闭的空间，网站谈的是"中心化"、"一对一"；而Web2.0强调更多的是"个人化"，强调其中的很多应用，强调用户概念，我们面对的是一个个用户，谈的是服务，还要强调开放，因为网络整个是一个交互平台。然后还谈到Web2.0具有"个人中心化"的特点，这也是我们在《时代周刊》上看到的，进入微媒介的这样一个时代。此外，Web2.0时代的着重点在于社会性网络、基于社交平台上的一系列社交游戏和社交应用。

我们列举几个代表性的Web2.0的应用，看它是如何可能对我们软实力的建构有帮助。比方说大家很熟悉的维基百科，是一种集体来进行创作、对概念进行修正的写作方式。刚刚说我们缺乏对基本概念的定义权，其实可以通过加入到维基百科中间去，进行观点的组合和修正，并且取得根本的信任，从而使我们最终参与到定义权中间去，达到提升我们软实力的目的。

另一个Web2.0很重要的应用就是博客，我不知道在座的各位老师和同学有多少在写博客，有多少是实名博客。其实博客在新媒体情境下,已经成为一个人的公共名片。在我们把搜索当成第一路径的时候,比方说我想找姜飞老师,我的第一想法就是先谷歌(google)一下姜飞老师,搜索一下,如果姜飞老师自己有一个博客,他可以把自己进行一个完全包装,他想要议程设置的东西,他想让大家知道的东西,都可以在那里查到,第一时间就会呈现一个全貌,而不用我从散落在角落中的各样的信息拼接成关于姜老师的一个形象,而且这样拼接的形象也许是不利于姜老师的,所以当搜索越来越成为人们阅读的第一路径的时候,大家的博客可能会越来越多地成为一个公共名片,会起到自我设置议程的一个作用。当然博客现在也有一种倾向,它可能会越来越被像微博这样新技术的产品消解掉。

博客是参与而非出版的一种形式,是一种以私人面貌出现的组织化发言。《时代周刊》就非常聪明,当四年前博客最早火爆的时候,《时代周刊》就经常会有记者署名的专栏,对中国发表一系列的看法,有很多负面的,但它都说本文只代表记者观点,只是记者的博客之类的,不代表《时代周刊》立场,它非常巧妙地混合了私人和公共的界限,以私人面貌出现的组织化发言很好地传输了它的价值观,这也是美国方面利用博客进行软实力构建的一个方法。

现在的新浪微博也具有这样的功能,它的进展速度也非常快。信息碎片的集纳化呈现,用户自助实现了长尾效应。"CCTV大裤衩"着火最早被报出来就是"饭否","饭否"是中文版的推特(Twitter),就是一个路过的人知道了,发来消息说好像看到我们家门口的央视大楼着火了,当天着火的时候我在凤凰卫视、央视、广播全都没有看到这样的消息,最早看到的是"饭否"的这条消息。杰克逊的死讯也是最早通过"推特"报出来的,他的一个邻居路过他家的时候,发了一条推特在上面说,看到担架抬出一个人来,觉得杰克逊家可能出现了什么样的事情或变故,这是最早的关于杰克逊死讯的一条推特。还有关于伊朗革命,基本上是推特促发了伊朗革命,这也是推特能够一举成名的很大原因。在整个封闭的情景下,百姓就通过推特把真实的伊朗发生的什么事件向外部展现出来,给伊朗政府很大的压力。这些应用都是可以对我们建构软实力有些帮助的。

软实力传播新平台的一些特质,一个是用户定位,因为用户自己控制自己的数据；然后是核心竞争力。在 Web2.0 时代，对于所有作为 Web2.0 应用的媒体或者商家来讲，它的服务是第一位的，因为面对的不再是一个个独立的个体，比如我们做媒体，我们面对的不再是单独的听众、读者和观众，我们面对的只有一个概念，就是用户，必须要运营好；参与体系符合数据源和数据转换，强调的是数据库的支撑，因为有很多便于民间智慧集合上浮的一个通道，比方说我们刚刚讲到的用户贡献内容（UGC），比如用户自己上传的视频、各类博客，甚至像汶川大地震时关于汶川的消息，主动发短信来报道一些事情。新浪微博最近上线了一个很好玩的产品，就是全国各地网友对天气的一个预报，你点击进去就会看到，昆明现在下小雪，然后不同的人对于这个地区的天气状况从他们个人的角度来进行预报，最后在你的头脑中完型一个你对这个事件的判断。所以民间智慧的上浮通道越来越多，这些碎片化的信息使得自己能够在自由拼接中形成自己的观念。

这里特别想讲一个奥巴马的例子，因为我们都说奥巴马是历史上第一位 Web2.0 的总统，他确实非常善用 Web2.0 的方式，不但为自己夺取了竞选的胜利，而且在执政之后利用新媒体 Web2.0 的各种途径来传播自己的执政主张，建构美国的国家形象，这里面有很多值得学习的地方。比方说在奥巴马竞选前我们能看到几乎哪里都是他的影子，在脸谱（Facebook）上让你加入到他的账号中，因为已经有 100 万人参与到这个组织中间去了，因为只有你投票才能选出他，这些都是为了你自己，这些整个都是实名制。有很多粉丝加奥巴马，奥巴马当时可能有 45 万多粉丝，这么多人都可以成为奥巴马的朋友，所以大家都引以为自豪，建立起一个关系网来。

接下来我们来看最重要的在新传播秩序下传播方式发生的一些改变。最早我们强调口径控制，但它可能慢慢会向着诚信传播的方面走。早期我们可能强调的是一些声誉管理，现在是信任培育。但这些都只是在渐进地发生，并没有特别大的巨变。过去是本位主义至上，现在是客户利益至上，就是我刚才一直强调的用户是非常重要的。过去我们在出现什么危机的时候，都是干涉性传播，现在可能更强调平等的非干涉性传播，这是因为 Web2.0"去中心化"，人人都可以做中心，都是平等节点，所以用非干涉性的平等的传播方式更有效。还有，从侧重推广宣传到需要获得许可，这些所有的转变都是更以用户为中心的转变。最早期我们在传播的时候是赞美自我，到现在是褒奖客户，所有罗列出来的都是以用户为中心的转变。

然后我们看看软实力传播新平台，Web2.0能够代表一个新平台：个性传播、读写并存、社会化联合、便捷化传播、高密度媒体。

我们说到个性化的传播方式，比方说博客、播客、维客等，使得个人特性能够在传播中间得到很好的展示，我们人人都感觉自己会成为这个时代的主人，人人都觉得我们的观点会被听到。

第二种方式是读与写并存的一种方式，体现在信息交流、理念沟通、产品服务交换过程中，是软实力建构利于传播的要素之一。软实力建构强调的不再是单向的传播，而是双向的交流和沟通。因为我们刚刚也强调了所有的转变是向用户的转移和平移，所以必须要培养和塑造与用户之间良好的关系。Web2.0这种既可以读又可以写的方式，实际上很好地满足了用户双向交流的需求。

第三是社会化的联合方式，Web2.0的环境下，氛围越来越接近真实的社会。社会化的方式会给大家形成一个情境、一个交互的场所。Web2.0条件下，人们具备了组成虚拟政治情境的条件，这种虚拟政治条件实际上对于一个政治家或政客来讲，如果利用好、营造好有利于自己的氛围，掌握好其间的工具和技巧，对于他们传达自己的政治主张还是有所帮助的，虚拟社会毕竟对于现实社会也有投射和影响。

第四个方面就是便捷化的体验方式，因为新媒体的易得性和便捷化的传播方式使得软实力的建构成本大大降低，效率却大大提高。效率的提高也有两种说法，有的说法认为新媒体在某种程度上还是让大家支付了更多的时间成本。举一个例子，像脸谱网（Facebook），我们大家都认为用这种方式进行社会交往的时候会降低成本，因为我们不需要见面，不需要付出堵车的几个小时，只要在网上轻轻动一下手指，给他发一个信息或者发一个笑脸，就可以维系社会关系。我也曾经和一些媒体界的朋友聊过，问过他们这样的问题，他们说最初的时候非常受益于这种社交关系，一下子一天有400个好朋友来脸谱上，都是他的好朋友，非常高兴。但每天你需要花7个半小时来维持和朋友们的互动，动他一下、触他一下、回复一下，支付的时间成本和心理成本很高，有可能还会产生负面的影响。

然后是高密度的媒体方式，在目前的情况下，无论是中国软实力建构还是国外的各种软实力建构，在我们输出过程中，都要借助于高密度的媒体方式对于议程进行重复的、多渠道的传播，赋予软实力主体强大的形象权力。在Web2.0情境下，这种形象权力可以得到最好的立体化的发挥。这中间最有意思的例子就是把美国总统进行了一个分类，最早的罗斯福是广播总统，因为他著名的炉边讲话使得他特别赢得民心；肯尼迪是电视总统，因为他是在电视演讲的时候打败了尼克松，尼克松特别不适合在电视上，他的腿都是抖的，可见电视形象对于获胜是多么重要；网络总统是奥巴马，实际上像希拉里还有其他几位候选人，他们都有大额的财团资助，但是奥巴马他的政治献金基本98%以上都来自于不足200美元的小额自主捐选，就是通过Web2.0的运营，他不去做中心而去影响中心，每个中心就会替他运营一堆他的粉丝圈，他最大的一个粉丝运营了16万人，给他赚来了很多政治献金，都是200美元的那种非常多，他的政治献金主要就是通过这样的方式来的。

我们来看看在应用新媒体进行软实力建构时在传播方面需要注意的问题。比如说多触点，脸谱网（Facebook）类似开心网，是美国最大的社交网站，用户有3.5亿人，中国的整个社会性网络服务（SNS）用户有1.24亿人，其中80%的人在用开心网，还有一部分人在用校内。我的空间（Myspace）主要是空间，优视网（Youtube）是世界上最大的视频分享网站，它在被谷歌收购以后也是非常有名的。可以看看奥巴马在Web2.0上用了多少种手段，他发布一些动态的消息，写一篇随笔啊，之后又发布了什么消息，他一更新，所有的加他好友的页面就会自动更新，基本上天天会输出关于他的消息，靠这种方式维系着他的粉丝团和圈子。其实奥巴马最成功的就是在优视网上发了很多视频被广为传播，他不仅影响了美国选民手中的票，甚至还成功地输出了美国的价值观，影响到在大洋彼岸的中国，因为我们通过优视网可以看到很多关于他竞选时候的片子，在过去如果没有网络我们是看不到的。还有Flickr，是最大的图片网站，可以自助上传很多照片，上面有很多关于奥巴马的照片，有他们自己组织上传的，也有很多热情的网民在他来各地演讲的时候拍下来之后自主上传的，好多奥巴马的粉丝就会把这些照片再下载下来，通过即时通信和其他各种方式来分享，还有像掘客（Digg）、推特（Twitter）微博这些形式。我刚刚强调奥巴马无处不在，主要就是多触点。进一步扩展开来，软实力建构包括政治主张的传播、文化价值的传播。奥巴马的形象在球场上、在路牌广告上、在手机上都有，它告诉你要加入这场运动，加入到奥巴马的手机中间来，整个过程中手机成为一个多触点的平台。Web2.0 很重要的一点就是它是一种病毒式传播，我喜欢我就会跟随，这个链接就会进行下去。在竞选过程中，开始希拉里一直都是领先的，但是在 Web2.0 应用上面她一直都是输于奥巴马的，后来美国的有些政治学家总结，奥巴马的确是得益于 Web2.0，因为谷歌的一个前副总裁是他营销团队的一名主导者。

　　Web2.0 情境下软实力建构可能有一些方法。首先，根据传播来讲，要确定符合全球性流行标准的一些主题。过去我们很多的议程设置，本身的内容就不具有可能被全球性传播的标准。还有很重要的一点，在新媒体情境下，要对这些信息进行切片化处理，因为完整的信息传播出去，被接纳的效度和被改变的力度都是比较弱的，把这些信息进行切片化处理之后有利于通过这种传播渠道和平台去传播它。同时我们要提供给我们的目标用户更多的信息碎片，然后再给他提供观点模具，这样他就可以认为他所有观点的形成是自己智慧的结果，而不是我们强行灌输的。

　　在 Web2.0 情境下，要在各种媒介形态上保持持续更新，这就是我们为什么要保持持续地动他一下、触他一下、给他个笑脸、送他杯咖啡，我们要维持这种关系，持续发布我们的动态。潘石屹现在是微博名人，他一天发 100 多条微博，我开始订了他后来我只好把他删掉了，因为他一天发 100 多条意味着他占据了我所有的页面，我基本看不到别人的动态了。但是他通过这种方式保持着公众对他的兴趣，占有着公众的视线和眼光。他不仅更新他的博客、微博，还有视频、他的搜狐小报，很多很多……多节点的泛中心化传播形态使得软实力的建构和传播具备自发的信息分流效应，是一种建立在口碑营销上的病毒式传播。关于实力建构的目标，一个是要达到多元的对外交往，要塑造积极的国家形象；第二是在国际传播新秩序中占主导地位；第三点是通过公共外交获得国际支持，主要是传播我们中国的文化价值观、政治价值观等等，获得更好的国际生存空间。

还有就是对传播的方向要实时监控并辅以一定的引导监督,因为Web2.0是发散性的过程,整个舆论随时都会失去原来既定的方向,都会发生一些偏差,这个时候我们就会对舆论进行一个实时监控并且调整下一步的策略。

我们再来看看Web2.0在软实力建构方面的一些优势。因为强调的是多重交互,这个交互不仅仅是用户和用户之间的,还强调平台和平台之间的交互,不同的平台之间也可以通过技术手段结合起来,这使得交互的场面和复杂程度都有所不同。还有刚刚已经说到的多个接触点,一个就是我们多元的传播技术整合,接触点将不断地细分,不仅仅是一些户外的接触点,可能是在网络平台上的接触点、在手机平台上的接触点,多个平台的多个接触点要进行细分和把握,并且要测算出每个接触点产生的效应。然后是"去中心化"特质,这个是我特别愿意强调的,因为在Web2.0情境下,我们在营销什么,不管营销我们的政治主张还是价值理念、营销我们的文化观念或者某件商品、艺术品,我们可能都是要用一种不做中心而去影响中心的方式去做,就是要影响中心节点,通过它们自动地启动传播效应,这在软实力建构中可能能够很好地解决现在这种太强的宣传意味,增强意识形态的相吸力,去除它的相斥力,这也能够对于我们的软实力建构与传播有所帮助。

切片化是在于新媒体情境下传播已经进入一个"微传播"时代。微传播时代有几个特征,比如说微内容,提供的很多内容是微内容,推特上、微博上要140字以内,论坛上发的帖子都很短,即时通信,MSN聊天大家会发现,年岁越长的人聊天都是非常长的一大段,年龄越轻的像是90后聊天,他两个字就给你回车敲过来了,越来越碎片化。这种去逻辑化的微内容越来越多,微动作越来越多。我们经常会看到像新浪网和一些报社的网站,在你阅读完这条新闻之后的心情是什么,会有快乐、忧愁、愤怒、悲哀之类的很多很多选项。开始,我看到这个,我觉得好傻,我肯定不会选择,谁会去选择这个动作。但是我们网站引入这种新闻评价之后,后来发现这个页面浏览量(PV)点击量奇高,就证明百姓对于微动作非常喜欢,这种评价、大家对微动作的参与竟然会贡献这么多点击量。比如2008年"3·14拉萨事件"之后,MSN一夜之间都红心闪耀，大家玩 MSN 都知道，一早上发现怎么他们都有红心，我怎么没有，人家告诉你把这个链接点开，2 秒钟你就有了一颗红心，你就表达了自己的爱国热情，微动作很快就能表态。还有很多微动作，投票就不讲了，那是过去的微动作。还有那种献花墙，像是添砖啊、献花啊之类的微动作也非常受欢迎，它本身对于网站流量的贡献也很大。还有就是微支付，现在都说报纸已死、纸媒要转身，纸媒转身有什么妙方，也是很多学者提出来的要微支付，让他在不经意间花最小的代价为你的内容付费。现在还有一些微情绪，当然可能也会带来微思想。我们的思想只能停留在火花的层面，而不能上升到火炬层面。我写博客写了 5 年时间，是为了研究博客，但是后来越写越觉得没有那么多宏大叙事，没有那么多大思想需要写，但是你还得更新。而微博非常好，你可以随便想一句话就写上去，天天都可以更新，保持一个持续的状态，可是可能很多你的想法就会流于火花不能形成火炬了。我们会看好多名人的微博，分析他们内容的时候我就会发现，以思想火花居多，可能很多有可能产生火炬的东西都已经被火花消磨掉了。

我想强调一下，在 Web2.0 的情境下，视频对于软实力的传播建构非常有帮助的，而且对于我们新媒体发展情境来讲，未来的很重要一部分就是视频，如果用 10 分来考量整个的新媒体市场，可能一到二成指的是文字或图片的市场，剩下的八成将属于视频了，尤其是解决了 3G，解决了终端之后，视频一定是方向。奥巴马曾在优视网上放过一个竞选片，他反反复复强调两个关键词，一个是希望（Hope），一个是改变（Change），他通过这个来强调他的政治主张和政治理念，同时也很成功地输出了美国的价值观。这也是他的竞选主张，这个视频在优视网上的点击量很高。

另外还有一点，就是刚才说的不做中心去影响中心的一个节点的方式，怎么去管理他的用户，有一个著名的"奥巴马女孩"，自己拍了很多视频，她的视频主题就是"我超级迷恋着奥巴马"，因为她是一个非常热辣的女孩，所以她的视频在网上流传得非常广，让大家因为对于她的喜爱而迁移到对奥巴马的喜爱中，没准那些微支付一按，手一点，因为它的支付系统非常完善，可能 200 美元就捐出去了。有人说她用了芙蓉姐姐的造型就为奥巴马迎来了如此多的选票，这就是著名的"奥巴马女孩"。

尽管介绍了很多新媒体方面的应用，但是传播的大众化和分众化还是要并存的。我们还应该看到在新媒体上的应用还是比较薄弱的，尤其是对于博客、推特，我们很少主动在推特上建立我们自己的官方网站。云南省的宣传部副部长伍皓，就是"躲猫猫"事件中的伍皓，他设了一个叫"云南新闻"的微博，点击量迅速就升高了，他自己个人的微博访问量在一天半的时间就增长到5800多人，非常快。大部分人都认为这是非常好的做法，大家对政府官员或政府机构在这种渠道下发布信息是非常感兴趣的。

还要强调传输的便捷性，能随时随地地发布。转发是很重要的一个功能，转发使得我们这个圈子能运转起来，传播进入到自动自助的状态中。

第三点就是信息的整合性，刚刚我们也强调了真相是在拼接中完成的，由于它不是铁板一块，是由很多碎片拼接而成的，所以我们更有可能有空间去引导他们，这也是我们说的提供信息碎片和观点模具，有助于我们去创制议程和引导舆论。多介质带来的形象覆盖力，有些介质的传播不会非常直接而让人排斥，而是通过"润物细无声"的传播方式增加天然的亲和力。但这也带来一个很重要的问题，就是如何管理这些接触点。我们刚刚强调软实力建构已经由最初的单向传播到了一个双向交流的阶段，强大的交互性是新媒体的重要特性，所以交互功能尤其重要，这也是我们认为新媒体在软实力的建构和传播中作用重大的原因。价值观输出之后，如何植入，植入以后如何反馈，在不断的调整过程中再输出、再输入的过程，能够通过强大的交互性来完成。这里基本上有一个循环模式：软实力主体，如国家、组织或政治家等等来建构模式，然后通过Web2.0多介质的途径再掌握它实时的营销策略，这里的营销策略包括内容、方式、回路、评估等一系列，然后是软实力客体反馈等等各个方面。

因为时间的关系，最后说一句，新媒体确实是软实力建构与传播的一个新平台、一个强平台。

精彩讨论选编

提问： 刚刚您讲了，技术带来了更多的可能性，您提到中国的情况比较特殊，央视应该是实力和各方面发展在中国具有代表性。作为中央台的工作人员，现在你们都在做些什么？在中国软实力建设方面也好，其他各方面也好，您能不能再具体地讲一讲？

栾轶玫： 我今天强调的是把媒体当成一个工具或者一个平台属性来说。您说央视这种媒体机构，这确实是一个太新兴太未来的话题，实际上就是因为媒体机构没有或者很少在做这样的事情。您说到的是对外软实力传播方面，可能就利用更少，因为我们整个运用国际平台的能力更弱一点。有一些媒体会意识到，它会用 Web2.0 的平台来宣传自己的媒体品牌，比方说山东卫视就会运用微博来发布关于山东卫视的最新活动内容，或者通过微博来征集一些参与者加入到它的活动中间去；还有像《三联周刊》，它会把最新的封面文章传播出去然后只要关注"三联周刊"的人，他就会随时被《三联周刊》最重要的封面文章打动和影响，这是说媒体利用 Web2.0 平台来推销自己。至于您说的如何推销国家形象，我觉得可能现在还没有。

提问： 因为地方台一般不具备这样的能力，而你们是中央台，这是一个垄断地位，也是一个代表国家形象更多的平台。我看电视，央视2套财经频道在不断地更新，在加强与路透社这种国外大的媒体的连接，如果这方面还没有做起来，那有没有什么目标呢？或者朝哪个方面具体地做？

栾轶玫： 新媒体这方面，我知道的情况是现在还没有特别多。您刚才说的财经跟路透合作，可能还都是传统媒体之类的，相当于《求是》办英文版一样，是传统途径，我更关注新媒体途径，我们还没有看到比方说中央电视台去脸谱网（Facebook）上建一个频道或者传播的一个机构。

提问： 您作为新媒体研究的专家，就个人而言，如果你站在决策层的角度，你认为经过这段时间，咱们中国的政府应该做哪些功课，来更好地促进我们国家的传播能力建设？

栾轶玫：首先，意识方面要解决一个问题，我们要树立一个意识，新媒体是我们很好用的一个工具，从各个领导层也好，政府官员、实际操作部门有决策权的人也好，都要意识到有这么一块天地，然后还要知道这是一个很好的工具。第二点从具体的操作层面上，需要一个普及性的过程，告诉他们我们现在可用的有哪些途径，比如我是一个地方官员或者我是一个文化部部长，我是不是可以在脸谱网（Facebook）上建立我的文化部的主页，随时更新。因为现在我们看到像英国文化处、美国文化处，都在我们地盘上建立这种东西，我们是不是也可以加入到他们的推特（Twitter）联盟中间去，我们也可以把我们的电视台放到他们的 Hulu.com 或者 Youtube 上，了解和厘清这些可用的介质和平台，然后进行一些对策性的研究。第三，就是还要有一个反馈的部门，来收集这些效度，因为其实很有价值的一些信息不是来自我们推送了什么，而是来自于用户反馈了什么，所以我个人特别喜欢关注倒不是微博博主发了哪一个帖子，而是说这些评论是从哪些维度去评论的。比如最近特别热的电视剧《蜗居》，《蜗居》这个议程设置非常有意义，书的框架和电视剧的框架文本完全不一样，你看了书你根本看不到它是写房子的事，它写的是一个人的生存状态，是很蜗居的感觉，不是说因为房价过高。但是网上议程只朝向两点，第一点就是房价高，老百姓买不起，所有人都扑进来要回答，因为每个人都能对房价说点话；第二点就是说它有很多情色语言，大家对于情色语言也都能发表点看法，逼得作家六六只好出来说"网友如此纯洁，我很抱歉"。当你看了《蜗居》的很多议程，它的很多评论内容，你收集反馈的时候就很有意思，对于整个矫正我们的判断很有帮助。像刚才我说的第三点，需要组织反馈，随时调整下一步输出什么样的碎片，输出什么样的形象。

提问：您刚刚谈的主要是说新媒体在国家软实力建构中的一些机会，以及利用新媒体平台来建构我们的形象。从另外一个方面讲，您觉得在国家的软实力建构中，这种"去宣传化"的意味中，您刚刚说我们的意识形态有相吸力，那您觉得这中间最大的问题和障碍是什么？

栾轶玫：一个是我们是不是能找到这样一些具有全球流行标准的核心要素，当然价值观方面有很大的不同，但肯定有些东西既是中国人民喜欢的，也是国际接受的，我们来进行一些包装，进行一些全球化、流行化的处理，这是元素方面。很重要的一点我觉得还是技术方面，技术方面的一些处理就能够降低相斥力，增加相吸力，比方说我们利用博客这种私人化的面目来表达政治立场，实际上会让人觉得我没有被灌输，我是自愿来接受你的观点的。我刚才还说到，我们提供给他信息碎片，而不是观点模具的时候，让他自由拼接，因为每个人都不愿意相信我自己没智慧，观点是别人给的，每个人都相信我的观点很强大，我们每个人都有自己的观点，你灌输他一个观点的时候，他第一反应是，我不要。但是你推送给他无数的碎片并且告诉他模具是这样的，他顺着你的模具进行自己拼接的时候，就会觉得这个观点是我得出的，我好聪明，他会很忠于这个观点，但是这个观点却是你给他的。从技术上进行一个软处理，可能这两点有利于它能更多地增强相吸力，降低相斥力。

英国10份全国性报纸对中国形象的建构

科林·斯帕克斯（Colin Sparks）

（2009—12—11）

科林·斯帕克斯（Colin Sparks），教授，英国著名媒体研究专家、曾任英国威斯敏斯特大学"传播与媒体研究中心"（CAMRI）主任，现居香港，为香港浸会大学新闻传播学院特聘教授。科林·斯帕克斯教授曾就读于萨塞克斯大学、牛津大学和伯明翰大学，获文化研究博士学位。科林·斯帕克斯教授研究兴趣广泛，他所撰写的文章涉及大众传播众多领域，主要研究领域是媒体与民主化、媒介的全球化、互联网对大众媒介的影响。主要著作有：《报业传说：媒体注视下的全球化争论》、《共产主义、资本主义和媒介》、《21世纪的记者》、《媒介与大众文化》、《全球化、社会发展和大众媒体》等。科林·斯帕克斯教授目前主要致力于不同国家传媒制度的比较研究，并通过访问中国以及与多所学校合作等方式与中国新闻传播界建立了深厚的友谊与合作关系。

女士们，先生们早上好！非常荣幸能来贵所进行学术交流。本次学术报告的主题是英国媒体如何报道中国。

本研究主要关注的是2008年英国媒体对于中国的报道。研究对象包括大众媒体和精英媒体，因为媒体的全面性可以使研究更清晰，更具说服力。本研究面向的受众包括一般的社会大众、警察、商人和社会精英，目的是使其进一步了解中国、思考中国和理解中国。针对这些受众，我向他们描述了这项研究是怎样进行的。我从姜飞教授那里得知这次学术报告的听众大多数是学生，因此我决定讲述研究过程和方法，也劳烦在场的各位教授再次聆听您已经很熟悉的内容。我今天所要讲述的是专业的、严谨的社会学者们的学术研究应如何进行，而不是我是怎样进行这项研究的，其实这就是我们怎样做和我们该怎样做之间的差距。

下面谈谈为什么要从事这项研究。

研究目的

首先中国政府非常关注和在意中国的国际形象，中国人民也非常关注中国的国际地位。中国政府实施的"走出去"战略，就是投入大量资金到新华社、中央电视台等媒体用以提升和改变中国的国际形象。

中国人民尤其是学生对国外媒体的中国报道非常气愤。2008年发生了西藏拉萨暴乱，代表中国媒体的新华社记者与250名中国留英学生在BBC总部前集会示威，声讨并抗议BBC对于事件的不实报道，要求BBC对中方做出道歉。"西藏拉萨暴乱"是很敏感的事件，集中体现了中国人民尤其是学生们反对西方媒体报道的方式，即游行示威或联合抵制。他们一般会对特定的事件报道做出反应，如危机事件或突发事件。如果做进一步调查，那么就要提出这样一个研究问题：西方媒体是怎样报道类似事件的？如奥林匹克运动会、西藏拉萨冲突、汶川大地震、新年雪灾、水源污染等特定事件。当然，西方媒体不仅会报道特定的重大事件，还会报道中国的日常生活。我所感兴趣的不是西方媒体针对某一重大的危机事件所做的报道，而是他们怎样报道中国的日常事件。对此，我还提出了更多共性研究问题。关于中国，西方国家或英国的媒体报道了什么？这样更为全面的研究使我们更清晰地看到了西方人报道了中国的哪些方面，也是我做这项研究的原因所在。

文献综述和研究问题

那么我们从以下三方面的文献中回顾一下已有的研究成果。

一 现有的对西方媒介报道中国的研究

研究西方媒体对中国的报道多选用精英报纸中的报道，例如《纽约时报》。昨天在武汉召开的会议上就有三四家报纸谈到《纽约时报》。

《纽约时报》非常重要,世界上大多数的社会精英都看《纽约时报》,但是它的发行量只有几百万,也就是说一个有三亿人口的国家仅有两三百万人读《纽约时报》,那么其他的人如何看待中国呢?农村人口如何看待中国呢?如《伦敦时报》,它发行量很小,主要的读者是社会精英而不是社会大众。关于中国的报道多见于精英报纸,但是一些大众流行的报纸却很少涉及中国的报道。如有一篇发表于 2008 年的论文《架构中国:美国媒体如何报道中国领导人访问美国》,该论文主要考察了《纽约时报》、《华盛顿邮报》、《泰晤士报》和《新闻周刊》等精英报纸报道八位中国领导人访问美国的报道范式。

二 关于国际新闻的一般性研究

在英国或美国,中国和巴西、俄罗斯、非洲诸国、澳大利亚等国家一样,只是"世界其他国家"中的一个,对其所作的报道都属于国外新闻,我们研究中国报道,就要看他们是对中国进行的专门的特别报道,还是与其他国家一起进行的一般性报道。

1. 多以精英民族和精英人物为报道对象

在这个会场的每个人都能告诉我美国总统的名字,但是能有多少人告诉我斯里兰卡总统的名字。这是我想要表达的,也正是报纸要做的。这个会场里的每个人都知道很多关于迈克尔·杰克逊之死的新闻,但是很少有人知道非洲某个不知名国家的政治家的死讯。这就是国际新闻为我们设置的报道秩序。

2. 多以突发性的、负面的事件为报道内容

相对于其他的事件,媒体经常报道灾难性、负面性事件,如水灾、地震、空难、战争和饥荒等,而很少报道如投资建筑设施、成功的健康公益项目等内容。

3. 只有在发生突发的重大事件的时候,媒体才会对发展中国家进行报道

一般来说只有在发生灾难事件的时候,媒体才会对发展中国家进行报道。比如媒体曾对中国的汶川地震进行过大量的报道。

4. 新闻报道倾向于采用负面材料

下面我将讲述 BBC 的新闻编辑如何选择国外新闻,及他们在选择

新闻时所遵循的原则。

苏格兰学者菲力普·施莱辛格（Philip Schlesinger）曾说：如何能让新闻有价值，那就得看对象的种族和国家，涉及"1000个中东人才有新闻价值，或是50个法国人，那如果是英国人，一个就够了……"；"1个欧洲人顶得上28个中国人，或者2个威尔士矿工顶得上1000个巴基斯坦人……"施莱辛格指出，新闻的价值在于对人们产生的影响，"如果某一天在印度发生一辆大客车翻车的车祸，60到70个印度人掉到水里，我不会选择这条新闻。但如果是印度航空公司飞机失事，就可以选。因为后者可能会涉及印度以外的人种，这一点更让人兴奋"，这样的新闻报道选取原则被戏称为"Mclurg法则"①，我希望这样的表达方式今天能有所改变，但是蕴含的判断原则还是没有变。

通过这个原则可以看出，记者会选择重大的灾难事件、悲惨事件为报道对象，多关注本国人民的生命安全而不是其他国家人民的生命安全。因此假设昨晚我乘坐北京到武汉的列车发生撞车事故，共有2000人遇难死亡，我是其中之一，那么我确信第二天报纸的头条就是火车撞车事件伤亡惨重。

这项原则由来已久。虽然语言在不断变化，但是根本原则并没有改变。事实上该原则不只适用于伦敦媒体，我相信新华社也有类似的判断标准。比如，如果有1000人死亡，新华社会报道只有10位中国公民死亡。因此，不仅仅是英国记者运用这个原则，世界各地的记者都使用这项原则来判断新闻价值。

三 英国媒体结构的研究

我们来看一下英国报纸，在研究之前我们需要知道一些英国报纸的知识，如它的形式、结构等等。

（一）报纸和电视的显著差异

英国的报纸和电视，在组织机构和报道等方面存在显著不同。

---

① McLurg's Law, named after a legendary British news editor, is a rule of journalism, by which events diminish in importance in proportion to their distance from London. However, the rule now seems to have uses in locations other than London too. Source: http://www.fact-archive.com/encyclopedia/McLurg's_ Law. access date: 2013—8—29.

(二) 报纸和报纸的不同

报纸和报纸之间也存在差异，主要表现为不同的报纸采取不同的报道方式。

(三) 法律强制电视进行客观中立的报道，而报纸却更具倾向性和观点性

电视依法进行客观中立的报道，而报纸却可以保留自己的观点。如BBC要保持中立，但是报纸却不受相关规定的约束，可以明确政治立场、社会立场、国际立场，表达自己的支持或反对意见。

英国有一百多家报纸，但是多数发行量和受众群体有限，地方的报纸只面对当地的受众。我家乡的一家报纸，它只在大约3万人的地方发行，内容包括了婚礼等当地所有的事情。这样的报纸发行量小，地方性强，不能形成普遍意义上的民众观点，因此并不在我的研究范围之内。英国地域狭小，全国性级报纸也只有10家。这些报纸在伦敦出版，第二天早上就可以遍布整个国家。这10家报纸占据了日报发行量的70%，每周生产出百万条国际新闻。

英国的报纸可划分为三个梯队，有5家可以称之为精英报，分别是：《泰晤士报》(Times)、《每日电讯报》(Telegraphs)、《金融时报》(Financial Times)、《卫报》(Guardians) 和《独立报》(Independent)；还有2家迎合大众口味的中端报纸：《每日邮报》(Day Mail) 和《每日快报》(Day Express)；3家娱乐化的低端报纸"红头报"：《太阳报》、《每日镜报》和《每日星报》。不同档次的报纸针对不同的受众群体，也包含着不同的价值取向。

通常，发行量较高的报纸更倾向于面向贫穷落后的工人阶级读者；发行量较低的报纸更倾向于面向富裕的中产阶级和上层阶级。同样，发行量也取决于教育程度的高低，发行量较高的报纸，其读者的受教育程度较低，而发行量较低的报纸，其读者受教育程度较高。而发行量较高的报纸占总发行量的75%。

像我们这样的人可能读过《泰晤士报》、《卫报》或其他报纸，而大多数伦敦人则经常读《太阳报》、《镜报》等。因此当英国人看电视节目的时候，如果讨论《太阳报》，他们会谈论他们喜欢哪位记者，而当他们讨论《金融时报》的时候就不会关注他们喜欢哪位记者。

基于既有的知识，我们提出 4 个假设：

假设一：英国报纸更倾向于报道中国戏剧性的消息和负面的新闻；

假设二：中国既不是精英国家但也没有边缘化，因此英国媒体不仅仅关注中国发生的戏剧性的消息和负面新闻。

假设三：英国媒体根据自身市场定位的不同，对中国的报道通常也不同。同一新闻在不同区域具有不同的新闻价值，因此各报纸中涉及中国的报道通常也是不同的。有的报道得多些，有的报道得少些。

假设四：各媒体根据市场定位的不同，报道的特点也不同。

研究方法

为验证前面所做的那些假设，我们首先要定义样本。我们选取 2008 年的报道作为本研究的研究区间，并且不分析超时的变化。已有研究表明多数研究者感兴趣的是：1949—2009 年这 60 年的时间里，西方媒体关于中国的报道发生了怎样的变化。他们注重的是历史研究，而我只是截取其中的一小段。

其次，假设一、假设二、假设三是量化研究命题。定量研究说的是关于数量的事情。通过计算新闻报道的数量和种类解答定量研究的问题。

再次，假设四更多的是关于质化研究的命题。定性研究新闻报道的性质，这来源于对新闻报道语言和主题的把握和感知。我们需要找到方法说明新闻报道的特点，那么有哪些研究方法可以阐释新闻报道的特点呢？

第一种方法是利用内容分析法解答可以量化的一些内容。内容分析是一个固定且易于理解的方法，其规则并不是生搬硬套而是非常清晰灵活，任何人都能使用它。此外，内容分析法得出的结论可靠，但有限。物理学家之所以为人所信服，是因为他们给出了可靠的数据。但是我认为内容分析有一个问题就是它的数据结果非常有限。数据能告诉你具体的数字，但是不能告诉你数据的"感觉"（即数字的意义）。因此它会充分解答假设一、假设二、假设三这类定量研究中的问题，但是不能解答定性研究方法中的问题。

第二种方法是采用定性研究的方法。这就不得不提"框架理论"。

这是关于框架的最近的定义:"框架是选择并突出显示事件或问题的某些方面,使它们产生关联,从而提炼出一个特定的解释、评估和解决方案"①。我将选取一些报纸对于中国某些方面的报道,然后将它们置于某种联系之中,从而使你们获得关于中国特定的解释和评价。这显然不是一个非常可信的方法,它依赖于我的判断而不是具体的数字。

框架理论是一种和内容分析完全不同的方法。它依赖于我的判断。定性分析和框架理论依赖于所做的研究。因此采用定性分析方法会得到不太可信的结果,而采用内容分析的方法会得到可信的结果。但是可以肯定的是框架研究可以明确地告诉我们英国的报纸关于中国的报道的种类和主题类型有哪些,至少我们能看到他们喜欢报道中国的什么。

研究结论

首先谈谈关于中国的国家报道。

新闻报道反映国际热点问题。2008年的主要热点新闻有新年的暴雪灾害、拉萨暴乱、四川地震、奥运会。由此得知,除了奥运会,更多的是报道有负面含义的事件。上述所提到的事件都是自然灾害和政治危机。所有这些新闻报道都是负面的,都涉及较大规模的伤亡。2009年在青岛高速公路上发生一起汽车与货车相撞的撞车事件,但是西方媒体并没有对此进行报道,因为它的破坏性相对来说比较小。媒体报道的是重大负面事件。所以假设一是成立的。同时也报道很多其他的不同的主题。不光是地震,也报道其他的事情像财政金融、工业、艺术等等,因此假设二成立。

---

① 摘自 Robert Entman *Projections of Power*. Framing News, Public Opinion and US Foreign Policy, p. 5。

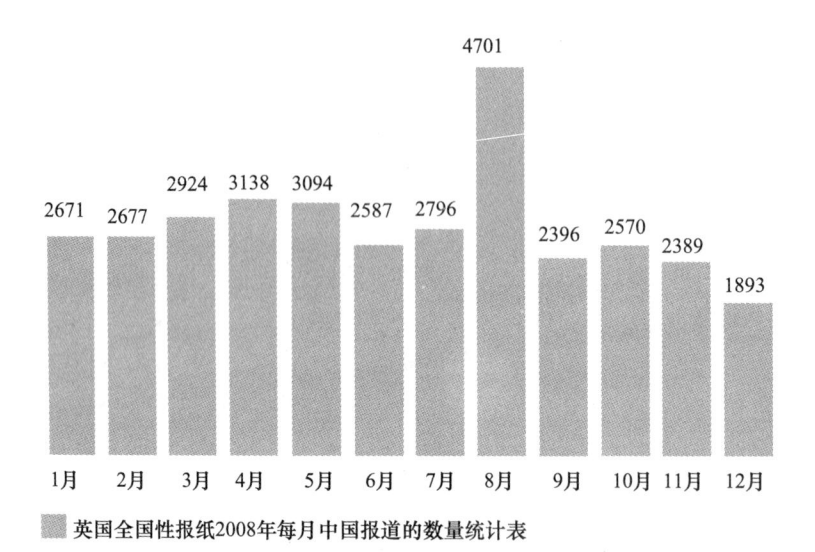

英国全国性报纸2008年每月中国报道的数量统计表

月份	1月	2月	3月	4月	5月	6月	7月	8月	9月	10月	11月	12月
数量	2671	2677	2924	3138	3094	2587	2796	4701	2396	2570	2389	1893

那么什么是重大报道呢？

首先，我们要定义"重大的"。在数千篇提到中国的新闻报道中，只一小段提到中国，而实际上整个报道是关于美国的。那么什么是真正的关于中国的报道呢？显然，我对重大新闻报道的定义有些过时，如果你认为我是错误的，稍后你们可以和我争论。我的定义很简单：它指在有数千单词的长篇报道中有3处或5处提到中国（当然我会选择3处作为标准），这就表明了对中国在这篇大的新闻报道中占的篇幅较大。专业报刊有很多重大的关于中国的新闻报道，头版头条的娱乐报纸很少或几乎没有关于中国的报道，中端报纸也很少有关于中国的报道。在所有的新闻报刊中，《金融时报》、《卫报》、《纽约时报》、《独立报》比《太阳报》、《每日快报》和《每日邮报》报道的多。像《卫报》这个专业报刊对中国的报道达到344篇。另一个重大事件是奥运会。有关中国的报道中，《太阳报》有6篇，《快报》13篇，《邮报》31篇，《金融时报》255篇，这是每天重大新闻报道的粗略数量。流行报纸中关于中国的新闻报道很少，精英报纸对中国的报道也不是很多，但是《金融时报》对中国的报道量却非常大。关于中国的不同的新闻报道不仅体现在数量上，还与发行量有关。很明显发行量高的报纸对中国的报道较少，而发行量低的报纸对中国的报道较多。发行量的高低跟新闻报道的多少成反比，因此假设三成立。

在报纸读者数量方面，《太阳报》读者800万（从中国计算1600万），《每日邮报》超过100万，《金融时报》大约80万。《太阳报》、《每日邮报》、《每日镜报》是发行量大的报纸，《独立报》、《金融时报》等是发行量小的报纸。由此总结可以获知：发行量较高的报纸关于中国的报道少，发行量较低的报纸关于中国的报道多。发行量高的报纸读者得到的关于中国的信息少，而发行量低的报纸读者得到的关于中国的信息多。

新闻报道的特点是什么，这就涉及关于框架理论的问题。尽管专业报纸都有关于中国的报道，但是它们的框架结构却很不同。我想调查一下《太阳报》对奥运会的报道。《太阳报》是一个发行量高的报纸，我选择奥运会是因为它是关于中国的重大新闻报道。那么《太阳报》关于中国奥运会的报道是怎样架构的呢？我会把《每日邮报》（它是第二大报纸，属于中档报纸，是发行量较大的报纸）与《金融时报》（它是高端精英报纸，发行量小，读者少）在关于中国奥运会报道上进行比较。我选择了低端报纸、中端报纸和高端报纸，研究它们是怎样架构关于中国奥运会的报道的。再提醒你们注意一下关于奥运会各家报纸关于中国的新闻报道数目《太阳报》8篇，《每日邮报》31篇，《金融时报》255篇。下文是《太阳报》关于中国奥运会的报道：

"北京的天安门广场到处都是小型水景以及花坛，中国以此独有的方式试图抹去1989年在残暴镇压民主游行中死去的学生的记忆，在中国，因特网上所有有关达尔富尔和西藏问题的信息都设置防火墙，而我们现在却不得不将注意力放到报道即将到来的持续三周内将要发生的重大事件，以下三周的一切将让中国这个当今世界最强大的经济体之一，一个有着13亿人口的最大的国家，有机会成为地球上的体育强国。"（2008年8月7日《太阳报》）

我认为它的总体框架非常清楚明白，反映的总体思想是政治镇压。因此大众报纸对于中国的报道的总体框架是经济贫穷落后、环境污染和政治镇压。关于其他两个，我们可以选择很多事情，但是我只选了5个，所选的这5篇报道大多数是关于日常生活而不是关于重大政治事件，因为我感兴趣的是大众生活。第一件事是我打算给你们呈现中国的现代艺术。中国的现代艺术在国际社会上享有盛名，取得了巨大成功。

中国绘画在纽约、伦敦、米兰卖到数百万数千万，这是事实。这些艺术品非常昂贵，是无价之宝。下文是《每日邮报》中一篇关于中国现代艺术的报道：

"在整个展览中唯一注意到的是整个展览缺乏一种快乐的感觉，缺乏人性的光辉，那位恶狠狠的独裁者毛主席的影像不断闪现，似乎带着某种嘲讽的意味，除了他之外没有人微笑。展览所传递出来的信息是令人沮丧的反个体主义的信息，这也许是因为中国是一个在心理上饱受多年共产主义思想蹂躏的国家，也许这才是让查尔斯·萨奇（Charles Saatchi）真正感兴趣的地方。而自相矛盾之处在于，这样的低级当代艺术面对的竟然是西方社会年轻特权精英们。众所周知，查尔斯·萨奇是一个在首都金碧辉煌的艺术沙龙里被崇拜的人物。展览中大部分身穿红色T恤走来走去的司仪都是帅男靓女，他们高喊着革命仍在继续，似乎中国的文化大革命是一件可笑至极的事情，而这些人一个个看起来都似乎很满意他们的生活。"（《每日邮报》2008年10月9日）

这篇对中国艺术的新闻报道的整体框架是负面的。因此中端报纸对中国艺术的报道充斥着负面元素。下文是《金融时报》关于中国现代艺术的报道。

"展厅的底层是关于死亡的主题：孙元和彭玉的名为'老人的家'的作品有13个真人大小，非常逼真的老人的雕塑组成，一个胡子拉碴，牙齿掉光了的无精打采的老人却身穿笔挺的西服，还有一个木讷的军官，一个海军指挥官，几个酋长似的人物，一个道貌岸然的教士，反拿着一个金色的十字架——俨然是被刻画成一群土崩瓦解的世界统治者的形象，这些人蜷缩在电动椅子上，在刺耳的声音中玩着老年人碰碰车游戏，相互撞击着，令观众极不舒服，我热爱这种蜗牛般的无政府的节奏，让人毛骨悚然的细节——垂涎欲滴的嘴唇，粗糙的肌肤——拙劣的模仿国际冲突，终于在这里展现的是值得记忆的中国艺术，一种不仅仅只是涉及狭隘的民族主义的艺术。"（《金融时报》2008年10月11日）

它对中国现代艺术报道是丑陋的、令人厌恶的。中国文化另外一个非常重要的因素是食物。下文是《每日邮报》关于中国食物的报道。

"从欧洲商人和传教士最初到达中国的时候起，西方人就惊叹于中国人所吃的食物，马可·波罗曾充满厌恶地说道，中国人喜欢吃蛇，狗，甚至是人肉。法国历史学家JEAN – BAPTISETE DU HALDE记录过一个中国的宴会，客人们吃的是鹿鞭、熊掌，更确切地说，他们吃猫、老鼠这样的动物时毫无顾忌。研究中国饮食的专家FUCHSIA DUNLOP描述过中国的一本烹饪书籍，11个蜥蜴剥皮后被油炸成黄金色，酥脆就像是炸鸡块的身体夹在尾巴和头之间，眼珠子被新鲜的绿豆所替代；一只小狗，被整个烧烤，用粉色的小萝卜雕的花和香菜点缀着。FUCHSIA DUNLOP吃过兔头、猪脑、蝎子和松花蛋。黑色的蛋黄和不堪忍受的味道，让他浑身起鸡皮疙瘩，让他觉得恶心，筷子上残留毒药般的褐色的黏稠的东西，还有木蚁、毛毛虫，她还吃过羊肺，甚至是牛蛙的卵巢脂肪，大多数人很少吃狗肉，但是在中国吃这样的东西也不是什么禁忌。"（《每日邮报》2008年8月4日）

这篇报道对中国食物的描述非常令人恶心，但是我认为这不是撒谎，只是它选择了其中的一个方面。西方人眼中的中国食物令人恶心的、负面的一面。下文是《金融时报》关于中国食物的报道：

"锅要小居是一个非常温馨的胡同饭馆，擅长做谭家菜，谭家菜的创始人是晚清时期的一个官员，将北京菜和广东菜融合独创一家，这个小饭馆和北京饭店的谭家菜有着直接的联系，创始人的姐夫曾经在那里亲自掌勺，现在是顾问。菜谱以鲁菜为主。这里的有些菜是非常棒的，比如说牛肉和海参炖出来的菜肴，入口即化。另外还有一个非常独特的饭馆名为红色资本家俱乐部，一个四合院的老房子改建而成，收藏了许多毛泽东时代的纪念品，菜不算是多么出众，但是确实是一个令人非常惬意的地方，适合度过一个温馨的夜晚。"（《金融时报》2008年8月2日）

它选择的是中国食物的好的方面，色香味俱佳，非常神奇，令人向往。这是完全不同的框架，同样它也没有说谎，只是选择其中的一个方面。关于中国的流行文化，《每日邮报》是这样报道的：

"孩子们一边嬉笑着，一边拍着小羊的耳朵，并在小羊耳朵背后挠着痒痒，一些更调皮的孩子试图爬到羊背上，但很快就被甩了下来，这样的情形如果发生在一个家庭动物园里应该是一个挺开心的事情，可是看完下面的介绍就不会这么想了，一个男人揪起一只山羊，若无其事地将它扔给墙内的一群饥饿的狮子。可怜的山羊拼命想逃过一劫，却是在劫难逃，狮子很快就包围了山羊，开始撕咬它的肉。呼喊声此起彼伏，孩子们亲眼看着山羊被肢解。一些开始鼓起掌，眼里流露出惊叹。这是发生在北京八达岭长城脚下动物园中的一幕，这样的情景已经成为许多中国家庭休闲娱乐的常规一日游项目，如今全国各地许多人会去动物园观看动物们被狮子老虎撕成碎片。"（《每日邮报》2008年1月5日）

我不知道这是真的假的。他们只是选择一些中国流行文化不好的方面然后加以强调渲染，使人觉得中国的流行文化很糟糕。

以下是《金融时报》关于中国流行文化的报道：

"为什么要登泰山？因为泰山是中国的圣山，受到佛教徒、道教徒以及共产党人的顶礼膜拜，据说登顶的人可以长寿，还因为泰山是中国最古老最受欢迎的旅游胜地，作为一个外国人，攀登泰山提供了一个难得的机会接触中国的普通老百姓，这些新富裕起来的人们可以享受在他们自己的国家旅游的乐趣"。（《金融时报》2008年7月5日）

这篇报道使泰山的自然景观如一幅画一样呈现在我眼前，让我有种要登上泰山的冲动。

以下是《金融时报》关于中国历史的报道：

"近代中国最缺少安全感的时候莫过于整个民族沦为受害者的时候，中国人始终很难忘记外国列强入侵中国的那段屈辱的历史，从1869年英法联军火烧圆明园到20世纪30年代的日军侵略，依然在中国人的心里引起强烈的情感波澜，中国共产党不断地有意地在民众中培养这样的民族情绪使得这些情感更加真实。西藏也是被包裹在这些受尽屈辱的故事当中。北京的官方叙述中，西藏在外国西方列强19世纪入侵和削弱中国之前是中国领土不可分割的一部分，中国合法主权已经得以重建。"（《金融时报》2008年7月12日）

《金融时报》的这篇文章尝试中立地去理解中国，表达了对中国的热爱。

下面是《每日邮报》关于中国外交政策的报道：

"令人吃惊的是对于非洲的侵略正在进行着。在这场史无前例规模空前的运动里，中国正悄无声息地将整个非洲大陆变成一个新的殖民地。似乎还带着18、19世纪西方殖民者的怀旧气息，中国的统治者以更坚决、更戏剧化的方式希望将非洲变成一个'卫星'政体，以此来全盘解决中国的人口众多和资源短缺问题。几乎是悄无声息地，75万中国人在过去的10年中已经在非洲大陆安营扎寨，规模仍在加大，这样的战略是经过北京的领导阶层深思熟虑的，估计中国政府最终会将向非洲大陆输送3亿人口来解决人口过剩和污染问题。"（《每日邮报》2008年7月18日）

相比之下，我们再来看看《金融时报》关于中国外交政策的报道："Robert Kagan 向我们描述了世界冲突已经进入新时期。全世界的民主国家必须团结起来重塑世界，抵制来自'独裁政权和伊斯兰激进主义分子的反抗'。他称之为'邪恶轴心'，轴心的一头是中国和俄罗斯，一头是伊朗和本·拉登，……可以理解西方人不喜欢中国和俄罗斯的政治制度，但是对于富有理性的观察者而言，他们与30年前相比已经发生了很大的变化。特别是中国，一直在努力融入世界经济体制，以及由此伴随而来的中国社会的不断开放。"（《金融时报》2008年9月3日）

因此，说到框架，我相信每个故事的框架都是不一样的。语言是富有攻击性的，通过语言，尤其对细节的选择上，我们知道《每日邮报》在它的新闻报道中是完全否定中国的。而《金融时报》是有差别的，它接受报道一些关于中国的积极因素。而在精英报刊上更是做了很多的报道。一些更加通俗化的报纸倾向于在报道中用敌视的口吻，而精英报纸则持更为温和同情中国的立场。因此，我们的假设四是成立的。

总结与讨论

正式地说，这四条假设是经过证实的，但是并不代表他们是正确的，只是说基于这样的证据，他们不是错误的。英国媒体大篇幅地报道中国，种类繁多；这是符合国际新闻价值标准的；不同定位的报纸有不同的受众群体；不同的报纸也会选择不同的新闻框架，大众媒体对中国持敌对态度，严谨的精英媒体则持中立和温和的态度。需要特殊强调的是，报纸报道和采编工作人员自身的受教育水平、家庭经历、生活经验紧密联系，是主观性的创作。不同的人对同一件事物也会有不同的理解。同时，新闻报道是供读者阅读的，读者是一个可变的因素，对同一报道，也会因自身阅历的不同而对报道本身有不同的理解和反应。

为什么新闻报道在不同的媒体中会不同？

最有可能的原因是报刊的意识形态，这就是说在正式的政治术语用词上，各大报纸有不同的思想观念，不同的看法。《每日邮报》是一个失去它的公正性的报纸，而《金融时报》从名字上看我们就知道它是一个商业性的报纸，是一个自由性的社会类报纸，在社会用语上，《金融时报》要比《每日邮报》更自由，更犀利。那么什么样的人读这两类报纸呢？读《金融时报》的人要比读《每日邮报》的人教育程度高，社会地位高。而在《每日邮报》中也会包括很多生活方面的东西，比如说旅行、假期、找工作等等，所以说《每日邮报》的读者更平民化。《金融时报》的读者是要与中国以及中国人民真正共事的，所以要更好地客观地了解真正的中国什么样，而不是要"妖魔化"中国或者夸张地吹捧中国。《金融时报》有很多读者，而这些读者应该知道真实的中国，并且客观地对待它。因为在全球性的社会交往中，尽管各个国家眼中的中国是不一样的，但真实的中国只有一个。而对中国不同的看法也是不可避免的。《每日邮报》可能会说他们喜欢中国，但却说不出原因，因为即使他们来到中国，见识中国，也不会跟中国人民产生共鸣，受到启迪。

精彩讨论选编

提问：您对中国很了解，而且也在做着这方面的研究，那么您有什么好的建议能提升中国在西方媒体尤其英国报刊中的形象吗？

科林·斯帕克斯：一，我要说的是应该改变中国现在的实际情况，而这些需要你们的努力。二，要想达到这一点需要做出很大的努力才能实现，有一个很严肃的问题，我们拿CCTV9来举例，在这个频道的新闻中，会报道人权、公益活动、志愿者活动等，会说现在的中国人享受着更多与20世纪90年代不同的自由，总之会说很多中国积极的正面的东西。但有正面的就会有反面的，每一个来到中国的西方人都会知道中国还存在着一些问题，比如说环境污染，少数人富有，农村问题等，确实在很多问题上中国已经比20世纪90年代有了很大的进步，比如说妇女的权利，妇女在社会中的地位有了很大的提高，但我们不能只说正面的而逃避反面的。中国是个大国，有着13亿多的人口，在世界中起着很重要的作用，我们也应该多增加一些对外媒介，让世界更好地全面地了解真实的中国。三，能不能改变西方对中国的看法？这是毋庸置疑的，做到这一点，重要的是要提高中国整个的经济实力，经济上的成败决定了一个国家在国际社会中的地位；另外一个重要因素是文化，文化在国际竞争中也占有很重要的地位。比如说美国的好莱坞，在它受到很多人欢迎的时候，美国的经济也获得了一定程度的提高。但这些都是一个长期的过程，不可能一蹴而就。总的来说，要让全球所有的媒体了解现实的真实的中国，无论好与坏。敢于说真话，这是成功的一大前提。

提问：现在报纸读者数量下降，网络传播手段兴起，您怎么看这个现象？

科林·斯帕克斯：很遗憾地说，网络上的新闻并不都是真实的。我想说的是，我们是否注意到了老百姓对今年夏天国务院新闻办公室颁布的中国互联网状况白皮书不怎么感兴趣。在座的有谁读过？多少人正在读？

今天我想讲的是对比网络的使用，白皮书在中国的地位，以及美国的地位，他们的文件和方法的不同点和相同点，以及他们怎么进入国际领域。

互联网法律是什么，法律代表什么，人们是怎么理解法律的，这就需要你们的参与。这一年来我一直在关注着中国媒体的发展，我想从话语的传播角度去观察和发现，究竟国务院新闻办公室发表的白皮书是面向国内，还是面向国际的，或者两者兼有。我想经过今天的讨论，能够有一个概念。我们可以发现，白皮书是在希拉里·克林顿发布关于互联网演讲之后发布的，那么这本书应有特定的受众，是专门面向国内的，或者是专门针对美国的？这个问题值得研究。我还想知道，通过这本白皮书以及各种报道，中国在国际媒体眼里是什么样的形象？而中国也希望通过白皮书传播自己，塑造自己的形象。所以这两个文本值得我们讨论。

究竟白皮书的发表是一个机会还是说互联网是一个很危险的东西，这两者之间怎么达到一种平衡？一般意义上说，中国的白皮书和希拉里·克林顿的演讲应该相互比照研究。第二点是任何一个文件的发布都是为了宣传一种思想，而这两个文件背后究竟有什么样的原则，这也是值得我们研究思考的。这其中的不同就要求得有不同的论点和不同的说服力。除了中美之外，我们的决策对互联网的未来是至关重要的。

另一个相同点是这两个文件都得符合他们各自的原则和思想。而问题是这个原则思想到底是什么？美国希拉里·克林顿的演讲宣传的就是互联网自由，而中国白皮书则是主权。这两者间的区别是很重要的，这就是定义之争。我们今天坐在这儿，我并不想说哪一个是正确或者错误。我给大家做个比喻，集装箱的发明使得围绕集装箱的很多东西都发生了变化，像货物的储存、运输、港口以及物流等等。就像随着集装箱的发明发生的一系列变化一样，全球化的信息体系都围绕着这种概念思想的变化而发生了变化。

通过互联网的管理，中美都得对新的信息的管理体系进行调整，来确立自己的发展方向。对于互联网的定义有一个不同的认识，一种就是希拉里·克林顿认为的那种互联网就是一个全球一体的大网络，另一种就是像中国或者其他国家那样由国家控制的单独网络。这就是为什么白皮书里觉得主权那么重要，因为中国觉得互联网是有边境的，由不同国家控制。而全球一体的大网络跟中国这种由主权划分的网络是不一样的。希拉里另一个关于互联网的认识是谷歌对美国政治有着非常重要的作用。但是"谷歌事件"之后，希拉里演讲中虽然没有明确提出谷歌的重要作用，却是第一次对谷歌政策发言。这个发言是在美国纽约旧的新闻博物馆和新的新闻博物馆一致认同的基础上创作出来的。所以这个发言就有很强的象征性意义，这是在新的新闻博物馆的落成典礼的一个发言，尤其是关于谷歌事件。

希拉里关于互联网自由的演讲，认为是互联网系统让信息流通无与伦比地自由，这对信息的扩散起了非常重要的作用，这就促使政府更加地负责任。希拉里的演讲提出的完全新颖的想法，最吸引我注意的就是与外界连接的权利。在中国，人们是怎么理解连接权利的，是在现有框架下的那种权利，还是一种全新的背景下的权利。连接权利只是一个口号还是有特别的意义在其中。《人权宣言》的第十九条强调言论自由，每个人都有权获得和传播信息，那现在的连接权利又有什么新意？连接权利的新意我还没有想出来，但是还有另一个层面的东西，那就是交流的权利。交流的权利主要是和公益社会组织相关的。交流的权利是在20世纪60年代提出来的，它强调双向性。后来逐渐成为公益社会组织的一个概念。连接权利是从技术的角度上讲的，如果从法律的角度上讲的话，又该如何定义？跟微型电视相比，使用接收信号的"锅"的权利也就是使用微型电视的权利跟这个连接权利有什么可比性？美国对权利的理解是国民有自己的权利，国家需要维护这些权利的实现。那如果实现了这些权利，在法庭上应该怎么维护这些权利呢？欧盟是不是也可以在法庭上维护这些权利。希拉里·克林顿在演讲中说到言论自由并不是绝对的自由，也是有限制的。比如说他们不能容忍暴力组织比如基地组织的诉求，也不能容忍关于仇恨的言论。这些东西和上网自由是两码事。

关于中国互联网状况白皮书，我想谈谈对它的理解，以及白皮书与希拉里·克林顿关于互联网自由的演讲的对比。中国历来都是由政府促进经济发展以及互联网的推广。互联网的结果不管是好的还是坏的，比如说社会变得扁平化了，但也加强了对政府的监督。我们只是基于这一层面考虑，其他的我们就很少涉及。在中国是政府在引导互联网的发展，这就是中美两国的一个重要差异。另一个差异是关于互联网的危害，中国针对互联网的危害自己制定并实施法律，由政府监管维护互联网，这是中国政府的态度。根据中国的白皮书，中国政府特别强调在某个地域范围内，公司和个人有权合理合法地使用互联网，但是必须遵循中国的各项法律规定。在此我就提出一个疑问，在中国白皮书发布之后，外国媒体是怎么报道的，实际上外国媒体对白皮书的报道量并不多，但是我们仍然可以从中获取外国媒体对白皮书的意见或者评价。美国之音报道的内容中有很多的负面词汇，特别是"censorship（言论审查）"这个词。此外还有提到中国政权对言论的控制这一说法。接下来有两个问题，对互联网各个国家都用各自的方式进行管理，那么有没有可能大家坐下来讨论，从而找到主权国家相互协商的方式来解决互联网问题？另一个问题就是这样的讨论对将来互联网的管制有什么建设性的影响？这里提到了是不是可以在联合国的框架内建立一个国际性组织，从而对互联网进行一个国际化的管理。一些专家学者对这个想法并不抱乐观态度。强调对互联网的管制应该是最低限度的，这是一种自由化的观点。

附：对英国传媒学者科林·斯帕克斯的学术专访

问：能否和我们分享一下您是怎样踏入新闻传播学研究领域的？

科林·斯帕克斯：在我读博士的时候，我是学文学的，主要做当代文化方面的研究，这在当时是比较边缘化的研究领域，所以1970年我在找工作的时候遇到了很多困难。我没能成为英语教师，一个偶然的机会，我开始教传媒。

问：您对什么课题最感兴趣？

科林·斯帕克斯：我是学文学的，对文化问题很敏感，这也正是我对大众传媒文化，文本现象感兴趣的原因。

问：能否为我们介绍一下英国新闻传播学发展的脉络？

科林·斯帕克斯：英国的新闻传播学在过去的20年中，发展十分迅速。我1970年开始教传播学的时候，我们学院只有20名同事，但是现在已经发展到200人，大多数人都是有文化研究的背景，有做大众流行文化研究的，有做文本分析研究的，还有做文化身份研究的等等。

问：那你如何评价这些研究呢？或者说他们有什么样的缺陷？

科林·斯帕克斯：所有的研究都会有缺陷，我的研究也不例外。传播学在诞生的时候，就备受争议。它有社会经济学研究的成分，同时也属于文化研究。带着政治经济学和文化研究的观点和假设，开始关注电视、报纸，但是这些方法是否正确，得到了很多批判学者的指责，他们跳出来告诉这些人什么样的假设，同时他们得出的结论也是非常有限的。

问：如何评价中国的传播学研究？

科林·斯帕克斯：我不懂中文，我对中国传播学的认识仅仅来源于像姜老师这样的学者，像您这样的学生，和我的学生，因此我对中国传播学的认识有限。坦白地说，我认为中国的传播学研究范围较狭窄，缺乏著名的社会学学者，你知道世界顶级的传播学学者在美国。所以，不光是中国，所有社会学者和美国相比，还有很大的进步空间。但是中国的年轻一代，像你们这样的，精通英语，可以阅读国外优秀学者的著作，相信会越来越好。

问：能否和我们分享一下英国传播学界的变化？

科林·斯帕克斯：在过去的20年中，我的中心发生了两个变化，其中之一是国际化和全球化的转变，我周围的同事和学生分别来自中国、印度、非洲等世界各个国家，这使得我们的传媒研究更为国际化，学生构成更为国际化，研究理念更为国际化；第二个变化是网络研究浪潮的兴起。

问：您认为传播学的未来会怎样？

科林·斯帕克斯：报纸等大众传媒会面临着很人的危机，传播学会更多地研究和关注社会，而不是媒介传播本身。

谷歌事件工作坊

尹韵公、徐帆、姜飞、王保平、
李斯颐、陈俊侠、赵康、刘海龙、
杨斌艳、张丹、冷凇
（2010—1—26）

从更深更广的角度看"谷歌事件"

尹韵公，中国社会科学院，中国特色社会主义理论体系研究中心主任，研究员，原中国社会科学院新闻与传播研究所所长。

我来作个开场白。今天是午餐学术沙龙人数最多的一次，热度很高，说明这个话题的关注度也很高。因为我刚去过日本，可以给大家介绍一个情况，日本对这个事情也非常关注，但是我发现日本有误解，比方说他们认为谷歌事件有个最重要的药引子，就是中国作家告谷歌侵犯版权的事情，他们认为是中国政府在支持，在推动。我向他们解释说不是，其实开始是几个作家不满谷歌所为，但是由于谷歌财大气粗没有理会这几个作家，然后他们才联合了几十个作家去对付谷歌。但是谷歌依然不理他们，只好靠中国作协出面去跟谷歌交涉。这是原因之一。

当时日本一位著名学者矢吹晋在会上发言的时候也说，其实中国作家这样类似的事情在欧洲国家也有过，也跟谷歌交涉过，但问题是他们交涉的结果都没有上升到谷歌是否要退出那个国家市场的严重程度。现在大家都看到了报纸上，对于谷歌事件的反应，七嘴八舌，什么都有。我去日本之前接待了一位巴西《新中文月刊》的总编，他到我们这里来访问。当时谷歌事件吵得正热，我就问他的看法，问他对这个事情怎么预见。巴西总编预料谷歌不会退出，中国这么大个市场，谷歌难道会放弃？他这么说还是有点道理的。但是现在希拉里出面，接着奥巴马出面，事情就复杂化了。据说谷歌是奥巴马政府的第四位资助者，所以按照美国政治生态的逻辑，他支持了你，你就一定要给他回报，因为支持他竞选的金钱是赞助的。所以奥巴马出来力挺，可能与此有关系。

我要讲的是，今天咱们讨论谷歌这个事件，第一，我们要从互联网这个角度来谈论这个事情，根据事情的来龙去脉，根据自己掌握的情况进行分析。因为我们是一个信息交流的平台，应该怎么正确、科学地认识这个事件而且准确地把握这个事态。第二，要从中美关系的大局来考虑，因为谷歌事件已经超出这个事情本身了。第三，还要从更深的、世界格局的大变化来看待谷歌事件。大家知道现在中国经济已经是世界第二位，日本非常恐慌。世界格局的变化使中国需要适应世界，世界也更需要适应中国；中国要了解世界，世界也更需要了解中国。现在全世界并没有适应中国的崛起，中国在世界崛起自己本身也没有完全适应，因为有很多的游戏规则我们都不懂。所以我建议大家一定要从多个角度来讨论这个事件，尽可能提出自己的有对策性的、有操作性的一些想法、判断，最好是提建议。因为现在这个事情还没有完，各方都还在探讨。我希望今天通过我们的研讨能够得出一些有价值的建议、观点和判断，这应是我们这次沙龙讲座最好的成绩了。

我就作个简单的开场白，抛砖引玉。

当技术大佬遭遇制度新境

徐帆，中国传媒大学电视系讲师、博士；星空传媒项目顾问。研究方向：媒介社会学、影视及视频网站生产机制。擅长在转型社会情境下以质化方法（深度访谈、参与式观察等）对各级媒介组织的生产活动进行研究，兼任多家华语媒介组织（CCTV、东方卫视、腾讯等）的策划、调研、主编、主持工作，并主持中国电视社会史、凤凰卫视生产机制、华语视频网站自制节目生产等各级别课题项目。

在日常生活中，哪怕你不需要组织理论的模式，都可以非常清晰地知道，技术和制度是影响我们生活发展的很重要的因素。组织理论很清晰地归纳出技术环境和制度环境。什么叫技术环境呢？很简单，就是从技术的角度来看待组织的运行，所要考虑的是外部资源、市场、技术体系因素。于是在这样一种环境下要求社会组织的结构和行为要遵循一种效率的法则。

前几天我看《财经》杂志对谷歌事件进行报道时采访了一位百度的资深员工。他说，谷歌不仅仅是百度在商业模式和产品上的模仿对象，而且是鞭策百度不断创新、开拓的一位恩师。从技术环境的角度来说，谷歌在全球是一个开创式的，或者说是一个游刃于其间的一种角色。这个问题他把握得非常好。刚才尹所长也讲到谷歌在全球各地都遇到一些问题，发生在中国最近的这个事件算是问题比较大的一种反映，是比较大的一种相对的效果。它对制度环境的适应是非常差的。为什么？因为制度环境要求考虑组织生存在其中的这种社会的法律制度、文化观念和社会规范。这里能够解释的一个概念或者说核心概念，就是合法性机制，这个词可能大家在研究中将会涉及到。合法性机制一般指的就是当社会的法律制度、社会规范、文化观念或者其他特定的组织形式成为广为接受的社会事实之后，就会成为规范人或组织行为的一种观念的力量，它能够诱使或迫使组织采纳和这种共享观念相符的组织结构和制度。所谓的诱使和迫使，我们看到谷歌事件最近它的一个转向和反馈，它可能是有一种半被迫的状态。所以说我们看到其实是制度环境要求谷歌它的组织结构要符合我们中国社会合法性的诉求，而这种诉求在中国这样的环境之下体现出的就是，你的制度环境对你的要求和你的所谓的技术环境对你的要求可能会产生矛盾。这就让我想到之前或者最近一段时间非常火的一个事件，就是所谓的治理驻京办。驻京办正是社会组织在北京的一种存在，它从满足技术环境的角度来说一定是一个只会浪费成本，只会影响正常发展，不是追求效率最大化的机构，但事实上驻京办是符合中国的这种制度环境的，符合中国这种政治组织所面临的重大制度环境。

谷歌三巨头里面的两位都是技术天才。如果大家看过现在当红的美剧《生活大爆炸》，了解里面的书呆子们的天才的状态，你就能很好地理解谷歌三巨头是怎样的一种思维方式。

再举一个例子。面对中国的制度环境，你不要说他们两位典型的技术天才，这样才华横溢的年轻人他们不了解中国，想想传统媒体大鳄们如默多克，他对中国市场的了解又能到什么程度呢？这就是我们中国所谓的制度环境对海外媒体或海外技术组织的一个影响。所以说我在这里只是提供一个简单的框架，有数个制度环境这样一种框架，我们可以把谷歌事件的发展做一个比较清晰的框架的理解。

我倒是比较关注能够把这个技术和制度把握得比较好的谷歌中国的高层。他们的官方博客在1月19日发布了谷歌官方澄清的很短的一个通告，如果大家细读通告里面的文字，我个人认为是非常聪明的。它首先从技术环境角度来讲，最后特别强调中国的员工依然在努力地向我们的用户和合作伙伴提供最好的产品和服务，一直强调它还是一个要进行效率生产和成本核算的企业，这个企业行为仍在延续。另一方面，从制度角度来讲，没有说中国政府有怎样的目的，也不会去得罪它的美国老板。它只是把所有的矛头都放到了所谓的舆论界、新闻界，说我们看到了很多"不真实的传言"，传言怎么来的？来自媒体、舆论，他们所有的目光、或者说所有的炮火都是对外的。这是很聪明的一种做法，当然这是不是一个很善良的做法，我不敢说，但却把握好了技术和制度的一种度，是一种比较聪明的做法。

另外，如果人家想看清楚谷歌事件，我推荐大家看前几年出的一本书，讲微软在中国的发展，它的英文名称就是拼音"guanxi（关系）"，它讲微软研究院在中国如何与中国政府和中国的高知人群进行合作，开创新的事业。那本书很不错。

谷歌事件中的多方声音

姜飞，博士，研究员，硕士生导师。中国社科院新闻与传播研究所"全球化时代跨文化传播（理论研究与成果应用）"创新工程项目首席专家。现任中国社会科学院新闻与传播研究所传播学研究室主任，世界传媒研究中心主任。

关于谷歌事件，我是从下面几个方面来整理的，从主体的角度，第一是中国的网友，因为网友对这个事件反应最快；第二是中国媒体；第三是中国政府；第四是美国政府；第五是谷歌公司本身；第六就是世界其他媒体；最后是关于学者以及社会各方面的一些声音，比方说博客。这些声音我想用几个关键词的方法介绍，这个事件虽然说从1月12日开始到今天才不到20天的时间，但是发生的事情太多了，就像我刚才说的它不是一个孤立的事件，不是一个简单的事件，也不是一个一事一议的事件。

中国网友中出现了这么几个关键词，1月12日谷歌总裁在博客上发布他要退出中国之后，中国网友就出现了第一个关键词叫做"非法献花"，具体内容我就不说了。第二是"顶"，很多人实际上要"顶"。第三个关键词是"李开复"，李开复是谷歌前任总裁，大家可以看看李开复自己的博客，便于大家考虑。李开复用英文写了一段很有意思的话，翻译过来就是"船长在明知船要沉没的时候，绝不会逃避自己的职责"。第四个关键词就是"道德困境"，谷歌退出与否，对中国网民，对各个群体都存在一个道德困境。第五是"公司伦理的本土化"，涉及本土，有人提到公司伦理本土化。还有一个非常有意思的关键词就是"谷歌改变世界，中国改变谷歌"。这是我视野有限的情况下提炼出来的非常有限的关于中国网友的声音。

中国媒体发布的信息在不同的时期有不同的表达方式。比如1月14日中国媒体才逐渐开始有一些正式的声音，像陕西的《华商报》，它提出来"以开放的名义留住谷歌"。《大公报》在1月14日采取了客观的一种方法，用采访方兴东①的方式来传达它的声音，他说"谷歌表现出来一种傲慢与偏见"，并说谷歌退出中国，用一个词叫做"扬言"退出中国，那么方兴东还有《大公报》提出的观点就是"客户应该是第一的，与政治应该保持距离，谷歌的文化再强大也不能高于一个国家，为网民服务才是硬道理，一走了之不值得我们喝彩"。《法制晚报》在1月14日为这个事件做了一个评价，说谷歌退出中国了，可能是因为它业务差。到了1月15日，《大公报》再次发表一篇文章，说"没有谷歌也无妨"，认为"谷歌多年来，它很多的产品并非首创，更何况任何一个有影响力的网站几乎在众多领域都有它的复制品"。就是谷歌走就

---

① 方兴东，博客中国创始人兼CEO，Web2.0倡导者，被称为"中国博客教父"，曾以"信息时代的麦哲伦"自喻。

走了，我们让它一路好走。从1月22日开始有一个转折点，1月22日发表《人民时评》，题目是"美国互联网外交是虚伪的实用主义"。22日环球网的评论是"谷歌事件与美国互联网战略"，提出了一个新的概念，就是在互联网上是否应该有一个公海，还有一个领海，美国人是想把互联网打造成一个没有领海的公海，我们中国是不是应该在互联网建设、互联网管理上提出我们自己的"领海"概念。到了1月22日，人民网的评论是"美国关心的哪里是网络自由"。同日，人民时评题目是"且看美国的信息自由"。这个标题可能会让大家明确地感受到《人民日报》评论的风格。从1月22日起我们的媒体开始发出声音。

中国政府于1月14日和1月22日两次正式发布声明。14日，外交部发言人姜瑜提出"中国的互联网是开放的，中国政府鼓励互联网的发展，努力为互联网的健康发展营造良好的环境"。到了1月22日，在回答记者提问的时候，中国提出来"坚决反对美国利用互联网问题进行无理指责"。自1月22日起，中国政府和媒体开始同步大范围的反击。那么美国政府是怎么做的呢？1月12日的午夜，谷歌总裁在博客上宣布退出中国以后，1月13日美国政府用了几个关键词，第一是"指控"，谷歌向美国政府指控中国政府；第二是"高度关注"；第三是"等待说明"；第四是"严重担忧与疑问"；然后是希拉里发表网络自由的讲话。紧接着一个关键词就是"国会议员的听证会"，包括太平洋舰队总司令都参加了这个听证会。到了1月15日的时候，美国政府的一个议员鼓动美国在华IT的巨头，说了两个关键词，一个是"追随"，一个是"效仿"谷歌退出中国市场。1月21日，希拉里发表涉华演讲称"促进互联网自由是21世纪美国的外交方略"。

谷歌公司本身是怎么做的呢？1月12日宣布退出，抵制中国政府的网络检查；1月14日确认退出，"审视"、"决定"这都是关键词，寻求解决方案；1月15日开始用小道消息，不用正式的方法。据谷歌高管透露，谷歌是考虑停止在中国的发展，并非和中国说再见。到了1月17日，谷歌的首席执行官说，"我们爱中国，我们爱中国人民。将保留在华的工程师、程序员等工作人员"。

世界上其他的媒体又是怎样报道的呢？《纽约时报》1月14日称谷歌这个行为"获得了国际上的广泛支持"。但是我实在没有找到证据证实"国际上广泛的支持"。同时,《纽约时报》在这篇文章中也提到"假如谷歌退出中国,那么百度的收获将是中国政府的失落",当然这是我的翻译。到了1月16日,《纽约时报》提出来"在华的美国互联网企业从来没有成功过"。它的口气似乎给你一种感觉,就是认为美国人在华就是要成功,就是要打败本地的企业。1月16日,《纽约时报》还开辟了一个网络论坛,讨论谷歌能否打败中国,让网友发帖子。当天《纽约时报》还提出来,中国现在以互联网和美国斗争的话非常尴尬。还引用了一些中国的研究人员的讨论,也可以看到他们评论员的无根状态,就是不知道在为谁说话以及从哪个角度说话。当然我们也是客观的,但是你要有一个自己的立场,不能泛泛而谈。到了1月19日,《纽约时报》又开始宣布为谷歌退出中国事件寻找证据,类似于宣布大规模杀伤武器,先入侵,然后现在要找大规模杀伤性武器的证据。1月20日,《纽约时报》报道了时任外交部副部长何亚飞对谷歌事件的评论,"不要把它说成是政治事件,就是一个商业行为,任何与政治有关的都属于过度阐释。"紧接着《纽约时报》又说,"中国把这个谷歌事件涂抹成了非政治了"。我们刚刚说它是非政治,《纽约时报》就说我们是进行涂抹。英国的路透社在1月14日暗示美国奥巴马政府开始对中国采取更强硬的态度,而且谷歌的中国业务将走上尽头。英国的《每日电讯报》指出谷歌在中国的本土化的滞后和业务不佳,把谷歌在中国的问题揭露出来。同时英国的经济学家网站上一篇文章也指出,指责网络攻击可能是最佳的借口,有掩盖的作用,让谷歌的退出看起来不像是一种商业上的撤退。新加坡的《联合早报》1月25日提出来"网络与信息自由正取代民主成为美国扩展软实力,开展外交角力、影响他国的新价值观,可以预见这一课题将继续在中美交手时反复出现,现在只是序幕。中国则会坚持按照自己的要求、需求规范与发展国内的互联网"。

最后一方面是非官方的学者的声音。重点提到两个人,一个是新闻所网络室前任主任闵大洪老师,他同时也是北京市网络媒体协会的会长。1月22日,他在网上发布"中国互联网上的交流是活跃的",同时用了中国网民、博客等各种各样的数据来证明中国网民不仅是交流的,中国的网络也是开放的。同一天,中国传媒大学的邓忻忻教授提出

"谷歌公司应当反思自己的言行",我这里仅仅给大家念其中的四行:"谷歌公司进入中国的几年间,连续出现牌照门、色情门、版权门、税务门等事件,被曝光、被查处、被起诉、被谴责,这都说明谷歌到底是一个怎样的公司。作为一个商业公司,应该在商言商、按规矩办事,不能把商业行为政治化。现在谷歌竟然打着言论自由的旗号挑起事端抹黑中国,做法卑劣、行为更显肮脏。谷歌公司更应当反思自己的言行,向中国道歉。"

我就是给大家一个简单的概括,我想大家在进入到全面的讨论之前再强调重复一句话,这不是一个孤立的事件,不能就事论事;不是一个单纯的商业事件,不能意气用事;不是一个简单的事件,不能草草了事。所以我想抛出这样一个引子来供大家讨论,同时也希望大家在发言的时候抓住自己最精华的思想。

谷歌事件带来的三个启示

王保平,中国人民大学新闻学硕士,高级记者,国务院政府特殊津贴获得者。1995年进入人民邮电报社工作,历任记者部主任助理、副主任,要闻部副主任、主任等职,现任人民邮电报社总编辑助理,兼任人民邮电报主编。

很高兴和大家探讨谷歌事件。谷歌这一段时间确实吵得很厉害。刚才姜博士讲的观点我赞成,因为谷歌事件之所以受到这么强烈的关注,它不是单纯的一个公司的事件,不是偶然的现象,背后有着深层次的原因。我觉得从谷歌事件里折射出来的是中美两国在政治体制、文化理念的一种博弈、冲突,这种矛盾的一个总体现和总爆发。为什么这么说?因为希拉里在她的讲话里面已经说得很明白,其实美国把互联网看成在21世纪推销它的整个外交理念、政治体制、文化的一个工具、一个平台。其实谷歌事件恰恰是这个想法的最佳体现。为什么一个公司的行为后来上升到一个国家的行为?国务卿希拉里和美国总统奥巴马都纷纷跳出来讲话?我觉得很简单,我们的外交部新闻发言人、我们的工信部、国务院新闻办都纷纷出来表态,说明现在已经不单单是一个公司的事件，不单纯是一个简单的商业行为，而演变成两国政府间的一种交锋了。美国其实一贯倡导的就是民主、自由，在网络上体现得就更明显。它认为互联网就是一个不受限制的完全自由的新媒体。这恰恰和我们政府在互联网管理上的理念是冲突的，在根本上和我们的政治制度及文化是冲突的。中国政府认为互联网就像我们现实的这些东西一样，它也不是完全自由，也是要受法律和道德的约束。所以说现在这样一种矛盾的爆发其实背后有深层次的原因，我觉得是一种政治的、文化的理念在起作用。这是我的第一点想法。

第二点想法，我觉得谷歌现在在某种程度上成了美国政府的工具，而且它如果不从商业的角度来考虑它在华发展的话，那将来做出的牺牲和付出的代价是很大的。因为任何一个公司在其他国家发展自己的话都要遵守其所在国家的法律，这是最基本的。中国公司要去美国发展，同样也会受到一整套的当地法律和文化的制约。谷歌到了中国之后照样是这样。所以说我觉得谷歌这个事件其实有一个矛盾的累积的过程。刚才姜博士把这个事件的脉络给大概捋了一下，其实最早的爆发我记得是在去年3月份到4月份，当时工信部和国务院新闻办联合把谷歌拎出来批，对它进行很强烈的谴责，就是因为它的色情。后来又有了黑客攻击事件、版权事件等一系列的矛盾。但是如果我们看希拉里的发言和谷歌的发言，最后的关注点是什么？最后说不要对谷歌的搜索引擎进行内容上的审查，这是最关键的，其他的都是枝节，不是最深层的。我觉得这恰恰是它不了解中国政府，不了解中国政治的地方。中国在经济上，在技术上是可以让步的。但是谷歌事件是一种意识形态。咱们都很清楚，中国在其他地方可以让步，在意识形态上绝对不会让步。所以说这个事件中我觉得如果谷歌不认清中国意识形态上的一些要求和规定的话，那么它会付出巨大的代价。

第三点，政府主管部门应该反思我们在互联网监管方面的一些办法。第一，作为一个主权的国家，互联网成为第四、第五媒体，它已经是传播文化、传播信息的一个重要的平台，那么我们政府对它加强监管很有必要，而且必须监管。特别是3G到来之后，三网融合，现在政策的闸门也开了。大量的信息都会通过这个平台来传播，如果我们不进行控制，一些反政府的、暴力的、色情的东西就会泛滥，对青少年的健康、对国家的稳定都会造成很大的影响，所以必须得管。联想到前一段时间政府对手机扫黄，中央台现在还在报道，是一个很大的事件。另一方面，我觉得要看到我们互联网媒体和传统平面媒体是不一样的，这里面有很多新的媒体的传播规律。假如我们仍然用传统媒体的管理手段来管理互联网的话，那很有可能会把这个新兴的、生机勃勃的东西管得死气沉沉。近一段时间，我们工信部的机关报《中国邮电报》也在不断报道关于互联网管理的政策，我个人的观点是稍微有点过，但政府可能觉得还不够。现在在手机扫黄方面、在BBS论坛的管理是有点过了。如果我们上新浪网文学的频道，我们看到所有的敏感词，像什么"大腿""乳房"全部都用＊号表示了，我觉得这个就非常糟糕，已经破坏了阅读的连贯性，而且这样做完全没有必要。因此从谷歌事件中我们也应该反思怎样来管理我们的互联网。我觉得一方面要加强管理，另一方面要研究互联网的传播规律。用适合媒体传播规律的方式进行管理。假如谷歌退出，当然首先受损失的是谷歌，但是对中国难道没有损失吗？其实百度说得很清楚了，谷歌是一个技术创新、商务创新特别强的公司，它的存在会刺激国内互联网企业的创新。假如它没了，那我们在互联网的创新、发展会是一个很大的损失和遗憾。我们也呼吁，我们也在写一些文章，要重视互联网的发展与管理的并重，要辩证地看这个问题。

我就简单地谈这三点想法。谢谢大家。

谷歌退出中国原因的两个猜想

李斯颐，中国社会科学院新闻与传播研究所研究员。

我说几句，就谈几点零零散散的感觉。事件12日出来以后我比较关心。我是基本不用百度的，就用谷歌。谷歌搜索引擎只要组合的词比较好，需要的材料第一页就会出现。但是百度不行，百度竞价排名之后弄得特别难用。据说搞自然科学的人用谷歌的特别多，英文搜索比百度要好得多。我当然觉得谷歌走之后对相当一部分网民是个损失。

我第一个想法是想看谷歌提出这个退出的策略出于什么原因，是政治还是经济？当然现在几种说法不一样。中国的评论一般说经济的比较多。国外提到说它在中国的业绩不如百度。14日《纽约时报》就从这个角度谈的。究竟是什么原因呢？我查了一下它整个经营方面的数据，谷歌在中国搜索引擎份额大约占三分之一左右，百度是60%左右。它的盈利总体来讲在全世界范围内占的比重应该是非常非常小的，就是说经营对它的整体贡献不是特别大。去年它全球的整个营业收入是245亿美元，利润是65亿美元，盈利大致是百分之二十几，总之在IT企业中是比较高的。在中国的部分去年的营业收入是3亿美元，比例整体来讲太小了。中国的纯利润没有见到数字，但是拿国外的20%比，纯利润也就六七千万美元了不起了。七百多个员工赚这个钱应该还可以，但是比例太小。所以我感觉它选择退出，其实经济上的可能性还是比较大的。为什么呢？它在2006年进入中国的时候对中国的网络审查情况应该是事先了解得清清楚楚。世界研究中国网络审查制度的材料应该非常多。比较系统的研究如2003年哈佛法学院对中国做过一个全面的调查和报告。2004、2005年，哈佛大学、剑桥大学还有多伦多大学也做过联合调查，多伦多大学连续做了好几次。所以整体来说它进入之前应该知道中国的审查情况。中国现在关于网络管理法律可以说最多。既然进来了，又突然退出去，以这个理由提出来，我觉得确实比较奇怪。而且我观察了一下它最早的12日的博客，身份多少有些奇怪，而且使用博客的形式公布这么大的一个消息，多多少少有些特殊的意味。我开始感兴趣的就是这个原因。谷歌副总裁多姆德的说法也不断地变软，谷歌在退，早期的话很强硬，后来我看他和他的CEO斯密特的两个说法也是不一样的。斯密特比较软，18日以后宣布了中国的业务重新开展，因为有一个传说，通过他的源代码进入整个数据库是上海分部的，所以最早的时候上海分部在中国员工的权限当时有一段时间被全部取消了，到18日又全部恢复。18日以后又讲可以继续恢复业务，斯密特是这样讲的。我的感觉就是说这么大一个事情用这么突然的办法，而且从业绩角度讲，我个人觉得从经营角度考虑可能是比较大的。至于说什么版权纠纷、搜索用语关键词的问题，我觉得这些东西比较次要。而他打出的这几个牌是什么呢？是打政治牌。如果真的退出，他这个政策是比较聪明的。美国有些公司在国内是因为和当地政府合作评价不是很好，包括谷歌在内。比如雅虎在前年的时候，美国国会众议院开听证会，相当于传讯，说是在前年的时候因为它提供一些电子邮件的数据使得石涛这几个人被抓，然后在国会听证，还信誓旦旦地要怎样怎样，对这些东西它是比较重视的。谷歌可能应该是有所考虑吧。当然这只是推测，推测动机本身也靠不住。但从迹象上看我觉得它考虑经济方面比较多。

第二打政治牌，这两点是我个人的一些看法。

还有一点就是整个报道。咱们看这些报道，高潮大约是14日，世界差不多英、法、美、德等国都在报这些事，而且几乎都是社论，一直持续到克林顿21日讲话以后的第二天，才渐渐变少。到昨天美国的4家大报，只有《华盛顿邮报》有一篇社论还有一篇文章，其他几个都没有提。这个事没有完，究竟会怎么样很难说，后面也不知道谷歌会做什么。但是报道的热度到21日大约持续了八九天时间。这个对中国的负面东西确实多。谈谷歌是因为经营不善、耍滑头想退出的有，但是非常非常少，英国有一家报纸有，比重也就是不到5%吧。其他都是从政治角度去讲。我倒觉得可以理解为被谷歌劫持，从议程设定就已经被设定到了这个地方。这是我们比较关心原因的问题。第二个是将来怎么样？现在还很难判断。谷歌现在基本上没有多少退路，他肯定知道中国在这个问题上是绝不会退让的。别的都封着，搜索引擎上面只有一家什么都能搜到，可能性根本没有。它提出这点原因之前应该是完完全全知道的，是有意提出来的。在中国待了这么多年，国外那么多报道，它肯定知道。下一步怎么办？如果继续留在中国，那么接受审查，它的声誉在国际上就一落千丈。还有一种办法那就是退出。它现在调子软下来，尤其是18、19日的斯密特的讲话中调子软下来了。但是究竟怎么样现在还得再观察，事情还没结束。谷歌方面说跟中国已经有所接触了，但是不知道怎么样。而且有一个问题，谷歌如果退出去了，包括Google.cn一退出，那么Google.com也迟早被封。Google.com在许多年前被封过一次。那时候赞成封的很多，包括《纽约时报》《华盛顿邮报》和谷歌一起被封了，后来又解禁。有一方处理不好的话，比如.cn的事太多了，那么.com会受到影响。.Com封了下一步是什么呢？大家想想，操作系统Windows XP的Google.com是嵌入的，非常方便。那个时候就不能使用，除非用代理。这对中国使用者影响是比较大的。

下面就是中外的反应。我觉得中国政府的反应应该比较得体，虽然对有些问题的反应做得欠佳，但就我的观察，从14日到现在为止，14日姜瑜谈到这件事，然后马朝旭在外交部发布会上就这件事谈过3次，何亚飞谈过一次，到昨天工信部的网站也谈到过谷歌。两个阶段，21日克林顿讲话之前一个阶段，讲这是个商业行为，不要再炒作成政治问题。第二个黑客问题是全世界都有的，中国也是受害者，这是基本讲的两点。等到21日中国政府反应就强烈了，因为克林顿的讲话中间提到中国10次，当然不是单提中国，跟伊朗、乌兹别克斯坦等六七个国家一块出现，提到谷歌2次。中国的调子21日以后就强硬了，前面先收着点，实际上是做被动反应，我觉得有时收着点做被动反应作为一个大国来讲其实是好的，不能一开始就把事情闹得过于激烈。你做了以后这个球踢给你了，你要上升到政治层面，那我跟着你走。有时候这样做其实是一个以守为攻的做法，中国政府的反应我觉得还可以。国外的传媒报道这个事件和中国的传媒不一样，这么讲吧，没有交汇。就是他说他的，中国人说中国的。中国人讲的这些问题不是他所谈的，他说的问题不是中国传媒说的。这有一个问题，我们应该如何对外宣传。我们老谈黑客如何，这是官方的话。

克林顿讲话中提到什么呢？提到世界人权宣言。世界人权宣言的第十九条和两公约之一，就是中国政府批了，人大没批的公民权，政治权公约也是个十九条，两条一样，这样的权利包括"超越国界不着任何手段去接受传递任何信息"这句话，这个招牌你要是想绕，在这种舆论斗争中间你避开了，是不行的。用侧面的东西说起来你是无力的。这一点在国外谈得比较多。到现在我看好像中国没有提及，但是国外差不多每天提的都是多姆德在他博客里面谈到的东西，就是他的理由之一，讲得很清楚，来自中国的黑客进入 gmail 里面的一些活动分子的邮箱。我们现在大报基本上都不提这件事，但我觉得应该有正面回应，不应回避。作为支持，外国记者驻华俱乐部在18日还有个声明，谈到有几个记者的中国助手，叫研究员，他们的邮箱被植入木马，发现了什么东西，这等于火上浇油。这种情况下，实际上是舆论斗争的一个场所，不能全部回避。看着讲的这些话气势汹汹，实际上没有回应对方说的重点问题。

我们现在写作的习惯就是，怎么用词刻薄、挖苦就怎么写，我觉得这是新闻教育的一个失败。从鲁迅文风开始进入大学教学以后把社论写得像杂文。美国大报纸在骂本·拉登的时候，不叫恐怖分子，称先生，但是话该说的都说了。而我们遇到这种事首先一定要找最刻薄、最挖苦的话，这种评论是走不远的。宣传可以，宣传斗争的时候可以做，但是想传播信息，想有影响，就不能这么做了。谢谢大家。

退出中国是谷歌的阴谋？

陈俊侠，新华社国际部法文编辑室副主任。

我本人并不是学技术的，所以对互联网了解不是很透，首先请大家原谅。但是作为一个记者来说，我认为我对于政治方面相对比较敏感，刚才传媒大学的这位老师提出来"不适应论"，说谷歌在中国不适应中国的制度。我的观点恰恰相反，我是一个地道的阴谋论者，首先我想给大家念一段英国《卫报》的话，"谷歌是互联网上最强大的力量，拥有世界上最庞大的数据库。对于谷歌事件，华盛顿认为这是一个重大的安全问题。网络安全由两部分组成，第一部分并不陌生：用先进技术改进常规武器。如今在阿富汗战场上出动的大多数无人飞机都是由远在内华达州的电脑操作员控制。更令人感兴趣的第二部分则关系到重要基础设施、水、能源、银行、通信、交通指挥和几乎所有军事系统都依赖于复杂电脑系统的流畅运转。如果某个病毒或黑客导致它瘫痪，那么水龙头就流不出水，加油站加不了油，自动取款机吐不出钞票，电话也打不了，当然，导弹也无法发射"。这是让我印象非常深刻的《卫报》的一篇评论，我想说明一点，互联网对很多人来说是一种很基础的资源，但是也是一种战略资源。很多时候越是基础的往往越是战略的。比如说水、粮食，平时不觉得，但真正到了紧缺的时候或者因为资源争夺发生冲突的时候，它就是最大的争夺资源。

关于谷歌的事情我了解不是很透彻，所以只简单地谈谈我个人的想法。谷歌退出中国，刚才李斯颐老师谈到了，这个方法是非典型的，他的一个副总裁在博客上用这么一种非正常的途径发表了这么一个声明。理由有两点，第一点是网络监管，第二点是黑客攻击。两条理由看起来非常冠冕堂皇，如果细琢磨的话都是站不住脚的。比如说网络监管，这其实是一个国际惯例，只不过中国在有些地方管得更加严一点。但是中国对于所有的网站都一视同仁，谷歌并没有特例。而且谷歌在中国应该不享受治外法权，所以这点应该是不成立的。第二点网络攻击，作为一个网络公司，早就应该有这方面的思想准备，而且它本身在技术上也应该时时刻刻防备着黑客的攻击。不仅它遭受着黑客的攻击，包括中国很多的网络公司一样遭到黑客攻击，有数据表明中国是世界上遭受黑客攻击最多的国家。所以这两点都是不成立的。而且后来它自己出尔反尔，19日又说要留在中国了，那么只能说明一点，谷歌是虚放一枪，做一下试探，或者说发出一个威胁吧。

从一个公司的角度来讲它为什么这么做呢？我想无非就是三点理由：第一，希望通过威胁的方式来跟中国政府谈判，谋取在中国市场更多的份额或者更多的利益；第二，这样可以免费做一个广告，因为它标榜的是自由、人权、民主，但是在中国却不得不接受审查，所以它以一种领头羊的姿态引起国际的关注，等于说是做了一个天价的广告；第三，从谷歌事件我们也看得很清楚，其实美国政府早就介入到这个事件里面，我们也可以想象一下它可能跟美国政府有过一定的协商，而且今后可能得到美国政府很多经济上和技术上的支持，那么它就变得更加强大。

我个人认为，从美国政府的角度来讲也很值得探讨。第一，美国政府起码可以利用谷歌事件，首先做一个试探，便可以堂而皇之地以人权为由与中国交涉，在外交上取得更大的利益。有种说法，谷歌事件发生以后改变了中国跟美国的外交态势。原来大家认为中国跟美国的主要矛盾集中在三方面，一个是贸易逆差，第二是以西藏为代表的人权，第三应该是台湾军售问题。那么现在网络问题一跃而成为第四大问题、第四大矛盾点。如果在这个时候把网络问题抛出来，就可以对中国施加压力。大家都知道奥巴马上台以后对中国的态度相对是较软的，但是，在伊朗核问题、朝鲜核问题、汇率以及在气候变化方面，美国认为中国跟它的合作并不是那么配合。那么它便以网络问题的方式抛出来施加压力。第二，也可以作为一个政策回调。刚才李斯颐老师也谈到，奥巴马上台以后在外交方面被国内骂得最多，并不是反恐问题，而是在中国问题上特别软，退步比较多，尤其在他上任的第一年。一般来说民主党上任对中国都非常强硬，但奥巴马是最软的。这个时候他可以通过这样一种方式把政策稍微回调一下。从战略上来讲，可以在人权、军事、贸易之后，找到一个突破点。这个网络又是今后一种战略资源或者说是一个战略的战场，在这个战场上如果只有公海而没有领海的话，那么对美国最有利。他可以通过这个方式去试探一下中国，我如果想改变目前这种既有公海又有领海的方式，你接不接受。第三，他也可以为今后，比如经济制裁留下一些口实，例如版权、知识产权。前几天我看到一个资料讲到美国用户言论自由的一个组织叫"第一修正案联盟"，说美国的贸易代表办公室正在考虑将中国互联网问题诉诸世界贸易组织，并要求该组织提供更多的相关信息。这点也很明白，因为中国目前的强大令世界非常得恐慌。我个人在国外待过，接触的外国人也很多，我个人认为中国确实有些畸形发展。而且中国的畸形发展想不引起"中国威胁论"都很困难。比如现在世界上最大的城市20个，中国可能占到15个之多。如果这样一个国家要进行反击，许多国家是受不了的。第四，美国通过谷歌事件试水，为今后的网络战留出了空间。可以把这个事情扩大化，因为美国是世界上第一个设立网络战司令部的国家，而且更重要的一点，全世界的互联网技术发源于美国，全世界有13台根服务器，其中有10台在美国。前几年一个非常典型的例子就是，它停掉了MSN在伊朗等几个国家的服务，停止了三天，理论上来说就是把这些国家从互联网上抹掉。这说明互联网今后会成为甚至比核弹还要厉害的战略武器。

这是我个人的对于美国政府的一些想法，当然可能是以小人之心度君子之腹，但是我认为有这种可能性。美国政府的这个战略，我认为在战术上来说其实很简单，它先避重就轻，不说政府间的对抗，只说网络，而且以网络监管、网络黑客为由头刺激中国政府。希拉里也好，奥巴马也好，说中国政府一定要给我一个解释，一定要继续调查。这时中国政府如果承认了我们黑客确实很过分确实对它进行过攻击，那么美国政府就可以此为由进一步把事态扩大。

至于我们该如何去应对，我的想法很简单。第一，网络监管不能丢掉，我也非常同意李斯颐老师的看法，在某些不涉及根本利益的方面，应该尽可能在网络上给民众以一定的自由，因为这是发展趋势，否则，会惹起民众反感，反而不得民心。应该根据我们的战略，议题设置由我们自己来控制。第二，既然美国已经成立了网军，我认为成立"中国网军"也是刻不容缓的事情。我认为今后网络仗应该是不可避免的。第三，中国的对外传播要加强。我个人认为中国对外传播的效能非常差。中国一些地方给人以刻板的印象，其实并不是这样，中国在不断地改变，不管是民主也好人权也好，都在不断地改善。但是在外国人眼里，不是更好，甚至有变差的可能。动不动就说中国是独裁的集权的国家，总是以这种方式来体现。这个事情处理得不好，很多事情在国际上往往容易被孤立。最后，我觉得中国各界，包括理论界、传媒界以及技术界应该加强联系，对外宣传应该做得更好一点。比如作为一个记者，我想去采访一些专家，不管是技术专家还是学界专家，在国外如果是国家拿钱培养你的，你就必须对公众负责，研究成果必须让大众来共享。但是我在国内采访，大部分都不成功，都以没时间推辞，但是中央台给钱的话，没有一个人会拒绝。所以这也是值得大家重视的一个地方。

下面我想提几个问题，中国是不是怕跟美国搞网络军备竞赛？媒体也有报道说美国这么做是想把中国拖垮，就像当年美国拖垮苏联一样。但是我倒觉得这个不用害怕，因为这种竞赛投入跟国民生产总值相比的话是非常低的，不需要害怕。今后有可能发生的网络战会不会影响中美的整体关系？我认为也不会。因为目前美国的对外矛盾不是中国。进入21世纪以后有反恐战争，有金融危机，美国自顾不暇，这正是我们从容应对美国挑战的非常好的时机。

谷歌事件中透露出来的网络安全

胡虎，《人民邮电报》副主编。

我想补充一点，谷歌对中国政府的指责，大的因素有三：第一安全问题，黑客攻击。第二信息自由。第三我觉得可能是中美外交政治上的施压。我说说这个安全问题。

刚才说到网络战，实际上中美之间已经爆发过网络战。2001年，中美撞机事件之后，中国很多网民在网上讨伐美国，美国黑客就把中国的一些代表性的网站给黑掉了。在"五·一"长假期间，中国有个"鹰派联盟"，号称组织了8万中国的红客，攻陷了大约几百个美国的网站，其实那时的手段主要还是停留在涂抹、宣誓、发布不满标语这样一种阶段，并没有更深入，包括修改网站的内容、进行破坏这么一个层面。但是那次社会影响很大。

刚才说的13台服务器的全名叫做域名根服务器，主要的功能是进行解析。其中在美国的1台是"主根"，另外12台叫做辅根服务器。2台在欧洲，分别在英国和瑞典。另外1台在亚洲日本。但是中国在2003年和2004年分别获得了根服务器的一个镜像服务器，这样使得在中国访问.cn和多数的.com就不用再绕地球一圈。这个镜像服务器是什么意思呢？比如说我们自己的.cn的网站，我们大量的政策性信息，我们内部的交流可以从这上面获取，包括我们的中央政府网站。镜像意味着还有"原像"，那一头关掉的话，镜像网站也一样无法访问。前不久中国专家提出互联网掌握在美国一家手里有危险，指的就是这个事情。怎么样把一个国家从地图上抹掉，就是直接关闭它的"原像"。原来利比亚是.ly的域名服务器，被封锁之后，这个国家以及相关的网站都访问不了。美国很早就提出来网络疆域的问题，网络上的疆域比国界上的疆域可能会大很多倍，比如说韩国国上面积很小，可能它的网络疆域将会很大，是因为它比较重视这个产业的发展，出台了很多政策去支持这个行业的发展。

我不是搞技术的，只是比较了解这个行业。从我的角度去理解谷歌事件，我认为谷歌为什么强大，就是它代表互联网创新的力量。很重要的一点就是它使用了一种特殊的技术，把中央服务器的能力，分散到全球各地，这样使它们都能够串联起来，用的是一些普通的计算机，而不是那种造价非常昂贵的计算机。实际上是带有分部式的计算机技术，然后足以承载海量的信息搜索。很多人现在不太了解谷歌到底靠什么赚钱，它这么强大的信息能力为什么能够成为一种包括国家，能够代表美国国力的力量。我举一个简单的例子，比如你是一个公司，你需要了解你竞争对手的公司，谷歌便会给你提供一个基于海量数据搜索的情报监控，甚至可以为政府服务。这实际上是它的信息搜索能力，这是非常可怕的。很多企业应用了它这种技术，就是所谓的这种信息化服务的应用，打败了规模超过自己很多倍的对手。谷歌可以调动或者组织一批网络资源去对某一个特定的目标进行攻击或者进行试探，打开密码甚至修改内容。而调动的这些服务器计算机是分布在全世界的。这样就不仅仅是一个黑客用本地的这么一台电脑发起攻击，而是组织全世界的能够有效调动的若干台电脑对目标进行攻击。

理解谷歌事件的三个维度

赵康，博士，中国社会科学院新闻与传播研究所助理研究员。

我今天从三个方面来讲，一个是政治方面，一个是经济，最后讲一下法律。我核心的观点就是在政治因素里面美国要牵制中国的策略，经济方面涉及美国的贸易保护主义，最后一点讲到美国在互联网立法上的一些经验，值得我们借鉴，既保障了言论自由又有效地进行了言论规制。

政治背景这方面刚才很多老师都提到了，我只讲关于亚太地区的新动向，日本的一个新动向引起了美国的注意。鸠山上台以后跟亚洲国家以及中国频频示好。谷歌事件是1月12日，19日正好是《日美安保条约》签订50周年，鸠山和外相冈田克都分别发表了讲话，一直在安抚美国的情绪。为什么希拉里非常关注这个事情？就是因为日本的新动向牵动了美国的神经，而中日关系关乎整个亚太地区力量的均衡。中美力量的博弈除了西藏、新疆、台海等问题外，现在又多了一个日本因素。为在今后的博弈中占据上风，美国在《日美安保条约》签订50周年时针对谷歌出招，目的在于试探。

除了政治因素，经济因素涉及中美互联网企业之间的竞争。我觉得最关键的是中国互联网企业抓住了庞大的网民资源，从而把握住了互联网经济的优势，而美国最大的跨国网络公司错失了良机。像谷歌、雅虎，它们目光都非常敏锐，但是它们当时根本没有看到中国的市场潜力。亚马逊说，我们在美国随便卖一本书都十几美元，中国的定价太低，就算全赚了也就两、三美元，结果错失良机。到了它们想来的时候，整个中国的市场已经被当当、百度和搜狐这些企业基本瓜分。它们当时没有看到一点，中国的互联网优势在于庞大的互联网用户资源。美国针对谷歌问题的发难，也是美国一贯的贸易保护主义的延续，而这次他们要保护的是一个在线产品。关键在于我觉得美国人的整个思路还没有转变过来，在以前发生贸易摩擦不断博弈的过程中，他们逐渐了解到中国在劳力密集型这些产业方面比较有优势。但是信息产业是一个明显的资本、技术密集型的产业，本应是美国领先的，为什么到了中国之后反而竞争不过呢？他们忽略了非常关键的一点，就是互联网时代用户也是一种非常关键的资源。

除了经济和政治因素之外，在整个中美博弈中，中国应该从中得到一些启示和经验。整个美国政府和美国民众，包括国会和最高法院，他们的观念也是逐步发展过来的。最初他们的思路跟中国一样，要严防死守。1996 年美国国会通过了一部《传播分化法》，这个法律出来之后美国"自由公民联盟"马上就把它告上法院，最后在最高法院以九比零票，9 位大法官推翻了这个法案。当时认为对低俗和不正当的东西，界定太宽泛，打击面太大，妨碍了言论自由。而国会不甘心，在 1998 年又制定了一个《儿童在线保护法》，又被美国"自由公民联盟"告上法院，最后在最高法院以 5 比 4 被推翻。但是最高法院的 9 个大法官已经开始分化了，为什么呢？因为 1998 年推出的这个法案比以前缩小了一些，进一步界定，把许多不必要的内容进一步裁减。但是还是被推翻了。到 1999 年的时候，整个国会的思路就完全转变了，推出了《儿童互联网保护法》。这个保护法的一个核心思路是过滤，不同于以前的那种严防死守的控制——比如这个不能发布，针对儿童的不能发布，暴力的不能发布，有关共产主义的言论不能发布——这回他们的思路完全不一样了，就是用过滤软件。而这个法案也跟"美国公民自由联盟"不断地打官司，2003 年的时候，最高法院批准了它的合宪性。我们来看一下这个过滤有什么优势，其实过滤很早就在做。在电视的时候用 V-chip，现在用 PICS（Platform for Internet Content Selection）就是一个关于互联网内容的平台，根据这个平台还结合一些分级标准然后来实行过滤。它过滤的一个基本的原则是用户自行分级，也就是用户自主权。这个过滤软件的核心是用户在接收端有选择地限制言论，而不是在源头进行一种普遍的限制。不是一上来就强制你要装"绿坝"。软件的核心目的是要保护内容提供者的表达和思想自由，不是说哪些内容不能发表，哪些内容可以发表，而是要保证你的网络自由，只是不让孩子看到，把这个权利交给家长。用户自主权就是关键词的设定是由用户来完成的。比如说我是家长，我觉得我的孩子可以看法轮功的问题，那你可以设定法轮功不屏蔽；但是你觉得你是一个穆斯林文化的信仰，关于回教的诋毁不想让你的孩子看到，那你就可以设定关键词把它屏蔽掉。这个自主权在于家长，而不在于源头上政府的一道命令或者一个法律就限制了人们的言论自由，这是它的一个关键点。我觉得给中国的启示就是不能因噎废食，不能用这种一刀切的方式。

谷歌事件引发的三个猜测

刘海龙，博士，中国人民大学新闻学院副教授。

李普曼曾说过一段话，大家在讨论这些问题，但记者看到的只是表面的现象，背后是什么其实大家谁都不知道。这是说新闻的报道有很多问题。我们今天讨论谷歌事件，也面临这个困境。到现在为止，这个事情背后原因究竟是什么我们其实不知道。所以我想大家猜测的成分或者探讨的成分比较多。

我也想从三个角度来谈。一是关于这个事件，一开始大家敏感地觉得这不是一个经济事件，看上去是一个公司的退出，但实际上是一个政治事件。在政治事件中，两方很重要的一点不在于谁对谁错，而是政策或是行为的正当性。从两个角度，一个是从谷歌公司本身，它的行为，大家觉得很难理解，作为一个公司为了意识形态的东西把它的市场放弃掉了，虽然我们讲它在中国仅仅拥有30%的市场，但是三亿多网民十几亿人口的一个国家，30%也是非常大的市场。而且刚才也提到未来还要发展。那么它为什么放弃掉？我想站在它的角度来理解这个问题。一就是刚才大家都提到的两条原因，一个是审查，一个是黑客的攻击。对于审查大家也提到在任何国家尤其在中国，它进来的时候知道要接受审查，可能从一两年前主流媒体对它黄色信息的搜索进行攻击开始，它觉得这是个很大的压力。另外一方面我觉得它在国内，比如去年在费城开中国互联网年度会议的时候，谷歌有一个新闻发言人发言，当时姜飞也在。他发言的时候看得出来，在美国国内发言，谷歌采取一种非常心虚的防御方式来讲话，因为它在美国国内面临很大压力。要适应中国的审查制度，站在中国政府这边去对信息自由进行控制，本身在意识形态方面我觉得它在国内面临很大压力。因为谷歌代表美国的整个文化的政策。

关于黑客的攻击，对谷歌来讲如果真的出现像雅虎那样的事件，异议分子的邮箱被攻破并且信息内容外泄导致可能有些人要受到法律的处理的话，它可能面临着很大的经营上的、口碑上的打击。因为谷歌作为一个公司来说，其实就是一个卖信息的组织。谷歌对自己的定位，从公司文化上的定位，作为一个知识的组织者来讲，如果对个人的隐私保护不善的话，对整个企业是一个巨大的打击，就是说如果没有了这个东西，这个企业可以说什么都没有了。大家为什么要去使用它，很重要的一点，在2008年的时候谷歌发言人也回应了，就是大家一直在质疑把这么多的知识、信息集中在你的网站上，就意味着说，谷歌实际上成为了一个信息的分配者，这个权力已经超过了现在地球上存在的任何一个文化组织，这个是很可怕的，谷歌一直对外说我这个企业是要保护大家的隐私，这些东西我是要保证客观的、公正的，而且他有一个口号说它不会作恶，不能变成一个邪恶的组织。如果信息外泄，如果使用者的隐私被攻破，对这个公司的声誉是个巨大的打击。从这个角度来讲它的反应是可以理解的。

然后从中国政府的反应来讲，可能这里面有一个很大的问题，就是你的正当性何在？包括刚才赵康讲到的美国的监管。中国现在的监管没有任何的明文法律，包括黑客的攻击，包括对信息的过滤，包括对黄色信息的定义。平日攻击谷歌涉及黄色信息的传播，究竟这个信息的定义是什么，现在大家没有一个明确的定论。这就导致了你想打击谁就打击谁。这对于谷歌公司来讲它会说安全性受到威胁。上次我们学院开会，老师们交流一下各自的信息来源，发现中国政府这几年对互联网的管理其实有很大的收缩，甚至可能未来是要向北朝鲜和古巴看齐，要实行大的局域网的管理、信件的实名、包括每个人上网账户实名制，这是一个大举动，包括最近的一些论坛被关闭，我们看到的是群体事件，在群体事件中互联网扮演了很重要的社会动员的功能。而现在我们所说的扫黄，我觉得醉翁之意不在酒，实际上是在对整个互联网的言论自由进行打击。这其实是一个很糟糕的做法，是退步的表现。谷歌的退出给我们带来一个问题，站在新闻传播角度来讲，中国新闻自由、言论自由究竟动力在哪？新技术出来之后大家就把目光投在新技术上，新技术确实可以给我们带来很多的便利。但大家也发现我们对新媒体的监管也在慢慢地收紧，甚至要和传统媒体一样。这就带来一个新问题，我们把互联网看做"信息监管飞地"的时代可能要结束了。作为新闻工作者，我们怎么去看这个问题？我想实际上应该把视野从互联网的技术层面拿开，要从言论自由的整体环境，不管是传统媒体还是新媒体，大家还是要回到一些根本问题上，通过技术去追求自由这样的做法。我觉得如果谷歌真的退出，实际上标志着中国新闻界、新闻学术界对这个问题的看法要有一个很大的改变。

  我认为联想要再大一点。随着中国实力的增强，经济的发展，另外一个问题就是民主化进程。国外讨论经济和民主之间的关系，有的说是曲线，有的说是 W 曲线，就是说在经济发展到一定时候，可能民主化的动力会降低。从这个说法里我们也能看到随着中国国力的增强，过去可能用人权这种问题来对中国施加压力，在需要依赖世界的情况下可能会在很多地方让步。但这次我们看到中国政府是非常强硬的，在这个问题上没有任何调整、让步的意思。这样可能就会出现一个问题，民主化的进程、言论自由包括媒体自由，动力来自于哪里？外部的压力失去之后，我比较关注的是中国网民的反应，中国网民的反应很激烈，但这个激烈仅限于在网络上发一发牢骚，没有太多实际的反应。说明内在的动力其实很弱。这就引来一个问题，现在对于言论自由的限制，一个主要的理由就是稳定，这样可能会对从言论自由到政治民主化进程是一个很大的打击。我想我们应该从长远的角度来讨论这些。

从"协商"的视角看谷歌事件

杨斌艳，中国社会科学院新闻与传播研究所助理研究员。

谷歌12日晚上发布的这个消息，13日晚上有网友测试说它已经取消了某些关键词的过滤。谷歌提出了明确的要求，就是要跟中国政府谈判。中国政府给出了回应，立场比较鲜明，我们的政策不会变。这时候谷歌又做了一些让步，把关键词过滤又启动，在14日政府发出了明确信息以后，谷歌也很快做出了否认退出的说法。所以前期的一个过程虽然有希拉里出面，但整体来看是一个企业与政府的协商，我更愿意从这个角度去看。所以主题就是谷歌跟中国政府的一个协商。

从网民来看，有支持的、有从商业角度来分析的。大家更多是从商业的角度来考虑，也有中国人表达民族情结比较严重，支持中国政府。主要还是以企业和政府为主，网民和媒体是一个主要的参与者。这个事件中出现了一些意外，一是希拉里的网络自由言论的发表，另外一个包括中国政府出来讲不要对这个事情过度的解读。这就导致了谷歌渐渐淡出，变成了政府与政府间的对话，这个事件慢慢演变成政治事件，也可以理解成政府与政府间的协商。在这个协商的框架下，超出了先前政府以外的力量与政府对话。在这个过程中媒体和网民也一直在参与，但是这个时候表现出的是媒体跟网民都带有了一些国家的立场，形成了两大阵营的对峙。奥巴马出来要求中国解释这个事件以后，事件升级，变成了中美政府直接的对峙。中国政府主要坚持两点，一是说没有收到谷歌正式的撤出申请，二是没有收到谷歌关于遭到攻击的明确报告。然后整个事件发生了变化，大家开始质疑这个事件所有的过程，是阴谋还是一个商业事件？在整个过程之间，媒体和网民一直参与其中。我主要想突出强调的就是网民的力量。如果企业是公共领域的一支力量，那网民现在逐渐成为另一种力量，而且这个网民群体成为世界范围内的网民，而且网民不光是评论，可能会采取一些行动，比如可能会献花。对谷歌的各种功能，它前后变化的一个测试。那么从这点引申到互联网对于民主的影响会是什么？网民的参与，包括世界范围内网民的参与是影响民主的另一种途径。我觉得这不仅是中国政府面临的问题，也是所有政府面临的问题。现在可能带来协商的新的框架的构建，规范如何建立？以谁的标准建立？建立怎样的规范是合适的，而且建立的规范是否有效，是否能产生约束？从这个事件简单来看，我的判断就是，美国打着"民主"的旗帜发起事端。不去考虑事件有阴谋与否，但是以协商的面目出现演变成这样，而且在整个过程中，美国的力量不是一种平等的，已经很明显地变成了威胁和威逼。中国方面，我觉得中国政府一开始本着协商的好意去看待这个事情，所以开始的时候更多地看做企业化的行为，而且比较温和地强调了自己的立场且让大家不要过度地解读，希望本着一个解决问题的立场在等待谷歌的正式行动。但是中国政府的态度非常明显，就是政治问题政治处理，商业问题商业处理，既然它已经变质了，那么中国政府也有自己的想法，不会因为外部的施压或谷歌的影响而改变立场。所以我觉得这一点是包括美国在内的其他很多国家都没有意识到的。

然后我想做一个总结，美国虽然在创造各种民主的概念和理论，自己却经常通过这种概念和理论来玩弄一些伎俩。它没有意识到已经被世界各国人民识破。中国人民和政府有自己的立场和态度，不会改变。所以我觉得在这个事情上我们应该对政府有信心，对网民有信心。我想以网友的几句经典的语录来结束。有网友对于谷歌事件美国政府来回操作的过程，说道"不是在考验中国网民的爱国情怀，更像是考验中国网民的智商"，就是大家一看都明白你在干什么，网民不会上当。另外当谷歌说"我们爱中国和爱中国人民，不离开中国"的话时，我觉得都是一语中的。最后有些评论说"谷歌作为一个政治的符号早已经体现，作为一家商业公司使世界各国网民受益。如果它贴上了美国政治标签，那么它对其他国家安全的危害则不言而喻"。另外一个就是"美国的大型跨国企业一向与美国政府有千丝万缕的联系，在全世界执行美国的政策。谷歌的政治作用不仅在中国，在世界其他国家也都引起了警惕"。我想网友这些一针见血的评论证明大家已经对这个事情有了比较深刻的认识，而且态度和立场比较坚定。

坚定立场，争夺话语权

张丹，中国社会科学院新闻与传播研究所副研究员，创新工程项目"全球化时代的跨文化传播：理论研究与成果应用"执行研究员。

谷歌可能自己都没意识到，明明是一个商业上的争端，结果搞成目前这种热度，让中国从民间到政府恨不得把谷歌的前生后世调查个遍。这个事件到目前也演化出多种解读和版本，比如关于谷歌事件的文化解读、政治解读、商业解读等等。我重点看了一下中方从网络到媒体到政府的反应和美国的反应是不是对称的，这也是目前我们中国如何来掌握自己话语权的问题。事件出来以后，很多网民几乎是一边倒，大部分带有民族主义情绪。因为现在网民代表很多都是80后和90后，反映出一种民间的声音。媒体层面凤凰卫视组织了一个专访，上海《文汇报》、《中国日报》和最近的《环球时报》，他们都组织几个专版，认为美国把这个完全单纯的商业事件不断升级，其实是美国在行使他的文化霸权，是典型的美式幼稚病和西方中心主义的混合产物。

中方的回应先是在媒体层面，再到我们的政府层面，我觉得政府的回应起初比较克制，然后比较温和。到目前为止，希拉里公开表态支持谷歌，她升级到中国互联网自由的问题，而且言辞上让人想到当年冷战时期的论调。从美国政府的层面上，国会竟然召开了听证会，对这个事件表示严重关注，一直演变到奥巴马公开支持希拉里的言论。我觉得中方的回应相对来说还是中国式的温和，外交部首次回应，表示不要对这个事件过度解读，不应与两国政府和关系来挂钩。然后工信部有一个回应，国务院新闻办也有一个回应。我觉得这种回应是在说明中国互联网是有法可循的，而且信息安全是国家的利益问题。其实谷歌公司自己也没有意识到，可能是明明发发牢骚，因为有人说其实谷歌是在掩饰自己失败的商业策略，寻求体面的退出。到目前它有点骑虎难下了，本来完全是一个商业的符号，现在演变成一种文化征战的符号。

我觉得我们态度上没有问题，但是我们策略上该怎么做？有人说是不是奥巴马上任恰好一年，民调调查跌到很低了，想利用谷歌事件来挽回一下自己政治上的颓势？而且谷歌事件也不是孤立的，之前从哥本哈根气候大会上开始，美国就觉得自己的话语权被削弱了，中国以一个崛起的新的大国的面目出现。我看了一下《华尔街日报》和 FT 中文网，很多评论说那次大会是以中国的胜利、中国的不合作而告终。中国联合了 70 多个发展中国家公开和美国宣战。既然那次美国政府觉得自己占了下风，那么谷歌事件是不是一个试水石？因为在谷歌事件之后可能还有一系列的问题需要我们来应对。马上就是对台军售问题，可能接下来还有奥巴马接见达赖，这都是很敏感的问题。所以我想说我们的态度是没有问题的，我们的立场也是没有问题的，但我们应该怎样科学合理的建设性地行使我们的话语权，这个应该是我们目前考虑的一个问题。中国这种所谓的克制、理性、温和的对应，能不能改变美国人的立场，我觉得不可能。目前在全球战略大环境下，我们怎么做到跟他们有对应、有建设性的对话空间，就像刚才赵康说的，在表明我们立场的同时，是不是应该做一些我们自己的努力，对我们的政策有一些内部的微调，让我们自己更无懈可击，这是我的一个想法。中美双方在争夺话语权，争夺文化制高点、战略制高点上，我们有一个共同的平台和环境，彼此的价值观、普世价值观是没办法改变的，目前怎么能更好地相处，把我们的优势发挥得更大一点。这是我们今后应该考虑的问题。

在事件出来以后我看了下俄罗斯网站，俄罗斯现在处在一个很微妙的地位，原来苏美是对抗的，现在中国出来以后，有一些俄罗斯网民觉得中国人替他们出了气，终于有跟美国叫板的了。意大利总理前段时间说，我就要对你谷歌进行审查，他们最近还针对这个事件制定了一份对谷歌旗下的一个视频网站进行审查的法令。觉得这是维护我们自己的信息安全，是无可非议的。他们鲜明的态度值得我们借鉴。

谷歌事件杂谈

冷淞，中国社会科学院新闻与传播研究所副研究员，"世界传媒研究中心"秘书长。

我从其他角度做个补充。第一个就是新闻信息属性的问题，为什么谷歌事件让大家很震惊？刚才张老师也谈到了谷歌这个信息是一个试探性信息或者试水性信息，这样的信息能够形成一个新闻悬念，我觉得新闻悬念可以作为我们的一个课题好好研究一下。比如我去台湾访学，发现台湾的新闻媒体有一个能力就是把一个突发性事件变成一个阶段性事件，把一个阶段性事件又进行连续性的炒作，新闻悬念我觉得可以研究一下。另外一点，这也是企业变相的宣传。因为中国现在形成一个规制，只要有人闹，打压你的同时肯定有好处，群体性事件为什么那么多，为什么屡禁不止？闹的人最后肯定会得到好处，所以我觉得外企最好的免费宣传方式有两种，一种是招聘，很多外企在中国搞招聘实际上是一种免费的宣传，不见得招一两个人，但是等于全国都知道它了。还有一种宣传方式、免费的，而且在国际上能制造影响力的，就是打官司当原告、或者说投诉、或者说诉讼，这个程度不同，但都是在宣传自己。

　　对谷歌的批评我觉得还有必要说一下。谷歌本身是一个很有野心的公司，它的名字的解读是十的一百次幂，就那个英文单词，十的一百次方就是无穷尽。所以它就是想在网上或者说在传媒领域有一个无穷尽的野心。那么谷歌为什么引起国人不满？其实跟我们之前媒体对谷歌中国以及李开复的捧杀是有关系的。我们之前把他们做得太神圣了，谷歌的企业文化一直是神圣化的，从学术刊物的介绍一直到大众刊物，比如《青年文摘》、《读者》等大众刊物，每个人都读过，说谷歌的企业文化有多高，能带着狗上班，有洗衣房，能练瑜伽，大家在那种休闲的、聊天的状态中工作……每个人都把谷歌神圣化了，捧得越高反而摔得越疼。包括李开复，我觉得不光是神圣化，还有点被妖魔化了。李开复在中国的工作我觉得就是天天在大学中演讲，来自各个大学的老师可能都有体会，李开复去过很多大学，一去都是万人空巷。包括李开复自己也出书，几乎成了中国创业青年的领军式的人物，一个中美的文化公关大师。所以把他捧得越高，谷歌的企业文化就越高，大家都觉得谷歌是个神圣的企业，李开复是个神圣的人物。其实谷歌没有那么好，很多批评谷歌的人都说，第一，只有年轻人才喜欢谷歌，真正有家有室有孩子的人都不喜欢谷歌，因为谷歌的企业文化很像大学文化，工作的时候也是加班很多。还有人说谷歌也不环保，哈佛大学一个教授说用谷歌搜索两次，运算产生二氧化碳排放量相当于在炉子上烧一壶开水。还有就是私人方面批评也有很多，有很多名人都在批评谷歌对私人隐私的暴露。高利润的外国公司，都有一个特点就是怕吃苦怕麻烦，很多公益性质的包括利润很低的项目外企最后都会打包扔给中国。所以说企业追求利润，越高越好，这个过程是越简单越好。比如2005年雅虎就把雅虎中国品牌、中文邮件和聊天工具打包十个亿的美金卖给阿里巴巴了，然后它拿了40%股权回来。联想的一些项目也是从IBM拿过来的，好多电子商务巨头都是把麻烦的扔出去，把利润最高的自己留下。谷歌进中国很晚，2000年才进，2005年才设中国办公室，本身就慢了，谷歌本身也没有大家想的那么好。所以从谷歌事件，包括从人物身上，比如迈克尔·杰克逊、泰格伍兹都是捧杀，先捧杀之后再摔杀，其实媒体一直在做这件事，把一个人神圣化再妖魔化，如此反复，新闻媒体好像在靠这行吃饭。

  谷歌的历次"门"事件我想谈一谈传媒的企业价值观的问题。价值观有两种，一种是内在信仰，一种是外在信仰。内在信仰都是好的，比如谷歌说不作恶，我们很多中国企业谈"仁义礼智信"，都是好的。但是还有外在信仰，外在信仰是什么呢？是根据预期的判断的一种见机行事。比如很多外国人在美国不看盗版片不买盗版碟，很遵守美国法律；一到中国秀水，买假包、买盗版碟，是盗版文化最大的受益者。为什么？环境变了，法律法规变了，预期一变，外在信仰就做主了。很多中国人一到美国，包括我们学者，发现每个人都变得彬彬有礼，别人对你也很礼貌，因为你的预期是别人会这样对你，可你回中国以后，你发现你排队就买不到肯德基、不抢永远就上不了地铁，所以自己的预期也发生变化了，开始跟别人吵架，你也开始不排队。所以外在信仰跟内在信仰绝对不能放到一起。比如有个作家叫棉棉，最开始告谷歌的事件，就是"版权门"，她说她的英文版小说谷歌只敢扫一个封面，但是中文版小说谷歌敢把整个书的片段放进去。所以谷歌也是随机应变的，一到中国它的外在信仰也变了，它也是双重标准。那么关于"版权门"我想谈一个文化共享的问题，什么是互联网精神，互联网精神是信息和资源共享，但这个共享有个前提，是有条件的，是什么样的监管、什么样的付费形式、什么样的条件，这个其实没有研究。另外一个就是文化到底应不应该共享，我个人感觉还是应该共享。中西方文化在根基上就是互相模仿、借鉴和抄袭。符号学里面有个理论叫互文性，就是任何文章和作品都有别人的影子。说浅显一点，我们的盗版碟和网络资源的盗版文化，是不是应该付给那些美国大片或者美剧，付给他们钱。然后美国大片中80年代70年代的美国大片是粗拳笨腿，现在开始大量使用中国武术，这个应不应该给我们中国补偿？往深处说，西方行政体系的文官制度是从我们科举这来的，我们大学里据说80%以上学科设置都是从西方学的。这个应不应该互相补偿？所以文化说白了互相都在借鉴。有一个例子就是世界第二大传媒集团迪斯尼集团，靠米老鼠和唐老鸭发家，大家都知道。有人做了研究，米老鼠和唐老鸭里面的故事抄的格林童话，惩恶扬善的王子和青蛙的故事等等，最后只是把主人公换一下。所以这么大的企业也是靠文化分享和共享起来的。那么文化到底应不应该免费，其实美国有特别多的争论。比如美国的汽车，到现在美国汽车里不敢安MP3播放器，因为MP3是一种盗版的东西。经常看到美国音乐著作协会告一些学生，才大一大二，无非是开发了一个搜索引擎结果就被著作协会告上法庭，索赔几百万美金，打不起官司就只能认栽。文化的互相借鉴的形式太多了。比如中央台每个频道都在大量使用盗版资源。它用地方台的资源绝对不会付费，这就是不平等。包括天气预报大家看到的什么"张家界"这些画面都是地方台的摄影师拍到的，没有人付给他们一分钱。比如《阿凡达》这种片子，很快中央台就会有三个频道多个栏目播出这部片，但是换了形式。比如中央台音乐频道会以讲电影音乐的形式在某栏目把这个3小时的阿凡达变成1个小时播出。然后中央台的科教频道会以讲电影科技的名义又把这个片子截成一个小时播出。这种到底算不算盗版，到底算不算侵权？都可以讨论。所以说仅提供搜索引擎算不算版权，仅提供摘要算不算版权？我们在座这么多学者，很多学者的文章在网上都是可以免费看到的，好像也没有人给大家付什么钱。文化的这种免费的情况，包括这个"版权门"的事件大家看看，投诉最多的那些作家都不是最有名的，是最少被盗版的人，大众的比如韩寒、郭敬明、安妮宝贝这些人绝对不会去告网络的，是网络让他们发家的，他们知道只有这些免费的东西越多，将来才能赚更多的钱，明白里面的规则。另外一个想谈的就是"色情门"这个事件，牵扯到互联网本质的问题。迷恋网络的人都不是绅士，这不是一个绅士待的地方。就像台球在英国是绅士运动,到中国就变成乡村文化了。互联网也是。我们开发一个绿坝软件到底有没有用?真正想看色情片的人,没有网络一样能看到,这个东西起不了什么太多作用。这些东西我觉得也可以讨论,文化要不要共享。

互联网有四大功能,我认为这四大功能并行发展,网络才能发展。四大功能第一个是搜索,我们的新闻属性都在搜索里面;第二是论坛功能;第三是聊天工具;第四是电子商务。一定要并行发展。谷歌可能把搜索做到天下第一了,但是论坛、聊天工具,倒是有个谷歌 talk 大家可能都不知道,反而限制它发展。但是你看百度论坛,有自己的聊天工具在发展,包括有一个"有啊"的电子商务做得也不错。所以四个一定是交叉发展的。聊天工具一定要有,这个让人产生一种依赖。比如 MSN 和 QQ,每天不上就跟吸了毒似的,一定要上一下看看,其实等的无非就是一两个人的出现。但一定要上。上的同时,这个公司搜索的新闻你就看到了。比如原来我一直看新浪新闻,后来 MSN 有新闻了我就看 MSN 的,我也会看百度的新闻了。所以这四个东西是纠结在一起的。谷歌如果真退出我觉得会不会像央视索福瑞和收视率调查尼尔森一样,尼尔森已退出就剩央视索福瑞一家了。所以现在很多学者都在呼吁重新建立中国电视媒体的评估体系,不要让央视索福瑞一家说话,能够再有一个评估的东西代替它,因为这种垄断也是很可怕的。跳出这个事件来谈就是国际外交和媒体外交上忽冷忽热、阳奉阴违已经成为一种常态了。我觉得所长有一句话说得特别好,现象有很多,但是背后只有一个就是利益。所以有些外国人很会和中国人打交道,就是会议一定要开好,像奥巴马多次来中国一定要握手、一定要开心、一定要合影……但是真正牵扯到利益他从来都不让。包括企业的事情,从来不会让。互联网我觉得应该是双向监管,一方面监管它对民众的东西,另外一方面就是对政府的一个监管,就是政府会不会利用互联网乱做一些事。比如美国有很多的例子,在伊拉克战争,美国互联网就发挥了特别多的作用,去渗透、宣传。还有比如美国国家安全局会用互联网搜索欧洲空客的商业机密给波音公司,这样就把沙特的民航订单给抢过来了。还有被证实的有特别多,我就不一一列举了。

给大家提供一些角度,谢谢大家。

走向国际的中国传媒如何界定公信力？

张洪忠
（2010—3—30）

张洪忠，传播学博士，北京师范大学艺术与传媒学院副教授，传播效果实验室主任，美国印第安纳大学访问学者。主要研究方向是传播效果测量、网络大数据挖掘、传媒公信力、移动互联网。出版专著《大众传媒公信力理论研究》（人民出版社），《中国传媒公信力调查》（南京师范大学出版社），《转型期的中国传媒公信力》（南京师范大学出版社），《民营资本、国际资本进入我国传媒业的情况与影响研究》（北京师范大学出版社）。在国际国内核心期刊发表六十多篇学术论文，承担了"The Global Journalist in the 21st Century"一书中国部分的研究和报告撰写工作。承担了国家社科基金、省部级等课题，以及近五十余项横向课题。长期跟踪中国媒体发展动态，也为相关媒体机构提供常年研究报告，采集了大量一手中国受众的媒介消费偏好、观念与行为的研究数据。

我今天跟大家交流分享的是传媒公信力。基于我去年开展的几个城市的调查数据，提出一些预设，来跟大家探讨。

首先，有两个概念需要厘清一下。第一是对传媒公信力的基本理解。按照学术界的理解，它是受众与传媒的关系范畴的一个概念，不是传媒独有的概念。它是指公众与传媒的相关作用关系中，大众传媒赢得公众信任的能力。信任是公信力的逻辑起点，它是公众对于传媒的一种评价关系。第二是当前学术界对传媒公信力的测量方法。目前普遍用三种测量方法：第一种是相对公信力测量，第二种是绝对公信力测量，第三种是多角度的量表的测度方法。

相对测量法指在几个媒体中选一个最信任的。比如，人民日报、北京日报、北京青年报、中央电视台这几个媒体里面哪一个你最信任。前面这两种测量法都存在只是单维度的问题。相对测量法能够测出一个唯一性的选择，但是它没有一个认知的基点。

于是，学者们利用绝对测量法来测量。绝对公信力是什么意思呢？我们测量的是公众对传媒的信任程度。具体说就是打分，最高100分最低零分，给它打多少分，这是一个绝对值。比如，我给人民日报打70分，给中央电视台打80分，这是一个绝对值。

但到20世纪60年代以后，学者们又开始发现绝对测量法也不能解决问题。因为公信力是一个综合性的概念。比如说，你信任一个人，每个人背后信任的含义是不一样的。我信任他可能是因为我们是老乡关系，另一个人信任他可能因为他们是男女朋友的原因，还有人是因为同学关系。表面看都是信任，背后信任的含义是不一样的。于是学者们开发出量表。美国很多博士论文都是关于量表研究的。最具代表性的是梅耶的"五量表法"，其中有准确性、客观性等社会标准。台湾政治大学的罗文辉教授做了16个指标进行测量。就是说，公信力的多角度测量构成概念含义，这些不同指标的综合值构成了公信力。

我们用得比较多的还是前两种方法。国内的张国良教授在2000年直接用了梅耶的"五量表法"来测量我们国家的传媒公信力。还有两篇博士论文，一篇是复旦大学的，一篇是人民大学的，探讨中国传媒公信力量表的建构。

其次，我想说的是中国传媒公信力的现状，基于我去年对全国十大城市的调查。我调查了北京、上海、南京、武汉、广州、重庆、沈阳、西安、深圳、成都。每一个样本，大约600人。这是一个颇为庞大的工程，分三个实验室进行数据采集。整个测量的指标用的是相对测量法和绝对测量法。没有使用多角度测量法。

我想分几个方面来简单地说一下。首先来看全国十大城市的电视、广播、报纸、杂志、网络还有手机六条传播渠道的绝对公信力得分情况。这三个实验室在不同的时间进行测量（从三月份到十月份），我们发现分布完全是一样的。电视的公信力得分最高，其次是报纸，第三是广播，下面是网络和杂志，手机最低。得分最高的是电视，八十几分。其次，我们看看这十大城市六条渠道的相对公信力的得分情况。相对公信力，也就是说在每个城市这6条渠道对同一条新闻报道的意见不一样的时候，你最相信哪一个渠道。我们看到，当用相对公信力测量的时候，电视占据了绝对的优势。每个城市测量的结果都如此。其次是报纸，占到百分之十三到百分之二十几。网络在10个百分点左右。广播、杂志、手机都很弱。这是相对公信力的一个基本情况。也就是说，目前电视的公信力还是有优势地位。其次是报纸，互联网已经有一定的份额，把传统的广播和杂志比下去了。手机作为新媒体，还很弱。

我进一步研究了网络公信力的得分与年龄的相关度，用尼尔森相关系数来检验这种相关关系。结果是上海、成都、西安、南京、重庆、广州都呈显著性的负相关。也就是说随着年龄的增长，对网络公信力的打分越低。反之，年龄越小，对公信力的打分越高。这6个城市显示两者有明显的相关性。

还有一个问题是50岁年龄段的网络低谷现象。19岁以下的人对互联网的打分最高，年轻人在这10个城市里都最高，依次是19—29岁，最低的是50—59岁，在深圳、重庆、上海、北京、南京、武汉都是最低。比60岁以上的人打分还低。就是说，全国趋势是互联网在年轻人中的信任度最高，此外，互联网有一个50岁低谷现象。

下面我想说下报纸的公信力。主要是讲党报的高公信力得分与低读者规模的对比。党报在绝对公信力得分上面很高，但是覆盖面很低。我们以《人民日报》为例，在武汉10家综合类日报中，《人民日报》的覆盖率排在第5位，但它的相对公信力和绝对公信力都在第一位。也就是说《人民日报》有一个高公信力和低读者群覆盖的现象。在美国，学者们反复研究发现，媒介的使用对媒介公信力是正影响；但在《人民日报》身上，媒介的使用与媒介公信力的评价没有关系。也就是说，我虽然不读《人民日报》，但对它的信任评价却很高。这让《人民日报》有一种架在空中的感觉，存在公信力下降的危险。

《人民日报》还有一个区域的变化，从相对公信力来讲，我们考察了每个城市当地的综合日报加上《人民日报》，《人民日报》相对公信力得分在南部沿海是低的，在北方是高的。尤其在广州和深圳，《人民日报》的得分非常低，只有十几个百分点。说明它有一个地域的变化。进一步来看，虽然《人民日报》的相对公信力在7个城市里面排第一，3个城市里面排第二。但在广州、深圳和西安这3个城市都被在本地发行量最大的报纸超过。在深圳，老百姓在最相信哪份报纸的选择上，《南方都市报》远远超过《人民日报》。在广州，发行量最大的《广州日报》也远远超过《人民日报》，在西安，《华商报》也显著高过《人民日报》。就是说，《人民日报》虽然在全国范围内公信力很高，但是在某些报业经济发达地区，市场优势的报纸已经突破《人民日报》这种高公信力的状态。

下面讲一下，媒介使用对绝对公信力打分没有显著性影响。一般在公信力的考察上，我们都知道，美国、中国香港和中国台湾很多学者包括新加坡的文献都发现媒介使用会影响媒介公信力。我简单地做了一个读者与非读者的打分比较，这两者的打分没有显著性差异。换句话说，媒介使用对媒介公信力的评价是没有关系的。在上海，除《解放日报》有显著性外，其他都没有显著性。我们在10个城市做的73家报纸中，只有几家有显著性影响。读者是否使用这家报纸，对其公信力的评价没有显著性影响。这是我们国家比较独特的一个现象。

第三是电视的状况，主要讲一下央视的公信力。央视的相对公信力非常明显的特点是：在沿海地区低，在北方地区高。在深圳只有49%，广州54%，北京79%，沈阳75%，这个差距非常明显。也就是说央视和《人民日报》一样，同样在南部沿海发达地区与北方地区之间存在着区域性的差异。越是在发达地区，它的公信力越低。越是在北方地区，公信力越高。

第四个讲一下互联网的状况。我去年同时考察了8家网站，其中两家是官方网站：人民网和新华网，两家是国外资本的网站：雅虎和凤凰网。还有四家是国内的商业性门户网站：新浪、腾讯、搜狐、网易。在十个城市都用同样的问题来调查。后来发现，人民网跟《人民日报》的公信力情况非常相似，人民网的公信力很高，在八家网站中基本排在第一、二位（除了广州外），但它的覆盖率在广州、武汉、南京都排在最后。在南京覆盖率最低，公信力排在第二位。新华网同样有这样一个现象。新华网的覆盖率在南京、武汉、广州都是排第七名，但公信力排名在第一名、第三名，它的绝对公信力也是前三位。这就是一个问题，我们官方的网站和《人民日报》是一样的状态，我把它形容为公信力是建构在空中的楼阁，是不稳固的。按这个趋势，迟早媒介使用和媒介依赖对媒介公信力是有影响的。简单说，政府网站的公信力现在这么高，但使用率很低，它的基础是不稳固的。

互联网的第二个问题是相对公信力。当同一条新闻在八家网站中说法不一样的时候，八家网站中选择最信任的一家。每个城市基本有三分之一左右的老百姓对互联网无法做出信任的选择。互联网要转变成一种媒体属性，让民众来信任它的时候，它还有一段距离要走。

互联网的第三个问题是新华网和新浪网。在绝对公信力上，新浪网和新华网、人民网有一定的差距。但是在相对公信力上，在9个城市（除重庆外），它已经超过人民网和新华网。比如有一条新闻，你最相信新浪网还是人民网、新华网，新浪网是远远超过人民网和新华网的。也就是说我们的官方网站绝对公信力可能很高，但这并不是基于网站，而是基于"人民"和"新华"两个词。但在考察相对公信力，只能做出唯一选择时，新浪网的市场影响就可以显现出来。以上是我们用绝对公信力和相对公信力考察的时候，我们的官方网站所面临的一种比较尴尬的状态。

第三，我想讲讲中国传媒的公信力是高还是低的问题。因为最近几年，我查阅了很多文献，国内刊物几乎千篇一律地提出要提高中国传媒的公信力，我对这个问题一直很怀疑。我们要提高到多少分？比如我们绝对公信力现在已经得了90分了，要提高到100分。我们对公信力应该有一个把握，是提高公信力还是降低公信力。横向比较的话，公信力是高还是低？我使用了2009年Roper机构的数据。Roper机构在美国做了一个1206份样本的整体抽样，这是一个大样本的调查，这个调查是用"四分量表"来做的。"四分量表"里"很信任"、"一些信任"分别是6.4%和42%。但是"不太信任"、"完全不信任"的比例分别是31.9%和18.3%。也就是说美国有一半人不太信任和完全不信任媒体。这是Roper机构的最新数据。美国芝加哥大学国家民意研究中心还曾做过一个数据。有关学者在对1973年到1993年之间的数据进行了纵向整理后发现，这二十年间，报纸和电视的公信力都是一条从高到低的明显下降轨迹。三分量表中报纸和电视的"较多信任"选项分别从 1973 年的 23.4% 和 18.8% 降到 1993 年的 11% 和 11.7%。而"几乎不信任"分别从 1973 年的 14.9% 和 22.1% 上升到 1993 年的 39.2% 和 37.2%。信任的比例都是不超过一半的。在一些调查中，人们对《纽约时报》的信任比例都在 20% 多。再看看国内。我引用了两组别人的数据，第一个是柯惠新老师的数据，柯惠新老师 2010 年做了一个北京奥运会的传播效果，完全信任和基本信任达到 85% 和 91.2%，两次都是一样的。也就是说有八成以上的人几乎对我们媒体是信任的。同济大学在"非典"的时候，做了一个调查，"可信"和"较信"的占 83%。我在非典的时候也做了一个调查，我是 2003 年 4 月 20 号非典最严重的时候在北京做的，大家人心惶惶，在那样一种状态下，公信力也是 70% 多。这个分数显然是比美国高的。再看香港苏钥机和陈韬文两位教授在《近十年香港传媒公信力的恒与变》一文中的一组数据。他们采取 10 分制。2006 年，在香港按照 10 分制的话，报纸得分几乎都是 6 分多，几乎都低于 7 分。这是香港的情况。而我们的报纸几乎都是 80 几分，最低是 70 分。按百分制，香港最高是 72 分或 73 分。换句话说，大陆传媒公信力在当前已经不低了。现在很多文献满篇在讲如何提高公信力，我认为这是一个假命题！

第四，我想谈谈传媒公信力是否越高越好。陈力丹老师曾有一篇文章，他认为舆论同时含有理智和非理智的成分。我把它引用过来，认为传媒公信力也有理智和非理智判断。对于传媒公信力而言，只有建立在理性意识下的公信力判断才有价值。比如，我把"文化大革命"的时候亩产一万斤、十万斤的图片放给学生看，学生哈哈大笑。我告诉他们这是几十年前，我们的媒体就这样做的。今天刘少奇是领袖，明天就是叛徒。当年媒体也是推动政治运动的一个旗手。即使它不是直接的推动力，但是它扮演了一个很重要的传达精神的角色。为什么会这样？我们可以将其解释为非理性的判断成分太多。这时候媒体的高公信力是有问题的，它的含金量很低。只有建立在公众的高媒介素养高低基础上的传媒公信力才有价值。建立在盲目的低媒介素养基础上的公信力价值不高。我们强调的是一种高质量的、有含金量的公信力。这对我们今天很重要。现在面临很多的竞争，而我们媒体规定报道有禁忌，不能报道黄色与暴力内容。与其这样，不如提高媒介素养。因为现在很多渠道可以获取这样的信息，"翻墙"在中国很多年轻人中已经是一个普遍的现象，谁都控制不了。

另外，受众群的媒介素养高低也是影响媒介公信力差异的一个原因。有些媒体可能测出来的公信力很低，有些媒体看上去不怎么好，而有些媒体公信力却很高。不能简单看这种高低，而应该看媒体背后的受众素养。有些专业化程度较高媒体，它的读者群的媒介素养较高，所以这个读者群的公信力评价就比较有理性意识，公信力打分反而偏低。所以，公信力不是一个简单的高和低的问题。

第五，讲一下传媒公信力的变化趋势。从世界来看我们传媒公信力能够提高吗？下面看下美国芝加哥大学国家民意研究中心总结的从1973年到1993年20年间美国的报纸与电视的信任度数据。报纸从1984年的17.3%降到1993年的11%，而电视从13.4%降到11.7%。对报纸、电视的不信任比例都在增加，信任度下降是很明显的。这是国际公信力下降的整体现象。香港中文大学陈韬文教授所做的调查数据也显示，香港媒体的公信力也在下降。这就提出了一个很重要的问题，即伴随着当前社会的转型，我国传媒的功能也在发生转变，一方面是传媒机构本身的角色在发生变化，不再是20年前单一的政治角色，一些媒体开始扮演越来越重要的经济功能；另一方面是公众的媒介素养在提升，文化程度、接触信息渠道、境外交流机会等等都在提高，公众对传媒的期待、使用和依赖也在发生改变。20年前，我们可能只能听广播，看报纸，现在我们有互联网和3G手机。我们12月份做的一个调查显示，在甲流的时候，人际传播即当面告知的渠道在北京已经超过报纸成为仅次于电视的第二大渠道。人际传播的方便性、渠道的多样性给我们提供了很多选择。这些都是我国传媒公信力不可回避的影响因素。从中国香港和美国的情况可以反过来推断我国传媒公信力的发展趋势，一个大的趋势是它不可能再升高，只可能降低。这是一个基本的判断。

第六，在这种情况下，传媒公信力的含义是什么？我所讲的数据，都是从绝对公信力和相对公信力的整体来看的一种整体的评价。我们进一步从多角度的量表来看，当前我国的传媒公信力包含哪些内涵？哪些判断维度？老百姓是怎样判断传媒公信力的？老百姓对传媒的信任是出于什么目的？我对此提出了构成我国传媒公信力的三种取向。第一是政治取向，第二是市场取向，第三是专业主义取向。政治取向包含的指标就是权威性和级别的高低。我5年前做过一个小规模的访谈，我问访谈对象为什么选择《人民日报》，他说因为它是中央报纸呗。我再问他看《人民日报》吗，他说不看。这时候的报纸是一种政府功能的延伸。老百姓透过报纸，显示出对政府和权威机构的信任。我将它定为政治取向，它跟媒介的使用是没关系的。

这就是媒体的权威性和级别决定媒介公信力的含义。老百姓选择人民网因为它是《人民日报》社主办，新华网是新华社的。这就是政治取向的判断。

第二种是市场取向，即老百姓对使用较多的媒体比较信任。新浪网的相对公信力高是一种典型的媒介使用对媒介公信力的影响。在西安、广州、深圳发行的市场报超过《人民日报》的公信力，也是一种市场取向。这两种取向是交织在媒体公信力的评价之中的。市场取向包括市场规模等指标。

第三种是专业主义的取向。老百姓一般认为媒体就应该报新闻，你报道的快不快，你的及时性、客观性。为什么《南方都市报》有一段时间特别火，因为它有大量批评性的报道，老百姓能够投诉有路，对它有依赖。我国当前传媒公信力中这三种成分含杂在一起。在美国更多是从专业主义取向来判断媒体公信力的。我们把大陆、新加坡和英国做一个对比，非常明显，我国媒体和政府的关系是喉舌、是直接控制；新加坡是一种间接的控制；英国是一种间接的影响。这三种媒体跟各自政府关系疏密不同。我们把它们的公信力做了下对比后会发现一些很有趣的规律。

基于此，我提出了我国传媒公信力面临的基本转型，首先，我国政治取向的权重正在减弱，尤其是市场化以后。新闻总署去年有49家报业集团转制，很多媒体面临从"无冕之王"的官方形象变为市场形象。媒体的政治信号在减弱。除《人民日报》以外，我们把调查的十个城市里面省、市级党报按相对公信力指标排序，与市场报的市场覆盖率做一个排序，在相对公信力指标上，完全的相关性非常强。就是说在省市级党报里面，在相对公信力指标上面，它的相对公信力的大小与它的市场覆盖率完全一致。在地方上，相对公信力，比如说我最相信一个什么事儿，党报和市场报是没有任何区别的。影响力的高低只存在市场规模的大小，这时候，它的政治属性已经减弱了。这是第一个情况。

其第二点变化是市场取向的权重还将增大，也就是说市场影响力将在很大程度上影响人们对媒介公信力的评价。在西安，《华商报》是远远超过本市的两份党报的。《华商报》在西安的绝对公信力和相对公信力都占绝对强势，它就是一个市场化报纸。这种情况在深圳也有所体现。深圳《南方都市报》的覆盖率绝对第一，它的公信力已经超过《深圳特区报》，甚至也超过了《人民日报》。现在这种情况只发生在两三个城市，但是随着传媒业和经济的发展，肯定会逐渐地覆盖更多的城市。

第三点变化是随着公众媒介素养的提升，专业主义取向的评价权重将增大。比如说，随着信息来源的多样化，老百姓可以多重渠道获取信息，同时也提升了老百姓的媒介素养。以前只有一种媒体的时候，我们不知道看的对不对，因此无从判断。所以媒介素养一直维持在一个状态。现在有很多渠道，比较以后，老百姓就会慢慢有自己的判断，哪些渠道是可信的，哪些是最快的。还有我们整个文化素质的提高、互联网的普及，都能提升老百姓的媒介素养。公众对媒体的要求就会提升。如果我们还是按以前的党报模式来做的话，我们就会面临很大的一个挑战，它需要的是专业主义的判断指标。因此专业主义取向的评价权重就会加大。对我国传媒公信力判断维度的转型必然带来传媒公信力的变化。这种转型对公信力而言是一种负相关，也就是说，会使传媒公信力逐渐降低。这是媒体公信力的一个基本的趋势。

最后，我提出一些不成熟的问题，供大家讨论。对于当前众多文章提出如何提高传媒公信力的建议，很多程度上是没有根据的。我们不能笼统地说要提高媒体公信力，关键是要关注公信力维度的转型，它在发生什么样的转型？我们要解决的问题是什么，如何合理地面对这种转型，媒体怎样迎合这种转型，媒体怎样走在转型的前面或与转型同步，才能保持竞争的优势，这才是关键，而不是说提高传媒公信力像喊口号那么简单。

精彩讨论选编

提问：国内公信力和国际公信力是不是我们需要探讨的话题？比如朝鲜的公信力在国内的公信力能达到百分之百，但在国际的公信力可想而知。这是第一点。第二点是，公信力跟内容和形式是不是有关系？比如新华网和人民网发布的消息可能真实性很强，但是形式上很弱。还有新浪网的内容不如人民网和新华网，但是形式很灵活，一般百姓爱看。

张洪忠：应该说公信力的指标很多，比如说渠道、文本的处理形式，这是从媒体角度而言。从受众角度来说，每个人的情况都不一样。文本对党报、官方网站而言，公信力的影响其实很大，但是我一直没有数据做这方面的假设。我研究的是国内公众群体的评价，至于外面国际的评价，需要使用另一套体系，这我还没做过。我想跟您讨论的第二个问题是，虽然国内的公信力已经很高，但据我所知，中国媒体在国外公信力不高。你认为国内媒体，如广播、电视、网络等应该以什么样的方式去扩大中国媒体在国外的公信力？我最近在做一个调查，关于美国大学生对我国文化的调查，用的是滚雪球的方式。看他们有哪些接触的渠道，有哪些渠道正在影响他们，他们对中国媒体的整体评价。有了这些数据之后，可能看这个问题比较清楚一点。我看到的很多文献，都看不到准确的数据作为我判断的基础。大家都说一种观点的时候，就很难做出判断。等我做完这个调查，也许可以知道怎样有效地扩大中国媒体的公信力。

提问：您刚才假设媒介的使用与媒介的公信力评价没有关系。我提出一些怀疑，老师是有这样的一些数据吗？它是不是一个假议题？第二个问题是，你重点提了日报和网络，我想知道，如果我们强调电视会不会产生不同的效果呢？

张洪忠：在一般文献中，媒介使用对媒介公信力是有正影响的。我做的时候没有按媒介使用的频率来分。对媒介使用有两个方向来做，第一是使用的频率，比如每天使用越多，可能影响越大；使用频率越低，使用越少，影响越小。第二是从简单的两分法，是不是读过报纸。在73张报纸中，只有六七张报纸的读者比非读者高。其他六十多份报纸都是没有关系的。可以说，绝大多数报纸媒介公信力的评价与媒介使用是没有直接关系的。比如人民日报，它的读者和非读者打分一样高。它的读者群在每个地方都很少，但是它的打分在全国都是很高。读不读《人民日报》跟它打不打分是没有关系的，因为它是出于政治取向的判断。对电视的接触，对电视角度的研究是电视的渠道的特性，它是一种音像媒体，画面感会不会对公信力的判断产生影响？在国内，没有人验证过是不是这种渠道的差异会影响到公信力。我也没看到文献。

提问：我想问，假新闻是否对媒体公信力有深远影响？我想举两个例子，一个是北京电视台的"纸包子事件"对北京电视台公信力的打击，几个亿都买不回来，但是媒体愈合伤口的速度很快，炒过一段时间之后，很快大家都淡忘了这件事。北京台的民生新闻收视率还是很高，包括民生类的节目，包括北京生活频道，因为它当时好像是生活频道的一个栏目。生活频道一直在北京台办得最好，能排在第3位，仅次于科教频道。另外去年的"艾滋女事件"，最后证明是假新闻，那么它对最先传出、炒作的那个网站的公信力是不是也有影响？虚假新闻对媒体公信力的影响是不是那么大、那么深远？

张洪忠：关于公信力，我之前在重庆做过一个调查研究，因为重庆正好有三种不同类型的资本形态，一是党报《重庆日报》；二是都市类报纸，比如《重庆晨报》，它是党报《重庆日报》出钱办的；第三种是业外资本，民营资本西安华商集团在重庆运作的《重庆时报》，它的总编辑全部从西安派来，我当时是它出刊时的论证顾问。重庆这三种形态的报纸并存，比如《重庆时报》和《重庆晨报》两家是市场化报纸，但它们的资本属性是不一样的。《重庆晨报》属于《重庆日报》全资的，《重庆时报》是民营华商集团的，而《重庆日报》是党报。对这三家报纸，我做了一个调查考察它们的公信力问题。后来发现党报比市场报要高，市场报之间是没有区别的。我们圈内人都很明白，但老百姓看不清你背后的属性，不知道这个是党报，这个是民营资本办的。老百姓没有这个判断力，他们的媒介素养也没那么高。不像中国台湾，中国台湾的老百姓都很清楚，这个是国民党派的，这个是民进党派的，他们已经达到了一定的媒介素养，但是我们大陆还不可能，媒介素养还没到这一步。第二个是虚假新闻。我觉得北京台的"纸包子事件"不如说的那么恐怖，因为在我们国家，我们的专业主义的判断还是弱的，很多时候，我们对媒体的判断，还是出于政治属性的判断。

提问：你在今天的报告中提到，媒体的公信力还是挺高的，但我考虑研究应该和我们的感官有一些相似的地方。美国媒体无论是总统还是五角大楼都能报道。我觉得中国新闻的涉及面上，在很多地方还是非常欠缺的。从这个角度来说，它的公信力怎么可能高呢？这是一点。另外还有一个细节问题，比如说，你刚才提到新华网、人民网和新浪网等等几家网站的公信力有差别，但这种差别是怎么体现的？比如说，现在人民网和新华网不仅仅发布自己采编的稿件，也会采用其他网站的稿件。新浪网、搜狐网等也会转载人民网、新华网的稿件。怎么在内容上看出差别，我觉得有些困惑。另外从宏观上讲，给我的感觉是这样的，无论是官僚资本还是民间资本，他们不仅仅对中国是一个负面的作用，它也会有正面的相关的作用，这一点我们还是要承认的。包括媒体也是这样，媒体各有各的生存空间，它们也会互动，会对社会的发展有促进作用。总体来讲，我对媒体公信力很高的说法，持有保留意见。

张洪忠：我曾经在人民大学也遇到这样的一个问题。有位老师说，有些时候我们对新闻都不相信，公信力怎么会高呢？我说，因为我们都是专业人士，是媒体圈的人，我们在调查时有一个重要的手段，就是要回避同业人员，这是很重要的。对于大众而言，我们专业人士毕竟只是少数。所以我们的专业判断和大众的判断是有差异的。我经常做新闻专业人员和大众之间对新闻偏好的对比性调查。基本上我每年都会做一套题，随机选择最新的几十条新闻，让老百姓给喜欢的新闻打分，同时也让报社的人对老百姓的喜好度进行判断。最后结果差异往往很大，这些调查在成都、重庆、北京、福建都开展过。所以说专业判断和大众判断其实有距离。比如，我以前经常说，过去很多新闻只要是报纸报了，老百姓就敢拿着这张报纸去当地政府讨说法。这就是把报纸作为一种权威发挥一种官方职能的延伸。很多时候，老百姓去投诉就几个地方，其中电视台、报社是最重要的地方。过去有群工部，现在没有了。有一年，我和一帮同学去峨眉山旅游，过山门的时候一位同学用了《华商都市报》的记者证，记者证可以免门票。当他出示了记者证时，旁边的人就围上来跟他诉苦。他就走不掉了。最后我们去了几个小时，我出来后看到周围有二三十个人围着他诉苦。说明老百姓把媒体看成是政府职能的一种延伸，是权力的一种象征。他们对媒体还是一种信任的态度。但这种作用还能持续多久，尤其在互联网时代这种信任还能存在吗？

提问：公信力的研究，对我来说是一个新的领域，所知甚少。除了你提的这些数据和一些观点，我想了解两个问题。第一个问题是，对于公信力的研究，目前国际和国内的同行研究处于一种什么样的状态？我们也做公信力研究这么久了，国内研究和国际研究相比有哪些问题？第二个是你参与或组织王一川老师的文化软实力建设课题，我在想媒体的公信力在一个国家、在你们正在建构的文化软实力评价体系中占什么位置呢？我们现在肯定要面对受众的落差、数据的落差，甚至还有评价体系指标的落差。它该是一种什么样的公信力评价结果来反映到软实力综合评价体系中呢？

张洪忠：具体来说，国外公信力研究最早是从20世纪30年代霍夫兰的可信度的研究开始，到50年代大规模的研究，一直到现在，产生的文献特别多，已经做到很精细的地步了。我们刚才提到了很多变量对公信力的影响，已经做到很精细。但是国内公信力的研究基本上还是空白，中国现在量表这块是最缺乏的。

在美国研究背景下有一个量表体系，中国也有一个量表体系。假如有一天中国的传媒走向国际了，要调查中国传媒在美国市场上的公信力，或反过来调查美国传媒在中国的公信力，那就要转变了，因为你的量表是由受众所处的政治环境来测量的。我们的公众是中国的，他们处在我们的政治环境中，就要使用中国的量表体系。处在美国的政治环境下，就要使用美国的量表体系。量表在一定的政治环境中一般是相对稳定的，比如美国，过十年、十五年，它都是差不多的。

提问：比如说中国人对《人民日报》有一个公信力的打分，美国人用他们自己的指标体系对《人民日报》也打了分。那这两个分数有可比性吗？

张洪忠：有可比性，这两个量表的侧重点不同，公信力判断的维度不一样。比如说，我们两个同时信任他，你相信他是因为他是你老乡，我相信他，因为他是我亲戚。同样是信任，百分之百的信任，但是背后信任的原因不一样。美国人看《人民日报》和中国人看《人民日报》

背后的含义是不一样的。都是公信力，一个可能打 50 分，我可能打 60 分。

提问：老师，您说两个不同的维度背后的原因不同，是不是我们可以理解为单纯的考虑政治环境的影响因素呢？在设计量表和考察维度的时候，可以这么理解吗？

张洪忠：没有，政治、经济、文化是三大变量，都要考虑在内。有人专门检验过，用三角比较法，考察政治、经济、文化中哪一个变量影响最大。比如，我们要看政治、经济、文化哪一个对我们公信力的判断有影响，就可以做三角比较。美国和中国台湾是同一种政治制度，我们和中国台湾的文化背景是一样的。如果美国和中国台湾是一样的，我们不一样，就说明政治在起作用。如果我们跟台湾一样，跟美国不一样，那就说明文化在起作用。多数研究发现，政治在起作用，文化的作用很少。比如，判断的维度，中国台湾那边的维度跟美国一样，但跟我们不一样，因此是政治变量在起作用，在影响我们。

提问：在这种情况下，考察海外华裔留学人员、企业人员，他们有中国文化背景，当然可能需要一定的年限，这只是一个假设。你刚才说，有政治、文化和社会环境这几个方面的因素来考虑。那他们是中国人，在国外，他们的背景是多重的，考察他们对中国媒介的公信力的时候，应该使用什么样的评价指标？相对于我们国内的一些结论，会不会有一种新的研究结果出来？

张洪忠：这个需要做一些对比，结果可能不一样。目前没有相关文献，但我们可以提出假设，这两种情况会有差异。还有软实力问题，西方人对媒体公信力的评价肯定是软实力一个很重要的因素。因为我们现在说出来的东西，别人不信。别人不相信的时候，你报道再多也是没用。我们无法融入到西方报道的模式里，让西方老百姓接受我们的媒体和相信我们的媒体。这是很致命的一个问题。所以实际上，就像香港人对大陆的电视台一样，他们不相信。我们传播学有一个"负反应"，你说得越多的时候，反向效应反而越强。所以，我们做的那个公信力的评判指标，是很重要的一个方面。不然我们的九套、十套放在美国，再怎么落地，落地越多，产生的反向效应越多。就像我们把新闻联播当笑话说一样。

提问：你说到落地，我觉得落地不是落在美国老百姓那里，而是在华人圈或酒店里。据我所知，一般老百姓很少看。所以以这种方式落地的话，达不到传播效果，也达不到提高我们公信力的效果。更何况，据我所知，咱们的落地方式，比如电视台并不是直接播放，而是集体打包给国外的承包商。节目是收费的，很多节目本身质量也不怎么样，达不到什么效果。

姜飞回应：中国的落地，是政治、经济两大力量博弈的结果。我们想实现国际传播，跨美国国界，然后落地，这是我们政治集团，国家层面思考的事情。但是，美国方面也有经济方面的考虑，你的节目来了得有人看，节目得能卖出去，能收上钱来。随着对国内文化、国内节目、国内信息的了解和上升，华人才有这种对节目的需求。所以才会有打包出售。默多克新闻集团同时也在我们这落地，是国际传播，但还没有实现跨文化的传播，还没有深入他们的内心，发挥他们的影响力。跨越边界是第一步，跨越文化是下一步。

提问：那么姜飞老师，对国内媒体走出国门，提高公信力，加强跨文化传播方面，你有没有什么政策上的建议？

姜飞答：将来肯定会有一个关于公信力的口水战。我们的传媒走向他国市场，美国会说中国媒介在美国的公信力很低，而我们会出一个数据说我们的媒介公信力很高。这个口水战究竟会怎么打，最终会纠结于这场口水战里。

张洪忠老师答：对，它的内外差异肯定是很大的。在美国那种体系下，美国公众的媒介素养较高，他们对媒体的评价跟我们是不一样的。

提问：按照逻辑分析也好，经验推导也好，我们应该怎么做？

张洪忠：我还真没想过这个问题，我只是觉得按照政府来做，永远也做不好。我觉得最后，还是要有一种资本形态，比如说，《华商报》在南非购买了当地的报纸，默多克也是靠收购，如收购星空卫视等，这是一种资本的形态在里面。如果用政治的方式强行进入，我认为效果会很差的。我们国内的传媒集团肯定有资本的流通。比如，中国媒体也可以把星空电视台收购了，那就是政治的转向。默多克从澳大利亚进入英国，不就是这样吗？他支持布莱尔，支持撒切尔夫人，他就是这样表达自己的政治立场。可能用资本的形式更好，如果政府来做，效果会很弱，还可能会起到反作用。现在，在国际上都是资本形态。包括维亚康姆是 20 世纪 80 年代起家的，通过资本，一下成为了世界第二大传媒集团。而且国际上的游戏规则，都是资本形态的。我们用政治去做的话，跟人家的游戏规则不一样。我觉得，政治这块很难取得一种大规模的效果。政府不可能像默多克一样收购、投资星空 TV，来收购《纽约时报》、《泰晤士报》，这种形式占不了它的主流。最后的游戏规则还是那种资本的形态来完成的。比如，像我们国家的报业集团做这么久，没有哪一个真正超过资本形态的华商集团。沈阳第一大报，西安第一大报，长春第一大报，重庆第一大报都是它的。试问哪一家报业集团能控制四个城市的第一大报呢？天津、北京的十多家杂志是它的。华商集团前年起在南非收购了两三家报纸，它不仅做报纸、杂志，也做电视。它不也在传播我们的文化和观念吗？这种方式更有效，资本更灵活，可能进入得更快。

提问：华商在电视上都有什么股份呢？

张洪忠：这个我不是特别清楚。表面上看，我们的媒体好像是各级政府管控，其实它背后已经形成一个很强大的资本集团。表面上我们（媒体）是一个个山头，山头是流动不了的。背后是资本把这些资源串在一起，互相流通的。所以国内大的资本可以流到国外去。因为国际规则就是这样，如果政府去做，可能永远做不到，或者只能做到锦上添花，没有任何实际意义。要想有实际意义，还是要按国际规则来办，按照资本形态来走。国际社会不可能让中国把《泰晤士报》买了，只能让中国的一个资本家去把它买了。

提问：听完您的讲座，我认为，公信力和注意力对媒体来说，公信力好像更重要一些。如果资本要做大一些的话。有些媒体的公信力和注意力可能并不一定成正比或反比。有些媒体是权威性的，有些是参考性的，这一点特别有意思。我想举几个吸引注意力很多的参考媒体。第一个是《参考消息》，飞机上有两份报纸，一份是《人民日报》，一份是《参考消息》，《人民日报》的公信力一定是高于《参考消息》的，《参考消息》里面的消息杂七杂八，转载的多。但是每个人都会拿《参考消息》去看，包括《环球时报》，包括凤凰卫视。我不知道你们有没有这方面的数据或调查，凤凰卫视的公信力可能真的不一定高，但它提供的是"意见与意见",第一个意见是 opinion,第二个是 different opinion。这样对注意力的吸引好像更大一些。半岛电视台也提出了"意见与意见",它的很多新闻都是用讨论、商讨的方式结束的,包括它对消息的转载,我认为很像《参考消息》。参考性的媒体好像故意把自己的公信力指标忽略掉,用这种方式反而能把注意力做大。但公信力做得很高的媒体呢,可能注意力就不一定能够抓过来。我想请问您,这两个指标之间有什么关系吗?

张洪忠:这个问题很有意思。可能《人民日报》的公信力很高,但我们也有凤凰网、凤凰卫视。在南部沿海地区,凤凰卫视收视率是很高的。它不给你提供一种准确的、确切的观点,在美国专业主义的通用指标中,除了客观性、及时性外,平衡性也是一个重要的指标。因为需要有双方的观点的表达,各种事实的表达,这也是公信力的一个重要的维度,凤凰卫视的评论虽然不是很专业,但是它提供了一种平衡。我们很多内地的媒体在往专业主义转型的时候,缺少一种平衡的观点。很多时候,由单一方下结论。所以说,在公众媒介素养提升的时候,就会对你的单方面的说法提出质疑,平等性、平衡性指标会越来越重要。我们现在可能还看不出来。

提问:张老师,我想请教您两个问题,就是您刚才提到了我们的公信力是不是越高越好。如果公信力不是越高越好的话,那么我们需要一个处在什么程度的公信力?现在测评出来的这个比较高的指标,有没有可能是我们公众的理性程度不够高或媒介素养比较低造成的?如果是这个原因的话,那么公众需要一个怎样的媒介素养?我们又能为公众的媒介素养做哪些方面的工作?谢谢。

张洪忠:媒介公信力不是越高越好!现在媒介的公信力处在政治取向的判断的程度比较高。但是我们可以预想,随着市场化程度越来越高,媒介渠道越来越多的时候,我们的专业主义取向会越来越增加。就像刚才说的平衡这个观点。老百姓就会有判断,那么公信力肯定就会有转换。由政治取向为主导转换为政治取向和专业主义取向等多取向共同的一个公信力的含义。在这样一个含义下,公信力也会降低,但不会降到完全没有。这个时候,我们媒体公信力降到一定程度的时候,公众就会对媒体形成一种平衡。比如说,我对媒体信息有依赖,但同时也会用批判性的眼光来看媒体。我们不会百分之百地相信它。公众具有这样的能力就行了，媒体公信力在未来肯定是一个会下降的过程。

但政府是不是希望党报喉舌有一个较高的公信力，而不希望公众有一个更高的媒介素养呢？从喉舌角度来说，当然希望我们的公信力越来越高。但是如果奉承这种说法的话，我们就不是一个真正的学者。我刚做了一个案例，是李鸿忠抢笔事件，第一条消息是新浪微博出来的，国内的媒体，除了财经网以外，集体失声。第二天、第三天，还是微博。博客、境外的《纽约时报》、香港的《苹果日报》全都登了。我们国内媒体没有这个信息。这是我们传统的、老式的做法，会极大地伤害我们的公信力。老百姓认为，这件事一来我感兴趣，我不依赖你，我不看你，我可以看网络、看博客，看境外网站。我们把它比作一场战争的时候，我们一开始就虚守阵地，让别人来占领我们的阵地。我们应该怎么报就怎么报，里面有事实的成分。在事实里，怎么切入自己的角度去做，这个我们不管。但是从软实力的角度来说，我们的媒体经常是一开战就无缘无故地弃械投降。投降多了的时候，公信力就会下降。这是我们最大的一个问题，简单地、不假思索地回避问题，不面对问题。你不占领的时候，别人就占领了。

我对几年前新闻出版总署的一个政策特别反感，就是取消县级报。无论从政治效果、经济效果，还是从公民的知情权来说，这个政策都是非常荒唐的。从政治上来说，一个县有几十万人，大的有两百万人，相当于欧洲的一个中大型城市。居然因为行政级别低，就没有办媒体的权利。两级办台，三级办什么，四级办什么，取消了县一级的报纸、电视台，那两百万人干什么呢？只有非法接个电视台，非法进行人际传播。在各种信仰缺失的时候，你自动放弃了你的宣传阵地，这是一个很荒唐的做法。打着减轻农民负担的旗号，其实农民的负担不在于这个，干部少吃一点就出来了。第二个从经济角度讲，农民两百万人口没有一个自己的社区报。养鸡的想打一个广告，不可能去省报。老百姓处于一种原始社会的状态。一百万、两百万人口的县都处于原始状态。第三是信息资源无限往城市集中，宁夏的银川因为是省会，它什么都可以办。四川的仁寿是一个县级市，地位低两级，有两百万人口，它什么都不能办。你为什么就不能从老百姓的知情权角度说呢？所以无论哪个角度，政府的决策有时候是很荒唐的。我当时看《南方周末》在报道这件事情时，我很生气，里面还有专家学者为这种荒唐做法论证帮腔。比如，很多报纸不让办网站，我们跟美国对比，最可笑的地方在于，美国的新闻网站中《纽约时报》、《华尔街日报》是办得最好的。在我们国家，所有报纸办的网站都是弱的，新浪网、网易全都是美国资本在做。我们总是给自己加了很多枷锁。我们对报纸、对电视管得很死，但是放任资本放得很松。很多时候，自己人逃出了我们的阵地，比如说我们对电影的审查，对电影的研究也是这样的。影响中国电影的发展就一个因素——电影的审查制度。我们的电影经常放不出来，我们就放好莱坞的大片、美国的文化、美国的观点进入中国。自己的文化都被自己扼杀了。以上是我的个人观点，不代表学术沙龙的观点。

提问：从西方传媒的发展史可以看出，大众传媒是不断与立法权、行政权、司法权抗争过程中确定它的第四种权力地位的。这对公信力研究来说，是一种启发。我倾向于认为，公信力是带有自信力的。因为这四种权力都带有公共性，但又是专属性的。所以我认为，公信力的研究是一个外部性的研究。内地的媒体要达到一定的公信力，产生中立、客观、公正、平衡的这种效果，可能要解决体制问题。媒体市场化对媒体公信力可能是一个比较重要的作用。媒体的第四种权力和媒体的市场化，这两个观点，我认为是媒体公信力研究不可忽视和回避的。

张洪忠：现在媒体报纸、电视正在转制，网络都是市场化媒体，它的市场化已经很普遍。这个时候一个比较有建设性的意见就是我们不能单纯地按照原来的套路。公信力的判断肯定会转向，这是一个基本的现象，是一个正在发生的现实。下一步怎么走、怎么做，我觉得对政府而言，如何来适应这种变化才是最关键的，而不是喊口号似地简单叫嚷如何提高公信力，因为公信力不可能提高，下降是基本趋势。

中国健康传播十年探索

张自力

（2010—5—18）

张自力，博士，主任编辑，高级经济师。先后毕业于浙江大学医学院临床医学专业、复旦大学新闻学院、中国传媒大学国际传播学院，分别获得医学学士学位、文学硕士学位、传播学博士学位。曾从事外科临床医学工作多年，此后又任职于中央电视台新闻中心《焦点访谈》、《共同关注》栏目，深入一线报道多起重大突发公共卫生事件。现任中信医疗健康产业集团有限公司品牌部总经理，中国传媒大学客座教授，中国健康传播研究院研究员，卫生部新闻办特聘培训讲师，中国疾控中心控烟办公室媒体顾问。研究方向：健康传播，医患关系管理。出版专著《健康传播学》、《健康传播与社会》，合著《医病沟通知多少》、《问题新闻采访与报道》等，发表专业论文30余篇。

健康传播在我们的生活当中无处不在，我们每天都能看得到。刘德华出任乙肝防治宣传大使，拍公益广告，告诉大家要保护肝脏，预防乙肝；社区里"吸烟有害健康"的宣传画随处可见，都是用一种最传统的方式在传播健康。洪昭光老师的《健康快车》，从国务院新华门里走出来，一直走到全国大江南北，传递健康知识，他是用实际行动在做健康传播。

再来回顾一些事件——看看这些年来我们经历了哪些跟健康传播相关的重大事件：2003年的"非典"大家肯定记忆犹新；安徽阜阳的"大头儿奶粉"事件，在当时引起了很大轰动，让大家对儿童食品健康、食品安全的健康传播产生了高度的关注，由此可见健康传播在突发事件中的影响力和威力。安徽泗县的疫苗安全问题，是我们最早关注的疫苗事件；还有红心鸭蛋"苏丹红"事件、禽流感、欣弗注射液的药品安全问题、手足口病、三聚氰胺问题奶粉等事件，当公共卫生、公共安全事件进入公众视野，被媒体聚焦的时候，就成了健康传播事件。

从2003年开始到现在，能给我们留下印象的突发公共卫生事件比我列举的多得多。这也说明"健康传播"、"健康事件"在我们的生活中无处不在。相关研究表明，公众对于健康相关知识的获取，很大程度上依赖于大众媒体："非典"78%的知识，禽流感84%的知识，艾滋病95%的相关知识都来自大众媒体的传播。前面的很多例子也是通过大众媒体的传播为人所知。现在我们要问：健康传播是不是就等于大众健康传播？究竟该怎样来界定健康传播呢？

什么是健康传播

对健康传播的界定，目前为止，不同的研究取向有不同的界定方式：主题取向、功能取向、传播层次取向和情境取向。主题取向是传播学界使用最广泛的概念界定，它采用罗杰斯在1996年提出的界定方式：凡是人类传播的类型涉及健康的内容，就是健康传播。这种方式的特点是概念清晰，包容性较好，较容易被接受。所以很多研究都以这样的表述来界定健康传播。第二种比较流行的是功能取向，从健康传播能发挥什么作用，它的实用性、可操作性的角度来界定。罗杰斯本人也有这样的界定，这也是目前使用较广泛的界定：健康传播是一种将医学研究成果转化为大众的健康知识，并通过态度和行为的改变，以降低患病率和死亡率，有效地提高一个国家的生活质量或健康水准为目的的行为。这个定义涉及很多健康研究议题。早在1993年，国内公共卫生领域的学者也下过类似定义，我们就不细说了，它是从实用性、可操作性、从人群健康的角度对健康传播作界定。第三个是传播学界比较熟悉的传播层次的取向，这种界定方式强调传播的阶段性、层次性，从大众传播、人际传播、组织传播等几个层面对健康传播进行界定。比如：健康传播是以传播为主轴，借由四个不同的传递层次，将健康相关内容发散出去的行为。包括自我传播、人际传播、组织传播、大众传播。1992年，美国的传播学者博格（Burgoon）和杰克逊（Jackson）分别从大众传播和人际传播的角度对健康传播进行界定，这两个界定也是目前使用比较多的。除了前面三个，还有一种对健康传播的定义是情境取向的。所谓"情境"是指把传播行为放在一个环境、场域当中观察。对于健康传播的情境，中国台湾学者徐美苓有这样一个定义：健康传播是人们寻找、处理、共享医疗咨询的过程。其关心的范围不仅在个人寻求医疗资讯的过程或医患之间的沟通，更在信息的流动与处理。她把健康传播界定在一个具体的场域当中。把这个场域扩大来看，从历史、社会环境的角度来界定健康传播，也可以界定为：健康传播是一种在特定的社会和历史环境下，以传递健康信息、普及健康知识为目的的社会实践活动。

前面提到的四种不同取向的界定方式，哪一种更准确更全面，我们来做一个结构分解。从大家最熟悉的，也是日常生活中亲身经历的医患关系这种简单的传播模式来做分解。医患关系中，核心的关系模式是患者和医生两者之间的人际传播。从生活经验来看，我们知道，医患关系的影响因素和传播层次不止这一点。到医院看病之前，我们会上网查一些知识，咨询朋友，或者有之前的患病经验在脑海中。所以说，医患关系实际的传播过程，除了患者和医生外，还要引入医疗体系和社会这些传播要素。有了这几个要素共同参与，医患关系的结构才丰富。生活中更多的是立体传播模式，所以我们用立体结构来分析医患传播关系。这个关系中，产生了两个场域，一个是传播的场域，一个是社会场域，我们称为情境。在每个场域里，有几对传播关系。至少包括了以下六种相互关系的范畴：患者—医生、患者—医疗体系、医生—医疗体系、医疗体系—社会、患者—社会、医生—社会，这六个关系范畴相互作用，共同形成了"我"与医生坐在一起对话的过程。

医患关系研究是多层次的，但是只有层次还不够，健康传播研究除了层次外，还有维度的问题。像很多传播学的研究领域一样，健康传播领域是一个跨学科的交叉领域。既然是交叉领域，必然涉及多学科的介入，至少有这样几个学科：传播学、社会学、医学健康、心理学、语言学、人类学、教育学、管理学等。每个学科对健康传播都有贡献，每个学科都能成为健康传播的一个维度，每个维度又可以区分为不同层次。比如，传播学至少包括这几个层次：自我传播层次、人际传播层次、组织传播层次、大众传播层次。社会学的层次则可划分为：位于核心的传播行为本身、传播情境（传播场域）、社会情境（社会场域）。如果这种对健康传播的维度和层次的划分成立，那么我们下面将以维度来建构健康传播的场域。

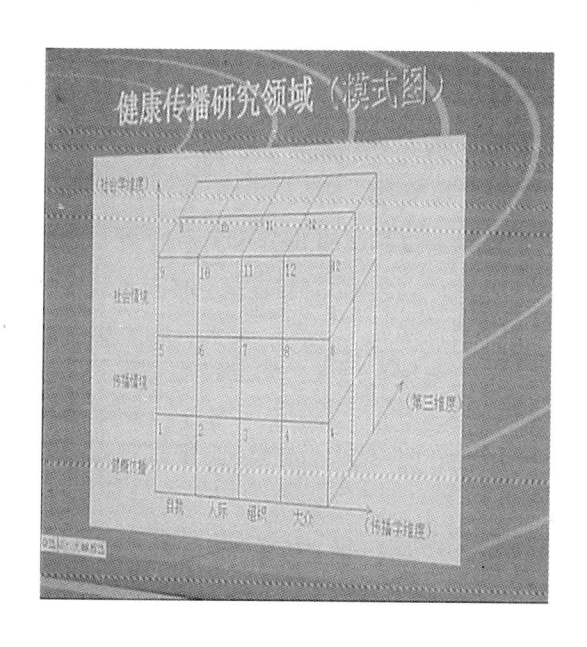

健康传播研究模式图

这是健康传播研究模式图。这张模式图中有三个维度或者说三个坐标：横坐标是传播学维度，纵坐标是社会学维度，第三维度则是开放的。我们暂且不看第三维度，先看传播学维度、社会学维度以及第三维度共同构建起来的十二个子领域，看看通过不同的维度和层次相互构建，能够搭建出怎样的子领域划分。

首先看看图中（1）、（5）、（9）包括哪些研究领域的子课题。（1）是自我传播—健康传播 -X 领域，研究议题包括：个人自我保健、心理调适、个人健康计划研究等。（5）是自我传播—传播情境—X 领域，研究议题包括：环境对自我健康传播行为的影响、个人文化教育背景对健康认同和就医行为的影响等，它从情境来关注健康传播。（9）是自我传播—社会情境—X 领域，更加扩大了场域的范围，研究议题也有了不同的内容，像多元文化群落中的健康与疾病、社会阶层文化与个人保健意识变迁的关系、艾滋病感染者的权益研究等，到了"社会"的衔接点上。我们再来看第（2）（6）（10）部分，进入了人际传播的基本层次，包括：人际传播—健康传播—X 领域、人际传播—传播情境—X 领域、人际传播—社会情境—X 领域。和前面一样，每个领域涉及不同范围的研究课题。我不细说了，大家如果有兴趣以后探讨。第三纵列是组织传播—健康传播—X 领域、组织传播—传播情境—X 领域、组织传播—社会情境—X 领域，组织传播也分为自身传播、传播情境的范畴、社会情境的范畴。同样的，大众传播也是如此。通过这样的划分方式，我们至少划分出了健康传播的十二个子领域。在这里，还有一个第三维度没有开放出来。第三维度是什么？如果开放了第三维度，也就意味着健康传播子领域的划分不是十二个，而可能是二十四个、三十六个，或者更多。第三维度，可以是文化维度、时间维度，以及前面提到的种种学科维度。

为什么要做模式图？这与健康传播 10 年来走过的路有关。当我们开始进入这个领域的时候，发现自己并不清楚健康传播究竟要研究什么。这 10 年中，不同学科的学者在共同摸索"健康传播究竟能做什么"、"哪些课题可以划入健康传播领域的研究范畴"。因此，这个模式图比较好地概括出了健康传播的研究领域，也使今后的研究有了一个基本框架。

健康传播研究的发展历程

今天的话题是"健康传播 10 年"，但我更想与大家分享健康传播整体的流变，包括西方健康传播研究领域的形成是怎样的过程。罗杰斯曾说过："任何涉入一条新河流的人都想知道这里的水来自何方，它为什么这样流淌。"今天我们就来看看健康传播这条小河是怎样发源、怎样流淌的。

公认的观点是，健康传播作为一个专业研究领域，起源在美国，时间大约是在20世纪的70年代。20世纪40年代至70年代，这三十年被认为是健康传播的萌芽时期。在这三十年中，有哪些影响因素促进了健康传播领域的形成？我们来看一下。20世纪40年代，美国已经将健康和医疗当做社会问题来看待，并使用相应的手段予以干预和解决。这与美国社会学的研究传统相符合。在20世纪50年代末60年代初，医学社会学已经成为美国社会学6个专业领域之一。医学社会学的发展带动了健康传播的出现。社会环境和学科背景共同促进研究领域的思潮。首先来看学科背景之一的健康教育学。如果大家关注公共卫生领域，可能听说过这个名词：Health Education，它在公共卫生领域远比Health Communication（健康传播）更为人所知。20世纪20年代健康教育在西方的学校，特别是以欧洲为代表的学校中产生，叫做学校健康教育。健康教育慢慢地逐步扩大，引入传播学的相关概念，才萌生出健康传播这个领域。同样是在20世纪50年代至70年代，医学模式的改变促使人们从公共卫生视角转向社会视角和传播学视角来关注健康话题。另一个重要的学科背景是医学社会学。医学社会学家很早就关注两个研究领域，一个是医患关系，一个是健康资源分配的社会结构。时至今日，社会学家仍然对这两个领域有着浓厚的研究兴趣。随着医学社会学研究领域深度、广度的不断拓展，"医学"这个相对专业的概念逐步被"健康"所代替。美国曾有这样的提法，叫"健康社会学"，用"健康"的概念来涵盖。健康社会学与健康传播的关系更近了。再一个学科背景是社会心理学。不仅对健康传播研究领域，对于整个传播学学科来说，社会心理学都有着重要的贡献。20世纪50年代至60年代，美国社会心理学领域曾发起一场"人文主义心理学运动"，这场运动着重突出了"治疗性传播"的概念。此后，治疗性传播逐步向医学传播、公共卫生传播、健康传播的方向发展演进。同时，社会心理学在研究领域和研究范式上也对健康传播的发展产生了很大的推动作用。

20世纪70年代，终于水到渠成。1971年的"斯坦福心脏病预防计划"被认为是现代健康传播研究领域的开端。从1971年至1975年，这个项目历时5年，由美国斯坦福大学传播研究所来承担。项目有传播学者、也有心脏病学专家等医学工作者加入，两者共同配合，致力于研究"在社区中，怎样的传播手段对于防治心脏病高发风险是最有效的"。

这个研究在今天看来只是个非常普通的研究，理论含金量并不高，但在当时具有划时代的意义。研究结果在今天看来也不是什么新鲜的结论，只是认为"大众传播加人际传播的效果比单独进行大众传播的效果更好"。但就是这样一个研究，在40年前的1971年，开创了一个全新的研究模式，传播学者和公共卫生学者走到了一起，从一个全新的视角来解读公共卫生问题、健康问题。这也就标志着健康传播研究领域的诞生。在此之后，健康传播研究逐步进入学术殿堂。1975年，国际传播学会召开芝加哥年会，首次将"治疗性传播兴趣小组"更名为"健康传播学会"。1975年之前，大家依然使用"治疗性传播兴趣小组"，这与前面讲到的"人文主义心理学运动"中的"治疗性传播"是一脉相承的。这也是学术界首次使用"Health Communication"（健康传播）这个提法。

20世纪80年代，健康传播领域正式确立，并进入主流研究领域。健康传播之所以能够进入主流研究领域，有赖于一种特殊的疾病：艾滋病。1981年，艾滋病首次被发现。直至今日，艾滋病都是公共卫生领域、社会学领域以及诸多研究领域共同关注的话题，因为它早已超出公共卫生的范畴。一个研究领域要进入公众视野需要有一个节点或契机，或者几个重要的媒体事件。我们来看看，都有哪些媒体事件使得健康传播逐渐被公众认识。1985年，美国著名演员洛克·赫德森（Rock Hudson）被检出艾滋病，同时一名患血友病的13岁孩子因为感染了艾滋病病毒，被拒绝进入公共学校。这在当时美国社会引起了一场媒体大讨论，促使大家关注艾滋病。借着这一媒体事件，大众健康传播逐步进入公众视野。另外一个重要的事件，是1986年美国《外科总医师关于艾滋病的报告》的发表[1]。中国人可能不理解，一份医生的专业报告有什么影响力？中国的医生每年每月每日都在写报告，又有多少能引起重视？这就是中美传播的差异。我曾与美国疾控中心（CDC）的专家进行交流，我问，在美国，如果发生重大突发公共卫生事件，比如去年的

---

[1] 美国于1986年发表著名的《外科总医师关于艾滋病的报告》（Surgeon General's Report on AIDS），这是第一篇关于艾滋病问题的实质性报道，作者是外科总医师 Dr C. Everett. Koop。这篇36页的报告提倡广泛使用安全套，号召对儿童进行艾滋病健康教育，成为美国艾滋病健康促进运动的重要转机。

"甲型H1N1禽流感"这样的突发公共卫生事件，公众更愿意信赖谁？是疾病预防控制中心（CDC）的报告，还是某个专家的观点？他说，美国的传统一直是由美国疾控中心（CDC）发布报告，疾控中心的权威报告足以影响公众行为。再举个例子，比如美国疾控中心（CDC）对吸烟有害健康的报告。为何现在全世界都在控烟，最早的源头就是20世纪60年代美国疾控中心（CDC）的一份报告，认为吸烟有害健康。所以，医学专家的报告在美国有重要的传播学意义。中国不是这样，甲流对大家有无危害，公众关心的不是卫生部说了什么，而是钟南山说了什么。钟南山说不需要打疫苗，大家就不打疫苗，卫生部与他没有可比性。所以中美在传播模式、习惯上都有差别。

在美国大众媒体上，20世纪80年代中期到1990年，关于艾滋病的报道有高低起伏的变化。最高峰出现在1987年，与《外科总医师关于艾滋病的报告》发表时间相吻合。也就是说，公共健康传播与媒体事件的形成息息相关。那么，公共健康传播对于公众产生了怎样的影响呢？效果如何？这里也有一组数据。美国《外科总医师关于艾滋病的报告》倡导人们使用安全套。一项调查显示，1984至1988年美国国内安全套的销售量快速增加，最大增幅发生在1986至1987年之间，从2亿4千万猛增至2亿9千万。而这个时间，与《外科总医师关于艾滋病的报告》发表时间，以及媒体报道的高峰时间完全吻合。对于美国这样一个人口基数不大的国家来说，5千万是个相当可观的数字，这一数字足以说明公共健康传播对公众行为的巨大影响力。

再回到理论上。1984年，美国出版了健康传播领域第一本具有理论指导意义的专著《健康传播理论与实践》；1989年，第一本健康传播的研究期刊问世。这些标志性的事件印证着健康传播逐步从边缘课题成为一个相对主流的研究领域。同时，美国高校也开始培养健康传播相关人才，如明尼苏达大学、南加州斯坦福大学等，都有健康传播相关课程。

进入20世纪90年代之后，健康传播研究继续稳健地发展、迈进。一个直接的表现是，健康传播的专业研究期刊更多了。

前面我们说了以美国为代表的西方社会健康传播研究的流变，下面我们来看华人社会。有三个组织——CCA（国际中华传播学会）、ACCS

（华人传播研究学会）、CCS（中华传播学会）是华人社区最早建立的三个传播学组织。其中，对健康传播研究关注比较早的是台湾的CCS。台湾对健康传播研究的投入比较大，台湾政治大学、台湾慈济大学、台湾世新大学等都有相关研究。台湾政治大学徐美苓教授，多年从事健康传播研究；台湾慈济大学的陈世敏教授，曾为中华传播学会理事长，后来辞去了理事长职务，专门到慈济大学去，从事健康传播研究。台湾慈济大学的健康传播研究还有个特点，就是具有公共卫生学院的研究背景，它是两者的嫁接。台湾健康传播研究的后起之秀，是台湾世新大学。

与台湾相比，中国大陆的健康传播研究起步较晚，特别是从传播学角度来说，起步较晚。但如果从公共卫生角度来说，中国大陆的健康传播实践，起步其实并不晚。例如新中国建立初期的血吸虫病防治运动，20世纪70年代开始的计划生育运动，20世纪80年代开始的预防脊髓灰质炎的运动，以及20世纪90年代开始的正确对待艾滋病患者的运动等，这些大家熟悉的健康运动，没有人给它们冠以"健康传播"的帽子，但实际上它们做的就是健康传播。今天我们可以把这些健康运动作为研究样本，进行观照。理论层面的健康传播研究，最早是在1987年，我国首届健康教育理论学习研讨会在北京举行。这是一次公共卫生领域的研讨会，在这次研讨会上，公共卫生领域的学者们第一次引入了传播学的概念和理论，提出了传播学在健康教育中的运用。实际上在1987年，西方传播学理论研究在国内也是刚刚起步，大家都处在学习、引进的阶段。1989至1993年，在联合国儿童基金会和中国政府的合作项目中正式提出了"健康传播"的概念。1992年开始，各地医科大学的公共卫生学院尝试开设健康传播课程，健康传播的相关教材逐步出现。例如1993年人民卫生出版社出版的《健康传播学》，1996年湖南科学技术出版社出版的《健康传播学原理与实践》等。这些教材里面是比较简单的"两张皮"，公共卫生是一张皮，传播学是一张皮，"两张皮"并没有结合起来，但至少这已经是一个进步了。

相对于公共卫生学者，新闻传播领域的研究者关注健康传播领域就要晚得多。目前能够检索到的，从新闻传播学角度探讨健康传播的研究论文，最早的一篇是2001年9月发表在复旦大学《新闻大学》期刊上的《论健康传播兼及对中国健康传播的展望》一文。期刊主编在推荐此文时，使用了如下文字："健康传播在国外是比较热门的研究课题，我们这儿似乎还闻所未闻"。从那时开始，特别是2003年"非典"之后，新闻传播学者关注健康传播的研究论文才逐渐增多起来。

除研究论文之外，相关研究专著也逐渐问世。2008年，北京大学出版社出版了一套影印本传播学丛书，其中有一本《健康传播：个人、文化与政治的综合视角》，是国内传播学界第一次引入健康传播相关教材。2008年2月，北京大学医学出版社出版的《健康传播与社会：百年中国疫病防治的话语变迁》是国内第一本从传播学领域观照健康传播的研究专著。2009年9月，《健康传播学：身与心的交融》一书由北京大学出版社出版，标志着国内第一本从传播学角度阐述健康传播的专业教材的问世。研究论文和研究专著的积累，显示了健康传播在传播学领域中的发展。

此外，健康传播学术会议的召开也有着重要的意义。2003年11月，"中国健康教育与大众传媒论坛"在北京举行，首次开创性地以健康传播作为论坛研讨主题；清华大学从2006年开始，每年举办"中国健康传播国际论坛"，后更名为"中国健康传播大会"，成为国内具有较大影响力的健康传播学术年会。一系列学术会议平台的搭建对于推动研究领域的进步很有好处，使大家有了相互交流、相互切磋的机会。

健康传播研究什么

那么，健康传播未来的关注重点和焦点在哪里？接下来讲一讲健康传播研究未来的9个方向。

第一个方向：大众健康传播的媒介和效果研究。大众传播对健康传播来说有着不可忽视的重要地位。前面探讨的几个重要媒体事件，对引领公众关注健康传播、公共健康都有作用。所以，关于大众健康传播的媒介和效果研究也就自然而然地成为我们关注的重点。这方面的研究课题很多，不一一列举了。

第二个方向：组织健康传播研究。组织传播研究在我国相对比较薄弱，把组织传播与健康传播结合起来有一定的难度，但这方面一定是个有潜力的研究领域。特别是社区医院等基层组织在社会发展中的作用越来越凸显，组织健康传播的研究有更大的发展空间。

第三个方向：医患关系研究。无论从传播学、社会学、公共卫生学角度，医患关系都是核心问题。从传播学角度对医患关系进行观照，有微观层次也有宏观层次。微观层次，国外学者做得很有意思：以一个诊室为研究场域，在里面架上摄像头，把医生与患者对话中的语言表达、肢体表达等进行非常细致的分析，也能得出很有趣的结论。当然也有中观、宏观的层面。对医患关系的研究不仅是传播学研究的兴趣，更有社会意义：现在医患关系恶化，怎样从传播学角度进行改善？这是它的实际应用价值。

第四个方向：健康教育与健康促进。健康教育被认为是在健康传播大框架下的一种形式。这方面的研究，主要的研究者来自于公共卫生领域。

第五个方向：健康传播的外部环境研究。就像前面探讨健康传播概念时把其置于一个场域中那样，这个场域会对内部的健康传播本身产生影响。影响在哪儿？外部环境与健康传播相互产生怎样的作用力？这是我们要关注的。不把健康传播孤立地看待，而是把它放到环境当中、放到情境当中，予以观照。

第六个方向：健康传播与文化研究。健康本身与文化密切相关，健康、疾病、死亡等概念都有深厚的文化背景。如何从文化角度解读？另外，如何在健康传播中运用好文化元素？现代医学与传统医学在健康传播中的文化差异有哪些表现？这些都是非常有意思的课题。比如，我们以卫生宣传画为例。招贴画中涉及公共卫生内容的称作卫生宣传画。新中国成立后最早的卫生宣传画，是伴随着1952年爱国卫生运动的兴起而兴起的。为什么卫生宣传画有重要的文化含义？当时卫生宣传画有两大类，一是普及一般卫生防疫知识的宣传画，如传染病挂图（"非典"、甲流时期的宣传画也属于这一类），上面有文字表述，包括科普性的、动员性的文字。科普性文字更多的是传播知识，不多说了。我们来关注动员性的文字口号。它更多的是理念宣传，甚至用打油诗等。人物形象、画面布局、元素搭配上都有很浓厚的文化气息和时代气息。第二种卫生宣传画是以"反对美帝国主义细菌战"和"爱国卫生运动"为主题，在当时的社会背景下兴起的。当时著名的宣传画有《响应祖国的号召，坚决消灭美国侵略者的细菌战》、《打死一只苍蝇就是消灭一个敌人》、《人人防疫，防御美帝国主义的细菌战》、《保卫孩子，坚决粉碎美国侵略者的细菌战》等，文化含义更多。与其说是卫生宣传画，不如说是政治宣传画。两者的嫁接有很大的分析空间，这都是当时时代背景和文化元素在健康传播中的渗透。

　　第七个方向：艾滋病、安乐死、同性恋、器官移植等特殊议题的研究。把这些议题单独列出来，是因为其中每个课题都有很大的关注度，值得成为一个单独的研究课题，甚至是研究领域。例如艾滋病，从20世纪80年代开始几乎占据了健康传播研究领域的半壁江山。安乐死和同性恋研究也有很大影响力，美国传播学会网站从整个传播学的角度列出了几大课题，约10余个，其中一个就是关于同性恋的健康传播研究。它能成为一个单独的研究课题，虽然与美国整个社会背景和需求有关，但也足以说明这个课题的重要性和敏感性，足以支撑我们对其进行更丰富的研究。还有性健康的研究，怎样面对性的传播，性知识、性观念的传播，这对中国人来说是个不太好把握的问题。例如幼儿性教育。如何与小孩子谈论性的话题，是让很多家长为难的事情，很多时候家长都在回避。但香港制作的给孩子看的连环画，就是个很好的传播载体。这个名为《人体博物馆》的连环画叫"德德家家"，通过图片的形式，介绍男孩子和女孩子的区别，非常直白，但很有童趣。实验证明，这组连环画在香港孩子中产生了较好的传播效果。一个很敏感的话题，只要有恰当的传播方式，就能产生良好的传播效果。另外还有些敏感话题，如处方药的传播。美国的药物协会在迈克尔·杰克逊去世后不久，用药片拼出了MJ的头像，以此提醒人们注意用药安全。这类利用明星效应、新闻事件的传播方法，涉及传播策略的问题。

　　第八个方向：健康传播史研究。包括健康传播的研究史和健康传播的行为史。我国古代即有健康传播的实践，从其中能总结出哪些经验，也是很有趣的话题。

　　第九个方向：突发公共卫生事件的健康传播研究。无需多言，突发公共卫生事件近年来越来越多地受到大家关注。"风险社会"成为一个时髦词，其中"健康风险"是尤其大的一个风险。

关于这些研究课题，我们做了多少？未来还能做些什么？盘点这10年，除了盘点知识积累外，还要盘点哪些地方做得不够，从而确定未来发展和努力的方向。

第一，健康传播的研究力量过于分散。前面提到，公共卫生领域有自己的一套研究力量、研究平台，而新闻传播领域也在逐步发展壮大，两条线如何相交是个重要的问题。因为我们研究的是同一个话题，只是视角、取向不同，是可以有交叉点的。今后把两股势力拧成一股绳，共同研究，是一个重要的方向。这两年我做得最多的事，就是在这两个领域之间穿梭。我有时候与公共卫生领域的人交流，给疾控中心（CDC）的人做讲座、培训；有时候又回到传播学领域，把他们的知识、想法带回来。这种架桥铺路的工作，需要更多的人来做，一起来做。

第二，健康传播的研究领域过于局限。有学者对1991年至2002年间刊登健康传播相关文章的专业期刊进行分析，有新闻传播学领域的期刊，也有公共卫生领域的期刊。结果是，现有的研究成果，三分之一集中在"大众传播媒介效果研究和媒介业务研究"，还有"艾滋病传播的相关研究"和"关于健康传播渠道和方式的研究"。除此之外，我们是否还有更多的领域可以关注？前面列举的九个研究领域，很多未被涉及，如组织健康传播研究、医患关系研究等，都是今后可以重点关注的研究领域。

第三，健康传播的研究水平不高，处于简单重复阶段。近10年来，国内健康传播领域做得最多的，是引进和介绍国外相关理论概念和对健康传播领域的界定，是"搭架子"。今后要做的，是向架子里"填东西"，丰满它。

第四，健康传播的研究人才队伍薄弱。目前国内高校中新闻传播学系尚没有开设任何健康传播的相关选修课，这对培养研究人才来说是致命的短板。所以我一直呼吁，新闻传播学领域的研究者与公共卫生领域的研究者联合起来，开设相关课程，为人才培养做一点扎实的工作。相信这也是未来10年要完成的工作，有了它，健康传播才能后继有人。

10年，说长不长，说短不短。过去的10年，我们对健康传播进行了初步探索。未来的10年，相信我们会走得更好。

精彩讨论选编

提问：为什么现在的健康传播研究，几乎没有涉及心理健康研究的话题？

张自力：这个问题很好。前年科技部召开"亚洲传媒与社会发展研讨会"，我在会上作了一个关于健康传播的报告，会后有个科技部的司长跟你提了同样的问题。他说："为什么没有涉及心理健康这么重要的话题？"这个话题真的很重要，今后的健康传播研究中，心理健康传播研究是不可忽视的。在健康传播的学科背景中，心理学也很重要。心理学不仅对健康传播范式有影响，而且最初的美国"人文社会心理学运动"就是从心理学角度关注人的健康与发展。所以我认为，未来有必要在健康传播研究中加入心理学内容。但心理健康传播研究怎么做需要探讨，因为我们没有经验。很多时候，我觉得我们的理论研究是滞后的，实践已经跑到前面去了。比如健康网站、健康博客的出现。

提问：健康传播中，男性与女性是一个整体吗？能否把女性学与健康传播结合起来？是否能划分出女性健康传播这个研究领域？

张自力：你可以在健康传播中着重研究女性健康问题。

讨论：女子学院有一门课程是女性学，会研究女性生理心理的相关问题。

张自力：我对"女性学"的概念存疑，我认为它是包含在社会学中的一个研究视角。这就像，你可以把女性健康传播作为一个研究视角来看待一样。

提问：我有两个问题：（1）现在提到健康传播很多都是治疗性的，都是在某个社会危机出现后的补救行为，有没有提倡健康生活方式的健康传播？（2）现在健康传播有很多虚假的东西，背后是利益操纵，为了销售医疗产品或项目，电台和报纸都是如此。如何保证健康传播的纯粹性？

张自力：你的问题是研究与实践的关系问题。作为一个研究者，首先要从实践中发现问题，然后要超越实践，才能在研究这条路上走得比较好。你所提到的这些现象，不代表健康传播应有的状态。作为研究者，我们要从研究的角度观照实践中的问题，发现其中的共性，上升到理论高度，再反过来用理论指导实践。研究者与实践者的立场是不同的。我希望在健康传播领域中，一方面做个相对比较纯粹的研究者，观照健康传播实践中的问题；同时我又希望自己是个实践者，在实践中参与健康传播，从理论和实践两个维度共同探讨这些问题。

提问：美国医疗体制改革当时遇到了一些商业上、政治上的阻力，想让您从健康传播角度中的政治、商业的维度来分析这个事件。

张自力：健康传播受政治和商业的影响是有的，但你举的例子不太合适。美国医疗体制改革不是传播学问题，而是社会学、政治学问题，博弈的焦点不在传播学。

提问：政治和商业角度不是健康传播领域中的一部分吗？

张自力：刚才在建构健康传播的研究领域时，我们留下了一个空白的维度，希望能引入更多视角。假如有可能，我不排除把类似于"政治"这样的维度纳入进来。但最终，研究的出发点和落脚点还要落到传播上来，要研究传播的经验、规律和影响。偏离这个方向，就会进入其他研究领域中去。例如医患关系，传播学、社会学、法学、人类学的学者都在研究，但角度不同。社会学家研究的，是医生与患者的社会角色问题；人类学家研究的，是患者作为"人"在社会中的生存状态；传播学研究的，是把两者沟通起来的"线"。同样一个问题，如美国医疗体制改革，可以有不同的视角去观照，如果从传播学角度去观照，要有落脚点。

提问：职业病这个话题的健康传播研究是什么阶段？我认为其中有患者和雇主之间的关系，与前面医患关系并不相同。

张自力：目前还没有从传播学角度关注这个问题。前面列出的一些研究课题是因为有其特殊性，如艾滋病、安乐死，都已经成为社会话题。而职业病相对单一，更多的是局限在公共卫生领域。

提问者：与美国较成熟完善的健康传播研究相比，我国健康传播研究在本土化方面有什么特点、收获、开创或发掘？

张自力：本土化是个很重要的问题。正如潘忠党教授所说"理论可以拿来，但问题一定要本土"。国内健康传播研究有我们自己的问题，本土问题更有研究的实际应用价值。比如控烟的健康传播研究，美国也做,但中国与其差别很大。美国人不送烟,送烟的习俗是中国人特有的,从这个角度可以有我们自己的文化观照的点。这样得出来的研究成果就是区别于美国的。中国疾病预防控制中心（CDC）曾经制作过两张控烟宣传画,受到世界卫生组织（WHO）的高度赞扬。这两张宣传画,画的是两个门神,拒绝送烟送礼,一下子抓住了过年时人们最容易送烟送礼的习俗,体现出了本土特色。这样的研究,才能走向世界。

德国跨文化培训的实践
以及对我们的启示

王惠丰

(2010—6—17)

王惠丰，德籍华裔，德国跨文化培训专家。在欧洲和中国从事十年以上的跨文化培训工作，参加过5000个以上的跨国企业、中小型企业、非政府组织和高校的跨文化培训工作。德国空客、西门子公司和丹麦风力等企业的跨文化培训首席专家。在北京大学、圣加仑、汉堡、不来梅等地高校举行过演讲。

我在德国做跨文化培训10多年了，还给空客和西门子公司做培训，我先介绍德国人是怎么做的，德国人想知道中国的文化，想知道哪一个内容，哪一个题目比较有意思，我们可以用哪一个方式给别的文化来介绍跨文化的题目，就这些问题我们交流一下，我想知道你们的意见。另外，跨文化题目很少有真正的实施，大多数人对跨文化都有不同的意见和看法，对此大家都可以交流。

我们今天交流的内容：第一，跨文化培训在德国及各个公司培训的内容；第二，有什么方式可以教跨文化培训的内容；第三，德国人和中国人跨文化培训有什么差别，因为我去年刚开始给中国人做跨文化培训，可能会教中国人跟外国人怎么打交道；第四，跨文化将来会怎么样，以后怎么发展，因为市场在改变，所以跨文化培训也要发展；第五点是培训哲学的演进。

我的跨文化培训的内容主要包括以下几点：对中国的介绍，包括中国的历史、社会、地理、人文风情、基本印象等；公司领导以及他们的工作作风，与德国有哪些差别，包括社会阶层等；有关合同方面的，很多在德国的跨文化培训会讲授孙子兵法及三十六计；如何交流的方法，包括怎么得到反馈、开会、培训、邮件还是演讲；最后，在中国的销售如何做，中国的消费者、广告、人力资源与德国都有哪些差别。

我想给大家介绍一下德国人对中国人的刻板成见，主要分为两个部分，消极的方面有：中国人依赖性太强，不自立，太依赖领导来解决事情；对钱比较贪婪，有点自私；有点不诚实；计划性不强；对公司不忠心；做决定的能力不强，决断力不够；窃取别人的好主意、方法；不太可靠；太聪明，可以想到很多对自己有利的办事方式或者办法。积极的方面有：勤劳，好奇心强，有野心和抱负，临场发挥的能力强，文化丰富多彩等，有的认为中国人可靠。

跨文化培训的方式主要有：在跨文化培训中，我力求要德国人明白中国人某些行为的渊源是什么，比如递名片要用双手，吃饭的时候筷子要平放而不能插在碗里，但我觉得这并不是跨文化培训中最重要的内容，并不是那些很懂中国文化的德国人在中国的生意做得好，而是他们自己懂自己，知道自己的价值是什么样的，了解自己的性格，不以自己的价值来判断别人，即第一个是自我意识（self awareness），第二个是开放的心态（open mindness），这样在跨文化交流中可以左右逢源。跨文化培训中，要强调的一个很重要的问题是：在见到一个人后不要轻易给出自己的判断，如果我们对一个人做了判断，就无法理解这个人，要保持开阔的心胸和开放的心态。我的培训中也是以这两点为自己的目标。

在德国，跨文化培训广泛应用的方法主要有以下几点：1. 利用自身在跨文化交流中的例子作为教材来让大家学习；2. 角色扮演；3. 讨论；4. 做演讲；5. 实况模拟等。角色扮演是一个很重要很好的办法。

重点介绍一下模拟（simulations）这种方法，其中一个例子就是错位交流（barnga）：每4、5个人组成一个团队，各个团队扮演不同的角色来进行谈判，谈判前，组与组之间都给予不同的规则指示，而在谈判的过程中不允许互相交流说话，这样就可能产生很大的争议，拿着自己的规则去判断别人的规则，矛盾就此产生。我借此想要告诉他们在跨文化交流中，如果你的态度和行为与别人的不同，那么可能说明你们的规则是不同的，这样参与的人可以反思自己的态度，自己是判断别人呢还是对自己也做了反省，明白自己的规则并不一定适用于其他人。

下面我讲一下给中国人做跨文化培训和给德国人做跨文化培训有哪些不同，这也是我个人的经验。给中国人做跨文化培训主要采用的方法还是在实践应用方面，而给西方人做培训则侧重于理论和历史。一般情况下，我给西方人做跨文化培训时，强调孔子对中国的历史很重要；而在面对中国人讲欧洲的历史，大家会觉得有点无所谓，效果也不好，他们想要了解的就是我怎么能在日常工作生活中运用。在对中国人的培训中如果我运用模拟这种方式，他们通常不怎么遵守规则，比如在不允许交流的情况下，他们往往会私下偷偷说话，而西方人则很能领悟这个模拟游戏中的规则。在中国需要花很长的时间营造一个讨论的氛围，让大家彼此互相认识，然后才能展开讨论。

以我的经验，在某些方面，中国人做判断相对比较慢，并不太愿意改变自己的观点；而德国人在这方面经过一定时间的培训，则更容易改变自己的观点，而且判断得比较快。

目前在德国进行的跨文化培训的项目也在多元化，因为随着全球化发展，德国跟全世界许多国家都有交流，德国人不但要学中国文化，还学习南美洲、非洲的文化，全球文化都是很重要的。目前在中国做的有关商品生产方面的生意比较少了，大多都转移到了东南亚如泰国、越南等地，而中国成为一个做消费者市场的目标。因此，跨文化培训也产生了相应的变化，之前较多做的那种打算在中国待三、四年的经理的培训越来越少了，因为这些日常领导阶层的业务通过互联网就可以解决，当然这中间也可能因为文化的缘故产生矛盾，因此产生于虚拟网络上的跨文化培训需求增多。

目前的情况是，要求培训的人变得越来越多，但是所需的时间越来越短，因为要被培训人了解各国的文化、习俗等，所以对于每个国家的培训时间都相应地有所减少，有时候一天两天，甚至三四个小时就可以完结。

"《中国互联网状况》白皮书"学术工作坊

门罗·E. 普莱斯（Monroe Price）

（2010—6—29）

门罗·E. 普莱斯（Monroe E. Price）教授，美国宾夕法尼亚大学安纳博格传播学院"国际传播研究中心"主任，传播政策研究的知名学者。常年活跃在欧洲、非洲、拉丁美洲、亚洲和美国，广泛参与传播政策的制定、学术网络的建设、学术研讨活动，主办具体的社会项目。在他的指导下，"中心"致力于苏丹的公共舆论研究，为约旦和泰国提供技术上的帮助，促进包括泰国和索马里兰在内的媒介政策和新信息技术的智能化发展项目。普莱斯教授在牛津大学创立比较媒介法律和政策项目，还出任匈牙利中欧大学媒介与传播研究中心主席，该中心由CGCS支持和创建。20世纪70年代，普莱斯教授曾在President's Task Force进行科技传播政策研究和Sloan Commission从事有线电视传播研究，20世纪90年代，在Carter-Sagalaev Commission从事广播和电视政策研究。他是国际传播学会（ICA）的长期会员，且活跃在国际协会的大众传播研究领域。主要著作：《学院与网络》、《转型中的公共服务广播》、《媒介与主权：全球信息革命及其对国家权力的挑战》（中国传媒大学出版社，2008年）、《媒介改革：民主化的媒介，民主化的国家》和《拥有奥林匹克：新中国的传奇故事》（密歇根大学出版社，2008）等。

我想聊一下中国网络白皮书，我想在座的很多人应该都读过吧？今天我想比较一下中国白皮书与美国白皮书的区别，不仅仅停留在它们是如何创作的，还要了解它们是怎么表达的，怎么讨论传播的，怎么让受众理解的。

我这一年来都在关注中国传播的发展，从传播话语的角度来看这本白皮书到底是针对所有大众发表的还是只针对某一部分国内或者国外的受众发表的，或者是两者兼有，我希望通过今天的讨论会能够得到一个答案。

这本白皮书是在一个大的国际背景下发布的，前一段时间恰逢希拉里·克林顿访华，并发表了一个关于互联网的讲话，没过多久这本白皮书也发布了，这个文本究竟是面对特定受众还是全球性受众又或者是指向美国的受众呢？另外，通过白皮书以及国际上的报道，中国是如何被媒体再现出来？白皮书的发表还促使我们思考：互联网究竟是一个机会，还是会产生一定的危机？这两者之间怎样达到平衡？无论是希拉里·克林顿的讲话还是中国发布的互联网白皮书，都是想劝说或者是宣传某种思想，因此，每个文本背后隐藏的原则肯定是不同的，它们各自的原则到底是什么？

在我看来，白皮书诉求的原则是一种主权，而希拉里·克林顿的讲话表达的是一种关于西方互联网的政策，那就是自由。这两者之间的区别是非常重要的，它提供的是一种概念之争，但是它们各自的定义并没有对错之分，我也不想去辨别对错。打一个比方，好像集装箱的发明，围绕着货物的储存、运输使得物流完全发生了改变，我们这个概念的提出也具有相同的效果，所有的信息都围绕着这种概念的变化而发生变化，中美的互联网信息管理都需要做出相应的调整，从而确立未来的发展方向。

在互联网的定义上，中美还是有区别的。希拉里所说的互联网是全球只有一个网，而中国或别的一些国家所定义的互联网还是主要以国内网络及国家控制的网络为主。这就是为什么在白皮书中，中国如此地强调主权这个概念。因为在中国政府的眼中，互联网也是有边疆的。

还应该提到希拉里·克林顿的另一个发言，就是关于谷歌公司在形成美国互联网政策方面起到了至关重要的作用。自从这次谷歌事件发生之后，希拉里的发言虽然没有提到谷歌，但也是第一次从地位和政策上提及互联网公司。这个发言是在美国一个新的新闻博物馆落成仪式上发表的，这个发言很强调符号的象征意义。

希拉里·克林顿在发言中说："互联网就像一个神经系统，信息的流通从来没有这么自由过，并且对信息扩散起到了新的作用，能够促进政府更好地履行自己的职责。"

我们应该怎样来界定"连接权利"这个词汇，到底是在既有的框架下定义还是赋予它一个全新的定义？希拉里所提出的上网权利与《人权宣言》第 19 条中提到的言论自由以及人人都有获得和传播信息的权利相比，有什么新意？我们还不得而知，仍需继续思考。另一个层面就是交流的权利，我们经常把它翻译成单向的、传播的权利。交流的权利主要是和公民社会组织有关，20 世纪 60 年代提出"交流权利"的时候就强调双向性。上网的权利大多是从技术层面进行定义，现在该如何从法律层面进行定义呢？与卫星电视相比，上网的权利和使用接受设备看电视的权利存在可比性。美国比较重视个人的使用权利，政府会保护个人权利，并且在法庭上维护它。

希拉里的讲话也意识到言论自由是有限制的，无法容忍暴力的存在，比如基地组织关于暴力的诉求，不能容忍仇恨的存在，但这与上网自由是两码事。

在促进国家发展方面，中国政府扮演了重要角色，推动了互联网宽带技术的进步。我们经常讨论的是互联网给我们带来的影响，无论是正面的还是负面的，但是却很少涉及权利层面。

中美的不同首先在于，中国是由政府来引导互联网的发展，而美国不是。

其次，在制止互联网的危害方面，中国有权利制定法律并执行。根据中国的白皮书，政府特别强调地域范围，强调无论是公司企业还是个人都要遵循法律来上网。

我特别关注西方媒体如何报道中国白皮书的发布，我发现报道量不是特别多。我们可以看到在美国之音（VOA）的报道中有一些负面的词，比如言论审查，体现了共产主义政权对言论自由的控制。

提到两个问题，第一是各个国家都有自己不同的观念，我们是否可以一起共同协调出一种方式。第二是各个国家的讨论对以后互联网的发展有什么建设性的影响。我们可以考虑在联合国的框架之内，是否应该建立一个国际性的组织，对全球互联网进行管理。当然，也有一些学者对这个可能性表示质疑。这是一种比较自由化的观点，强调对互联网应该实现最低限度的管理。

下面我想交流一下看完白皮书的体会。西方人会用新闻自由的框架来看待这个问题，就全世界各国来说，怎样平衡新闻言论自由与个人或机构的其他权利之间的关系，但是我们确实有一些表达方面的不同，比如白皮书中讲到提高信息流动安全的问题。其实仔细看一下中国限制的东西包括宣扬暴力的、黄色的、煽动民族仇恨，这一点上全世界都持有共同原则。不同的是西方把自由看作首要，而中国把信息安全看得非常重要，这个差异会长期存在，重要的是双方要相互理解，能够理解对方的首选为什么不同。

白皮书的第三部分强调了中国宪法的言论自由，但是却没有任何一家媒体报道过这么重要的部分内容，都是在讨论说如何管制互联网，控制互联网。

精彩讨论选编

提问：外媒在评价白皮书的时候，并不仅仅只是围绕因特网在讨论，而是包含了文化差异在里面，甚至把它看成政治事件或外交事件。中国的这个白皮书更多的是针对希拉里讲话做出的一个反应。美国为什么会在这样一个比较敏感的时刻来发表这样一个讲话，希拉里是站在一定的外交策略来发表讲话的，她很明确地提到要把互联网安全提升至美国国家的战略层面，所以对于中美白皮书的比较，也应该从全局从战略角度出发。现在有一个现象就是，不同的国家各说各话，互联网领域相当混乱。那么是否有一种方法来对互联网进行管理？

普莱斯：这是一个很难回答的问题。就像卫星电视，当初也是非常混乱的，很多人想把它放在联合国的框架内去解决，但最后都失败了。

讨论：在我的印象中，白皮书以强调控制为主。这其中包含了两个权利，一个是希拉里强调的个人自由使用互联网的权利，另一个就是国家主权。中国这几年发生了很多问题，新疆、西藏等骚乱都和互联网有一定联系，有的是他们在国外计划操纵的。我们突出信息安全是以国内稳定高于一切为背景的，任何人都不希望发生动乱。这里就牵扯到一个度的问题。常常为了稳定，把一些不该卡的东西也卡住了，一些新的思想就会受到限制。这其实就是如何权衡主权与民权的问题，我的看法是民权应该服从主权，如果中华人民共和国都没了，那么互联网存在还有什么意义呢？所以白皮书的很多东西是从维护国家主权的大局出发，这点美国人应该理解。

沙龙主持人姜飞：美国一般不谈信息控制这个词，但是并不代表他们没有信息控制。

讨论：各国管制的差异和他们的文化背景息息相关，但是这种文化的说法太宽泛了，因为文化永远有差异。所以根本原因还是制度的差异，我们对制度的理解，对权利的理解，对言论自由的理解差异。提起信息主权这个概念，它和"文化帝国主义"概念放在一起被很多人讨论，互联网的技术本性是打破时间与空间的限制，其实是对传统主权概念的一个很大挑战。而我们现在就是在用一个传统的政治框架去规范一个新兴的东西，是在用一个中心化的方式管一个非中心化的东西。

讨论：再来谈一下以互联网为首的新媒体对传统媒体的冲击，这个冲击有多大呢？先举3个例子。去年的世界媒体峰会是胡主席亲自主持的，邀请了世界100多个国家传统媒体的领袖。刚开始一切都很顺利，可是开到最后，所有的传统媒体都在控诉新媒体，说新媒体是搭乘传统媒体的顺风车却没有买车票；第2个例子是今年年初中央电视台播报了一则新闻，说2009年美国新媒体的广告营业收入全面超过了纸质媒体。所有传统媒体集合的收入是一千一百多个亿，但是新媒体的广告收入达到一千两百多个亿，下一步在美国，它可能就会超越电视。而在中国暂时没有超越电视的原因是因为还没有开发出合适的电视商业模式，但是我们已经感受到新媒体带来的危机；第3个例子是一个多月以前，普利策新闻奖第一次颁给了网络媒体。电视技术虽然日新月异，但是电视线性传播的本质并没有改变，这与互联网的互动性不可同日而语。互联网处于传播的最高端，电视仍旧处于最底端。阅读是一个完整的逻辑，是可以暂停的，而广播利用的是开车的垃圾时间来收听，看报纸也是可以选择的，互联网更是选择性很强，渐渐地互联网已经开始整合电视媒体了。

现在可以说是四大技术功能并行发展。第一个是搜索功能；第二个是文化共享功能；第三个是聊天工具；第四个是新闻转载，这些都吸引了大量受众的眼球，进入了人人都是传播者的时代。就像没有任何信号灯的单行道，警察运用谷歌掌握道路上司机的情况。

普莱斯：你们经常使用"和谐社会"这个词，使用各种手段使之和谐。

讨论：其实是整体的"话语权"，但这还不是最终结果，许多为此抗争的例子都失败了。

普莱斯：你们在白皮书中用到了"和谐社会"这个词。和谐社会是有很重要的意义吗？

讨论：是的，它有深刻的意义，这就是为什么中国的新闻报道与西方新闻报道不同。在中国，做任何报道先要理解这个词。对于外国学者来说，理解"和谐社会"这个词很难。因为我们只有在一定的语境下才能理解这个词汇。"和谐社会"这个概念的提出，在社会上引起了很大反响。同时，也有一些"不和谐"的因素产生。中国在经历快速发展之后，社会上出现了一些鸿沟与隔阂，比如穷人与富人之间，政府与群众之间等。政府也想做些什么，使这个提倡合法化。

普莱斯：政府是想使之合法化，使民众接受这一概念。

讨论：从2002年以来，官方发布的每一个文件中，都可以看到"和谐社会"这个词语。民众根据这个词的谐音称为"河蟹"，这只是一种幽默的说法，没有任何意义。

但是在现实生活中，这一概念与政府所宣传的有巨大的差别。一些官方网站，如人民网、新华网邀请网友来评论，虽然网友并不会很认真地对待，但这仍旧很有必要。对于一些很长的文章，网友都没有兴趣读完，所以需要我们抓住核心。我们通常认为，像人民网这样的微博我们称之为官方微博，而像新浪这样的，我们称之为半官方微博。

一个未来世界强国的互联网如何发出影响世界的强音

伍 刚

(2010—7—27)

  伍刚，博士，曾任中央人民广播电台《新闻和报纸摘要》节目编辑，中央人民广播电台网站创始人之一。2010年度国家社会科学基金项目立项资助课题《提升中国互联网国际传播力研究》课题负责人。2010年3月—2011年3月在国家广电总局传媒机构司、网络视听节目管理司网络传播处挂职担任副处长，2011年4月—2013年7月任中央人民广播电台新媒体宣传中心副主任、中国广播网副总编辑，2013年8月—2014年8月，哈佛大学政府肯尼迪学院访问学者。

  曾被中国广播电视学会评为全国百佳理论人才，累计发表新闻宣传作品和各类学术论文、专著近百万字，主编有《中国亮点丛书》。先后荣获中国新闻奖一等奖4次、二等奖2次、三等奖3次、中国广播电视新闻奖一等奖1次、国家广电总局科技创新奖一等奖1次、中国广播电视学会论文一等奖4次。

  从涉足互联网的实践开始，我就感觉到一个新的时代，就是以互联网为代表的新经济时代向我们走来。我们可以看到，日常生活每天都会面对众多数字化时代或者网络时代的LOGO或标识。这些新的虚拟的平台、虚拟的组织和虚拟的传播载体，体现了一种传统新闻媒介内容向一个新平台转移的创新表现形式。这种形式最大的特点就是可以充分借助这种新型的、虚拟的传播介质，或者叫做比特，或者叫赛博空间，释放我们的激情、热情、执著和偏执。新的技术手段一旦遇到创意资本的结合，就会促使它加速成长，成为一种新的传播工具。这种新工具的特点就是内容为王、资本为王、技术驱动、全球共享。同时，还带来现实社会和虚拟社会朝扁平化发展。人人都有自己的麦克风，人人都有自己的话语空间。有一个统计数据显示，在一些发达国家，信息技术和相关产业成为第一大产业，全球互联网及其相关产业的增长速度是世界传统经济增长速度的 2 到 3 倍，对国内生产总值增长的贡献率达到三分之一以上。去年（指 2009 年）年底，最新的统计数据显示，全球互联网用户发展到 17.34 亿，从 2000 到 2009 年 6 月底全球用户数增长率为 365%。中国手机用户从 20 世纪 80 年代至今，21 年间增长了 19 万倍。2009 年，中国电信年收入 900 亿，全国广电年收入 1600 亿，全国互联网年收入 700 亿。

过去报纸讲发行量，电视讲收视率，广播讲收听率，过去是成千上万，现在是成万上亿，我们讲 PV、UV，我们的实际 IP 数皆是亿级指数增长。数字经济、数字媒体的最大缺点就是缺乏一个准确的数字给其定位。2010 年 7 月份，26 岁的脸谱（Facebook）创始人用 5 年的时间，使它的用户超过了 5 个亿，这个数量接近于印度人口的一半。用户每月可以共享 250 亿条信息。通过移动"脸谱"服务进行交流的用户就有 1 亿人。再来看看中国的腾讯。2010 年 3 月 5 日 19 时 52 分 58 秒，腾讯 QQ 同时在线用户数突破 1 亿，这在中国互联网发展史上是一个里程碑，也是人类进入互联网时代，全世界首次单一应用同时在线人数突破 1 亿。现在，腾讯的员工数增加到 1 万人，QQ 同时在线人数为 1.1 亿。腾讯发展跨越了亿级平台。这种亿级用户媒体对我们的日常生活发挥了瞬间海量的影响力。下面还有一些数据也很有说服力。我国传统的广播影视播出时间和用户规模也处在世界的前列。全国有广播电视播出机构 2654 个（广播电台 251 个、电视台 272 个、教育电视台 44 个、广播电视台 2087 个），有线网络 400 多万公里。去年我国广播电视人口综合覆盖率分别为 96.31% 和 97.23%，全国电视用户约 4 亿、有线电视用户约 1.74 亿，都占全球的三分之一。6 月底，刚刚发布的数据显示（截止到 2010 年 7 月）我国网民总数达到 4.2 亿，普及率为 31.8%。我国电信用户已经达到 11 亿，也就是手机越来越媒介化。截至 2009 年底，中国的网站数量达到 323 万个，年增长率为 12.3%，国际出口带宽达到 86.6GB/S，年增长率达到 35.3%。视频是推动网络带宽飞速增长的一个驱动力。视频的贡献大约达到60%。下面是关于互联网转型的问题。截止到2010年3月15日，中国全球通用顶级域名注册总量为1.1亿个；截止到2010年2月25日，我国IPV4地址数量约为2.5亿个，居全球第2位，IPV4地址资源正面临枯竭，互联网向IPV6网络过渡势在必行。

网络时代的发展趋势是全球化、全视化、全媒体，传统媒体要求及时、快捷，网络媒体要求全天候、时时刻刻、全方位地表达观点。传统媒介的新闻可能是一事多发，或二次、多次转载，但传播的级数是有限的。而网络时代新闻24小时随时播出，满足人们对新闻事件及时了解信息、观点还有未来预期的需求。从web1.0到现在web2.0，还有web3.0都给我们带来全新的挑战。过去的网站传播是一对多，现在的每个个体网站是多对多，它也在向web2.0转型。wed2.0也要借助传统的版本，比如说，传统媒介，如平面媒介和广播电视要渗透它的影响力。谷歌收购了很多传统的广播电台，互联网公司抢占传统广播频谱资源，它也参加了频谱的招标。传统的媒介由于管制没有对它开放，但它千方百计地想对传统媒体发挥影响力。比如说央视播世界杯的时候，也购买它传统的版权。现在很多企业跟我们合作时，要求它的企业标识（LOGO）在我们的传统媒体上要体现，实现一种交叉式的进入。它们在实际的IP数、流量之外，要求在传统空间中有一定的到达率，作为企业影响力的一个衡量指标体系。奥运期间，网易在大学里设了一个第三方观测站，网易的一些标识在大学中的渗透用很量化的考核指标来进行分析，来打它的品牌。如今，新媒体要从虚拟的空间走向现实，传统的媒介要向虚拟空间渗透，抢占新生代的受众，而新媒介要在传统受众中寻找一定的影响力。

现在三屏融合（电脑屏、电视屏、手机屏）是一个关注的焦点。三屏是一个前台，关键是后台的融合。尼尔森每个季度都会发布"三屏融合"的数据报告。这种网络化包括我们现在所说的"三网融合"实际上就是基于互联网的内容和组织流程的融合，因为只有互联网才是最先进的传播到达模式。现在客厅里的受众、办公室的受众和移动状态三大空间的接收屏的融合，就必然导致传统的报纸也要向手机屏、电脑屏进军。通讯社也开始做电视，如新华社的新华电视。路透社每年也有自己的电视音频。现在的屏幕只不过是大小之分、固定和移动状态之分，最终是后台的融合。

说到传播力，我们必然要面临如何发挥后发优势的挑战。我们已有一两个网络能与美国的雅虎不相上下，但总体水平不行。在世界100强排名中，主要还是以美国为代表的先进的网络取得王者地位。现在互联网基础的后台——美国和欧洲掌握的13个根服务器，随时可以对我们进行有效的控制，这是技术上的落差。另外还有语言上的落差。伴随着西方的两次工业革命，英语作为文化载体已经完成了一种全球化。汉语相比较而言，刚刚走向国际30多年。我们虽然是一个传播大国，但我们的影响力、源头、渠道、终端等还处在后发的弱势地位。全球讲英语的有17亿人口，说英语的国家国内生产总值占全球的40%。全世界一半以上的科学技术著作都是英语，全球开设国际广播电台的86个国家中，只有8个国家没有英语广播，开设中文广播的只有20个国家，互联网上80%以上的网页是英语，中文网页只占12%。我们上市的一些互联网公司都是吸收外资通过VC（风险投资）组织起来的。新浪和搜狐的核心资本都是跨国的资本大佬，不管是它的首席执行官（CEO）还是它的经营团队。

下面讲一讲改革开放。在PC时代和互联网时代，中国由于没有掌握核心技术，失去了国际话语权。国务院研究发展中心发表的一份研究报告指出，在中国已开发的产业中，每个产业排名前5位的企业几乎都有外资控制；在中国28个主要产业中，外资在21个产业中拥有多数资产控制权，这其中也包括新兴的互联网产业。目前中国具有代表性的16家上市互联网企业有14家在美国上市，仅2家在香港上市，外资在国内互联网"上下通吃"，以试图控制整个产业链。

现在国有控股的，如中央和地方宣传部控制的中央主流媒体、传统媒体办的重要网站已经开始启动上市，有人民网、新华网、央视网，以及浙江、湖南、四川的网站、东方网、千龙网、南方网等。2001年，新华社有位副社长说我们9家中央投资的重点网站（每家投资一两个亿）在影响力以及PV和UV的流量都没办法跟新浪网比。中央主流媒体网站比不过商业门户，是什么原因呢？第一，投入是一个重要的影响因素，像新浪网近几年投资了50个亿。第二，机制的影响也很大。互联网首先是一个最天然的市场化的媒体,同时也代表一种最先进的、技术驱动和技术创新的载体。因此我们面临的问题主要是国际基础,核心机制和资本投入。

这种情况下,我们传统媒体发出的声音不强、分贝不高、传播的半径不大,到达率有限,新媒体必然凭着强势技术、强势资本、强势的业已形成的全球化通道和渠道,构成对我们的主导、误导甚至诱导。2004年6月9日,人民网在头条位置推出《人民时评:中国媒体是谁的喉舌?》获得新闻评论奖网络评论一等奖。人民日报国际部的资深记者丁刚指出,目前我们媒体中某些网站和报刊不负责任的报道在起着"美国媒体传声筒"的作用,成为西方"垃圾新闻"的传播者。当时我们在评这篇稿子的时候,认为它发出了理性的声音,也在网上引起了强烈反响。商业网站本身形成一种很强大的影响力以后,它的复制转载(copy)加倍地放大了这种"垃圾新闻"的影响力。当时《中国日报》误发了一条比尔·盖茨遇刺的消息,也是网上仿CNN的一条假新闻。当时这条新闻一发,其他媒体都转发了。

面对这种海量、瞬息、互动的空间,我们不知所措、很无助。我们没有原动力,没有原创的引擎来主导我们的传播,所以很被动。有一个网站在30天里有103条消息引自《纽约时报》,101条引自《华尔街日报》,甚至引用经常煽动反华言论的小报《华盛顿邮报》、《华盛顿时报》,另外还有直接编译美联社和其他报纸的新闻。这些商业网站在打擦边球,采用体育、娱乐、科技这些报道,因为全球化是同时的,比如乔布斯发布了iPad和iPhone4,我们三网融合的嗅觉很灵敏,它可以同步实时转载,包括奥斯卡颁奖,美国的大片,它能在第一时间同步到位。但是现在我们要盖住、挡住那堵墙,该怎么办?我们现在正处在话语权和信息安全不对称的情况。信息富有的发达国家信息流向发展中国家的信息多达百倍以上。信息传播秩序不公平,金融信息被垄断在路透、布隆伯格等少数信息机构手中,发展中国家话语权丧失,传不出去。传出去的也被歪曲。2004年的中航油事件的起因就是交易过程存在交易数据的泄露,中国操盘手遭到西方对手联合狙击,国际炒家对我们了如指掌,我们却不知道对方的情况。英国首相布朗说,我们要像19世纪必须保卫海洋、20世纪必须保卫天空一样,在21世纪必须保卫网络空间。现在各个国家都实行网络战略，美国掌握全球的根服务器，前不久安排微软删除了他们认为是邪恶国家的服务点，也从另外一个角度说明我们受制于人。在物质财富日益增长，精神财富处在一种不对称的情况下，我们如何正视软实力、传播力的建设？说法不一，有人认为中国会在21世纪上半叶GDP超过美国；还有专家预言，金砖四国将是世界的四大工厂：中国是车间，俄罗斯是加油站，巴西是原料，印度是办公室。中国的外汇储备和物质能耗有成百上千的指标都处于世界第一的地位。

2009年，互联网跃居中国第三大媒体，其广告收入大于杂志、户外和广播广告收入的总和。2008年，英国发布一组研究数据说明，互联网的广告收入已经超过电视，成为第一大广告载体。在美国，互联网已经逼近第二大广告载体报纸的收入。2007年年底，中国几大网络平台腾讯、百度、阿里巴巴市值先后超过100亿美元，中国互联网企业跻身全球最大互联网企业之列。中国的互联网已经开始向全球的第一阵营迈进，比如说腾讯，在全球的排名中位列前10，还有百度。中央重点网站超过30%访问量来自海外的180多个国家和地区。我们外宣方面，杂志、广播、短波、电视的落地都不如互联网直接。互联网也只是刚开始，首先是语言的影响，我们网站上都是汉语。百度刚刚有了日语的版本，阿里巴巴有英文版，腾讯还主要根植于本土，迈向全球还是刚刚起步。随着中国传播能力的建设、全球化的进程和作为一个大国开始和平崛起进程的加快，中国越来越成为被世界关注的重要战略伙伴，如中美、中欧的战略对话，中国和阿拉伯国家的交流机制，外交、政治、经济等平台渠道越来越多，媒介作为相关的意识形态也应该与时俱进。

改革开放让中国与世界的关系发生了根本变化，中国在全球化进程中日益被世界关注，全世界都渴望听到中国的故事，世界的媒体对中国越来越好奇。到2009年1月份，共有来自54个国家及国际机构的378家新闻机构和700名记者在华常驻。这个数字与2002年相比，在华外国新闻机构增加了100多家，记者人数翻了一番多。新华社、人民日报提出全媒体战略，央视网也提出多语种、多终端、全球化的分发体系的建设，它的语种也不断增加，有英语、德语、法语、阿拉伯语、俄语，加上汉语实现了多语种的播报。中国国际广播电台达到61个语种，在芬兰等欧洲国家、东南亚建设以对象国为基础的网络电台，形成了与中国这个大国相称的表达的通道、表达的载体、表达的话语的传播格局。传播力被中央决策机构提到了务实的高度。党的17大首次将构建传输快捷、覆盖广泛的文化传播体系写入了党的纲领性文件。胡锦涛总书记在党的十七届三中全会上明确提出：谁的传播手段先进、传播能力强大，谁就能更有力地影响世界。中办、国办下发24号文件（关于印发《2009—2020年我国重点媒体国际传播力建设总体规划》的通知），要求到2020年，在报刊、通讯社、广播电视和互联网等领域建成若干具有国际影响力的传媒集团，形成与我们经济社会发展水平和国际地位相称的媒体国际传播力。央视、中国日报（China Daily）、中国国际广播电台，还有中国新闻社等传统媒介要给它强筋壮骨，使之在国际的利益博弈、话语博弈、碰撞交流中形成一种公信力和能影响对方的对等化交流的传播力。中国广电传播网天地一体的覆盖优势已经形成，但是这种覆盖的物理优势并不等于新媒体语境下强调用户体验、个性化的定制服务优势。

以我所在的中央人民广播电台为例，10年来完成四级跳——"数字化、信息化、网络化、全媒体化"布局。中央人民广播电台拥有国内领先的数字多媒体演播厅、录音棚和音乐厅，节目制作、存储、播出、传输全面实现数字化。现在中央人民广播电台共有13套广播频率，从过去的"大而全"变成"专而精"的个性化制作。我们的第一套"中国之声"是新闻综合频率；第二套"经济之声"是财经频率；第三套"音乐之声"（music radio）是音乐专业频率；第四套"都市之声"是面向北京都市化广播的频率；第五套"神州之声"、第六套"中华之声"面向台湾；第七套面向珠江三角洲、港澳地区，用粤语和普通话双语进行广播；第8套和第9套是在3·15事件之后对藏族的播报。

如果我们没有充分应对传播的环境和受众的特点，没有针对性、个性化服务的话，我们就很容易处于一种被动状态。除了传统广播以外，我们还有中国广播网、网络电台，还有四套付费的广播电视节目，还有一套数字电视频道（家庭健康），一套手机广播电视频道（有央广视讯、三套手机广播节目）以及一套即将开办的购物电视频道。此外我们还主办了《中国广播》杂志、《音乐之声》杂志等平面媒体，设有中国广播音像出版社。我们还有40个记者站和办事处，在中国台湾地区派有驻点记者。解放军四总部、各大军区、各军兵种、武警部队等也分别设有18个军事记者站。我们作为一个国家电台，可能是由于广播电视分家，四级办广播电视，它会有一种先天的不足，一是资本的不足，二是技术的改革，三是市场化的准备不足，我们刚开始进行转型。中国广播网于1998年10月13号创办开通，刚开始也是很艰难的，有时候新媒体做传播是知易行难，说起来容易，但要形成一个有组织的核心载体不易。最大的敌人是我们自己，而我们最大的敌人是头脑里的观念。自己不适应这个时代，就会被这个时代边缘和旁落。刚开始办网站的时候，我国有323万个网站，我们只是沧海一粟。中国每秒钟增加700个网站，广播的到达率伴随的是忠诚。电视也是从不经意地收看，到忠诚地锁定收看、万人空巷地收看。这都是传播力核心的、关键的指标。后来我们找到了一种传统媒介和新传播手段的可行性合作。我2002年去美国考察，包括《华盛顿邮报》《基督教科学箴言报》都纷纷出自己的数字版，把传统品牌延伸到汪洋大海中的普通网页。在这种情况下，我们如何保持自己的生态平衡？如何与时俱进变成一种新的有机的生命体，对我们的新新人类以及对我们的忠诚受众依然保持一种强势的吸引力？我们认为传统媒体和新媒介要融合，就提出来"台网联动，台网一体"，先是台要为网铺路，接下来台网要平行，最后网要比台大，台要包含在网之中。

要摸准规律，在新经济时代还是要以内容为王。最早的时候我们没有考虑过自己的排名，今天在中国的排名在2656名，排名还不太低，当然我们刚刚开始做。商业网站百度是前9名，腾讯排名前7。传统媒介有一个案例，比如我们最早办的《新闻和报纸摘要节目》除了以广播节目形式播出以外，还在网上有一个专题的站点，手机上有一个首家有声中国手机报——新闻和报纸摘要，每天中午12点把我们的广播节目频率进行新的移植。这是付费的，通过移动的10086发送用户，每天既有核心新闻，传统广播节目的精华，又有适合网络特点的个性化的碎片化的精彩的适合网民或手机用户在移动状态下接受的信息。除了我们的手机报外，还有一个中网财经手机报做得不错，再就是我们的广播电视。2007年两会期间中央台在中央媒体中率先试播手机广播电视，通过中国移动梦网平台试播。2008年7月1日在中国移动正式开展收费业务以来，中央人民广播电台手机电视收入和用户数的环比增长率几乎每月都超过100%。在与中国移动合作的手机电视业务上，2009年全年到账收入上千万元。2010年5月，央广手机台在中国移动业务上首次突破分账前月收入1000万元大关，目前已拥有105万包月收费用户、150万免费用户，在中央台内搭建直播服务器机房，将合作CP的卫星信号直接引入到联通的平台上，未来这个机房将通过专线连接中国联通和中国电信，共能传输60套直播电视节目。

现在我们的视频节目做得好，除了目前广播节目中有中国移动的手机终端外，全国统一的收费节目也有。另外我们破除了只做音频的局限和限制。我们跟全国120多家内容提供商合作，包括湖南卫视、广东卫视、北京卫视，还有主流的视频网站优酷、酷6、土豆、光线传媒、华谊兄弟等，把内容一网打尽，输送到我们的手机平台。同时我们还有一个自己的演播间，每天早上6、7点钟开始视频节目，播近期的热点新闻，第一时间上新闻，比如奥巴马就职总统仪式直播的时候，把凤凰卫视的拿过来做CP、碎片化的处理，还有包括全运会、世界杯的精彩进球等。我们肯定比CCTV慢点儿，不能超过它们直接购买的版权，但我们跟他们有授权合作，进行个性化的分发。另外，我们跟全球500强的技术供应商诺基亚有一个合作，它手机里面的web TV、OVI等音视频，因为受管制它们不敢做，我们跟它们合作。前不久我们中广传播和一汽合作，进行终端合作车载广告。商业网站也要进行融合互动，我们现在跟他们进行授权的合作，签订内容购买合约，一些推广也会依赖他们。比如一些独家的新闻、跟他们一起搞活动打造品牌的行为，还是卓有成效的。我们还加大了原创新闻的生产力。以2009年5月份为例，三大门户网站共采用我们的独家新闻603条，至少有一两百条是我们的原创新闻。我们的广播节目也是全天候的，每20分钟要出新闻，20分钟随时切入央广新闻，进行重点关注和重大事件的现场连线，比如墨西哥漏油事件的消息一出来，我们驻美国的记者收集《华尔街日报》的消息就把文字稿传了上来。手机短信、手机报还有手机广播电视同时进行全媒体的贯穿和到达。我们早期的《新闻与报纸摘要节目》早上5点钟所有的文字稿都已成型，然后6点半一播完就在网页上线了。所有的音频最多滞后半个小时也就上线了。

媒体融合时代的快捷要反映出来，我们的机制和流程都是按照全球化、全媒体化的过程在进行。汶川地震期间，广播和网络同时发力。当时实战记者李涛在温总理第二次乘坐飞机到汶川的时候，在总理登机时，他给我发了一条短信：下午2点35分，没有意外的话，准时发稿：一条快讯：总理第二次飞赴汶川。但所有的新华社通稿，电视里都没有，他们也是跟着一块去的。我们直接一条快讯，滚动播报、广播插播，就把这条消息散布了出去。2008年5月17号，国务院常务会议要给因灾死亡人员家属每人发放5000元抚慰金。当时国务院给我传过来，我赶紧打，然后广播随时插播，时间上早过了所有的媒介。中国广播网编辑第一时间刊发的这条消息，很快被CNN、美联社、各大门户网站转载。举这个案例是想说，在全媒体、全球化、瞬秒必争的竞争环境，我们要想提高传媒竞争力或者有效的传播力，就必须抓住这些细节，在细节上体现我们的传播力。

社交网络成为一种新时尚，社交网络发展很快。美国总统选举、温总理也上了Facebook首页，在以色列空袭加沙的战争中，也通过twitter、YouTube发布信息。美国国务院通过Twitter向民众推广美国国歌。就我们国家而言，我们也加强了硬件的建设。2010年4月8日，工信部联合六部委（发改委、科技部、财政部、国土资源部、住建部、国家税务总局）下发了第105号文件，提出要在三年内投资1500亿元新增5000万宽带用户，到2011年城市用户接入能力平均达到8MB每秒以上，光纤入户量达到8000万户。现在中国80%的网络用户使用宽带，宽带是一种井喷式的发展。发展到最后可能每个社区乡镇都有一个数据中心、信息电厂。现在我们有这样一个布局。奥巴马上台后提出要把宽带直接通到每一个学生的桌面、每一个医生的案头。英国也提出每一个公民建设一个homepage（主页、网页）。我们的传统媒介究竟如何体现我们的传播力？这需要未雨绸缪。我们的科研网已经开始实现CNGI、IPV6这个协议。清华大学的计算机网络中心和中国电信一直在合作，下一步我国肯定把IPV6进行商业化的运用。广电主导的CMMB体系已经形成完整的产业链。全国已有300个城市开通了CMMB信号。实际上CMMB的传播力信号比中国移动、联通、电信的信号还要好。

它在北京，只要3个发射站就可以传播到我们的整个用户，但是电信和移动可能要建设9万个发射基站。这个关键是要找到一个商业模式。

三网融合按照一些院士的说法，应该是基于互联网的。传统的电信是因为有了互联网得以加速的发展，传统的语音业务处于收缩的状态。中国移动现在70%的收入来自于非语音等业务。新闻出版总署发布的数据显示数字出版、手机出版已经超过传统纸质出版的总量。中国移动有几大基地：手机阅读基地、地图基地、网络音乐基地等。中国移动的音乐基地原来是广播电台的。传统的唱片业一年只有两三个亿，不到十个亿的收入。中国移动一年就有180亿的收入。随便订一首歌曲要2块或5块钱，收听彩铃也要收费。它找到了基于个性化、移动、随身听的这种习惯。现在电力有一个电力网，电力也可以上网购买，是四网融合。物联网是物物相连、人物相连，这又是一个巨大的传播体系。在这一点上，我们未来传播的平台和传播的渠道无穷无尽，有无尽可能。

互联网已经从国防学术交流的主体转化为全球虚拟经济主体，成为传播力的一个主体。从web 1.0到web2.0和web3.0，实现社交化传播。广电网、电信、物联网等都有一个空间。联合国前秘书长安南在2005年的一份报告中指出，世界正进入人类历史的第二个"迁徙时代"。全球共有19.1亿移民，表面上的人口迁徙加剧了人类劳务、技术、经济乃至文化、思想的迁徙，与此同时，人类信息传播方式的迁徙，全球互联网和经济全球化一起将人类带入了一个新传播时代。无线城市、3G技术还有4G技术带来了人们随时随地获取所需的新媒体的大融合的时代。

中国的和平崛起迫切需要一流的国际传播能力和互联网舆论环境。前不久《环球时报》上有篇帖子，说我们现在真的是世界大国了吗？中国梦和美国梦，这两者相比我们的优势在哪里？为什么我们提倡的和平崛起就受到"中国威胁论"、"中国责任论"等各种各样的论调的攻击？希拉里说要把东盟搞起来，在南中国海提出他们的构架。在这种情况下，我们的舆论、我们的传播力、我们的话语能不能被他们关注？现在，不仅发达国家要我们承担责任，发展中国家也要我们承担责任，在自己国内很多问题还没有解决的情况下，如何把握我们的舆论，让世界知道有利于我们发展的信息，这可能需要更多更长的时间。国信办的白皮书报告透露，互联网产业对中国GDP的贡献已经达到7%，未来三年可能变成15%。在一些经济比较发达的地区，信息产业已经从新兴工业变成了第一支柱产业。我国正走在从互联网大国向强国迈进的坎坷多艰的道路上。2009年5月14日，百度的CEO李彦宏在海南三亚举行的第四届联盟峰会上表示，互联网将成为全球经济下一个驱动力，而中国由于其庞大的网民数量和上网需求，有望成为全球互联网的中心。但是我们现在的制度创新还远远不够。我国的互联网站腾讯、新浪等大都是后发、借鉴。1997年8月6号，微软在苹果危难时投入了1.5亿。现在苹果的市值已经达到1820多亿美元，正以10倍的速度增长。而微软的市值却比十年前下降了1千亿美元。为什么他们之间出现这么大的区别？微软也在做新媒体平台，比如说MSN即时通信工具、MSNBC网络电视，比尔·盖茨也曾说过网络电视要取代传统电视。但是微软不像苹果那样注重用户个性化的体验。苹果的个人电脑终结了IBM的巨型电脑，走进了先进的、个性化的时代。它颠覆了传统的数字唱片甚至广播的传播模式，成为一个网站加接收器再加版权的在线商店的产业链。它的平板电脑带来了一次终端的革命。电子书、所有的平面媒体都可以预定内置在它的平板电脑里面，而且它非常强调简洁、感官化的应用。

下面我汇报一下自己的思考。

在全球化和全球互联网基础上的电子网络地球村，中国要成为一个创造者，用西方听得懂的语言去解释自己的观点，以此与西方交流对话，打造自己的文化软实力。

以互联网为核心技术的新媒体将传播视野带入全球，参与新媒体传播就必须要有全球视野，参与全球对话，进入全球信息互动反馈体系。

谁掌握了核心技术引擎谁就掌握了打开未来之门的金钥匙，用最好的技术武装的最新媒体联盟会形成全能载体的绝对优势。

敏锐地把握下一代网络运行规律，要善于担当新一代网络的导航者，我们有理由相信，中国互联网在未来世界网络舆论体系构建中将占据重要一极。

精彩讨论选编

提问：你刚才讲到"内容为王"，这里的"内容为王"是个什么概念？

伍刚："内容为王"主要还是指知识产权和版权的内容。在国外，传统媒体网站转型好的话还是很强势的，影响力很大。在国内，可能管理的问题，没有想到商业网站会有那么大的影响力，它们采取的是一种海盗式的发展，比如新浪，最早可能会购买几家传统媒体的内容，比如新华网、人民日报、央视、中新社等的内容，但是大部分内容它是采取一种直接免签的方式，也就是说它是一个集大成者。现在的几大门户还是强调内容为王。网民到上面去一定是看内容的。包括现在的新浪、搜狐有了一定的影响力之后形成内容的强势。电信虽然没有做内容，但它也搞了很多数据（互联星空），它们也想做一些增值服务，利用自己的带宽换新浪、搜狐这些内容提供商的内容，最后达到双赢。而传统媒介可能没有意识到自己在新媒体环境中"内容为王"的优势。当时，内容是廉价的，《扬子晚报》、《新快报》报道孙志刚事件，带来巨大收益的是搜狐和新浪，它们赢得了第一位的点击率。《新快报》为了扩大影响免费为它们提供了孙志刚事件的一手材料，最后它因为报道这个事情受到中宣部的查处，违反了宣传纪律，付出了惨痛的代价。但是搜狐、新浪就被免责。所以内容为王，我们必须守住自己的底线。美国一家很有影响的网站因为有大量盗版的 MP3 下载，被美国一纸法令勒令关闭。因为该网站的内容是盗版的，这是侵权行为，侵犯了所有唱片内容商的利益，最后这家网站就死掉了。但苹果解决了这个问题，它在跟几大唱片公司签协议的时候，一方面，要求跟它合作的公司必须提供版权；另一方面，它可以保证在用户下载歌曲之后，合作公司会获得一定的分成，分成中的大头给合作公司。通过这种方式，苹果公司把所有的内容提供商集中起来，它分成所得的小头最后也聚成了大头，获得了巨大的收益。单个的唱片公司因为在分成中拿到大头，也很乐意跟它合作。

讨论：你说到"孙志刚事件"，西方最关心我们的人权问题，传统媒体虽说是原创，但中央台却不能播。就是说，西方受众关心的东西，我们不能够提供，那你怎么做到内容为王？

伍刚：这就是我刚才说的，我们最大的敌人是我们自己，自己最大的敌人是我们头脑里的观念，我们要不断地松绑。决策者的确需要自我解放思想，来面对这个问题。比如我们每年一度跟美国的战略对话，不单要输出我们的内容价值，也体现我们的立场，这也是一个过程。我同意您说的，这是我们中国特色的内容，跟西方的话语不一样。西方不同的人当选会有不同的话语表达。这是我们面临的另一个挑战，即在全球化政体不一样，各种各样的利益焦点、利益状态中，我们如何把握自己的优势。比如说，汶川地震的传播，我们始终坚持黄金时间传播我们的信息，我们的内容跑过了谎言和谣言，抢占了先机，最后西方媒体、灾区媒体或者灾区之外的媒体均予以认可，应该说是成功的。这是信息公开、内容为王的一个案例，当然你说的那些很多中国特色的内容，可能还是要一点点、有耐心地碎步前进。

提问：你说你们现在也在搞网络视频的播报，这在你们总的预算中占多大比例？现在中央台也有网络电视台了，跟央视拼视频，你们能占优势吗？

伍刚：我们的视频很有特色。比如武汉最近有一个黑心救护车，有一个人跳上去就死掉了，还有吉林化纤厂的毒气事件，当时我们派去的是全媒体的记者，就是有针对性地现场连线，完全是直播。吉林化纤厂的毒气事件发生时，当时地方要掩盖，我们第一时间赶去，半天内发了十多条视频，采访了很多当事人。后来当地的新闻发布会，官方的声音、受害者的声音、包括医院的声音等各种各样的声音都在我们的视频中悉数呈现。我们就通过一个具体的细节来体现全媒体的战略。当然相比央视的海量我个人觉得在个性化上还有空间。在这一点，凤凰的个性化、碎片化传播做得更有意义、更具特色。

提问：我问一个稍微技术点的问题，音频的网络化成本低，而且比较快捷，但是同时加上视频往回传，你通过哪个路径？

伍刚：我们跟诺基亚有合作"me on TV"。还有就是压缩后通过网络传播，或者在现场就有发布的终端，直接上传。

提问：这个主要还是针对手机版本的？

伍刚：不是，是 PC 版本的。

讨论：其实国外 PC 上的广播和电视早就融合了，比如 CNN 同时有广播和电视，加拿大广播公司（CBC）的电视和广播是高度融合的，以后人为地划分一个广播电台、电视台就没什么意义了。在网上人为地把两者区别开来，也是没有意义的。这是一个趋势，也是我们马上要面临的问题。正如您刚才说的最大的敌人是我们自己，我们要战胜自己的观念。

提问：你刚才说宽带互联网时，讲到六部委还是八部委。宽带互联网很重要，它要运行怎么会没有工信部和广电总局呢？

伍刚：没有广电总局，这算是三网融合之间的博弈吧。它们想抢占。

提问：还有一个就是加宽带的时候，国家电力不是也可以吗？前几年，我们知道，就是用一个转换器接在电源插头上就可以布网，那个时候打擦边球，有些小区进去了，但是后来就不让干了，现在怎么样了，能让它进去吗？

伍刚：现在有，就是按照国务院指示在试点。

提问：还没有政策、规范下来？

伍刚：还没有。

提问：广告怎样实现盈利？

伍刚：广告最好的跑马圈地的时期已经过去了，现在就是个性化，垂直化，最后形成特征化。比如说，分门别类的垂直经营，游戏、手机阅读，分类垂直信息。比如汽车门户"汽车之家"是一个被澳大利亚收购的网站，就六七十人，广告收入一年一个亿，我们八九十个人，一年还倒贴两三千万，国有的就是这样，没办法。比如说人民网去年广告2.5个亿，还不错，它现在主要是抢占了一个中国党政的权威信息发布的服务平台，省委书记上网去留言，它是一个巨大的监督基地。新华社作为国家的信息总汇，在没有搞公司化之前，一年销售可以卖1个多亿，两三个亿都没有问题，它掌握了核心的信息资源。实际上为什么别人要看你的广告呢，这么多广告，你说新浪网页，各地方都有，为什么要在你这里做广告。比如说我要做汽车的，我关心租房的，我就到焦点的房车网上去看，去赶集网等等去看，要手机音乐，铃声下载，要去找音乐，那些原创的歌手，要娱乐一下，还有摆摊的，全天候地下载下来，就像一个收音机一样。我觉得，现在的广告任何人都不能做得像过去全国人民都听收音机，全国人民都看一张报纸，全国人民都读一本

《人民文学》，或者《求实》、《红旗》。互联网时代就是一个泛信息的时代，我在这可以随取所需。比如说，在纳斯达克上市的携程网，它就做得很专业，很垂直了。想订酒店只要进入它那个网站，的确可以选择酒店，买方市场和卖方市场都可以得到一个最大的集成化服务。卖方可以在这里找到最好的买方，最及时的买方，最到位的买方。买方可以在这里找到最大的卖家，一个网络就是一个平台，是一个桥梁。马化腾说，我们的互联网就叫一站式的在线生活，所以他能做到全国的NO.1，为什么要做到最好呢，就是一个邮箱，他收购以后进行了40多项改革，收购了一个现成的公司，他每天都体验。比如说每天给你送免费的订阅杂志，可以看最新的新闻，看PPlive，看最新热门的视频，可以互相体验空间，可以换肤，可以进行虚拟产品的交易，可以在线淘宝，还有相关的软件下载，都集成了。一进去以后，就像一个自己的消费空间，一个企业经济的有效主体。所以说，现在单纯的广告只是人们纷繁的需求中的一个部分。因为人们现在都要组合式的，是混搭。要扩大一个品牌的影响力，单纯去做广告，傻乎乎地把钱押宝，全压到新浪上面，不行，新浪上只能投一部分，所有的媒体广告，要以一种软文的形式，策划一些活动。比如说，贾君鹏的事件实际上是一个广告行为，就是为了推广游戏。还有很多，如闫凤娇、兽兽，都在借助"眼球效应"，就是注意力经济，你抓住了注意力，就抓住了相关的一连串的产业链。所以说新经济，感觉到有无穷无尽的东西。要挖掘一些有价值的东西。

　　提问：我们不得不承认，我们现在的媒体就是一个经济实体，当它发展的时候，必须作为一个经济体产业化发展，在发展途中遇到了主导思想、宣传思想等一些矛盾的时候，怎么来思考和平衡这个问题，是按市场规律办事呢，还是按监控办事？

　　伍刚：前两天，中央政治局会议上讨论关于文化事业、文化产业的问题，当时领导问了两个问题：第一就是为什么我们现在没有大师，第二就是为什么我们崇洋的文化盛行。现在给人感觉就是，我们的主体，我们文化产业市场的主体，或者是文化的载体，都需要从计划经济时代转向市场经济时代，或者说从过去封闭的时代到全球开放的时代，从一个非常博弈、非常交错的时代到一个可能是平衡、对等的时代。就是说有很多东西需要去转换我们的观念，是一个深刻的变革。

如何认识和把握新技术条件下的网络传播变革

彭兰

（2010—8—31）

彭兰，博士，中国人民大学新闻学院教授、博士生导师。国家重点研究基地"中国人民大学新闻与社会发展研究中心"研究员，北京网络媒体协会理事。主要研究领域为新媒体，先后出版《中国网络媒体的第一个10年》、《网络传播学》、《网络传播概论》等10余部专著或教材，主持的"数字传播技术应用"课程获国家级、北京市级及校级精品课程称号。主持或参与多项重要课题，先后获"吴玉章人文社会科学一等奖"、"全国优秀博士论文奖"、"北京市教学名师奖"、"北京市高等教育精品教材奖"、"北京市教育创新标兵"、"宝钢优秀教师奖"、"中国人民大学教学优秀奖"等多项奖励。入选教育部2006年"新世纪优秀人才支持计划"和北京市社科百人工程。

我今天要跟大家作的这个交流，实际上是基于对实践的一种观察，它不是学理性研究，而是对实践的思考。

从 web 到 app

第一个想跟大家探讨的话题，可以概括为从 web 到 app。前不久网上有人在探讨克里斯·安德森的一篇文章，标题听上去有点耸人听闻："The web is dead, long live the internet"，就是说 web 死了，互联网会长存，或者说互联网万岁。这篇文章的作者克里斯·安德森是美国《连线》杂志主编，对技术发展趋势有自己的独特认识，他曾出版了一本影响商业世界的畅销书《长尾理论》①。这里我们需要从技术的角度解释一下什么叫 web。因为如果在技术概念上没有分清两者，就没有办法理解他所说的是什么意思。所谓 web 指的是万维网，也就是我们今天上互联网时打开浏览器浏览一个个页面的这种应用方式，而 internet 指互联网，web 实际上只是互联网上的一种应用方式。

如果使用 iPhone 手机，你可能发现 iPhone 上主要是以 app（"应用"）形式提供服务。而我们过去用手机上网多是去 wap 网站。wap 网站实际上是 web 在移动互联网或者在手机上的一种延续，本质上与 web 是一样的。但是安德森指出，现在我们通过 iPhone 等手机上网时，实际上是通过我们自己定制的一个个 app 来获得自己需要的内容或服务。ipad 出来之后，这一点也非常明显。你使用 ipad 的话也会开始使用 app，而不仅仅是使用浏览器。

虽然我现在还不敢赞同安德森的观点，即万维网已死，但是我感觉的确在最近几年 web 技术受到很多挑战。在未来，我们跟互联网打交道的方式会越来越多，而不仅仅是通过 web 浏览器这样一种方式。iPhone 和 ipad 的应用商店可以满足各种人不同的应用，有的可能是内容方面，比如说在 ipad 上我们可以看到像《纽约时报》、《今日美国》，还有英国的《金融时报》（*Financial Times*）等等，它们都用应用的方式做出了自己的 ipad 版，你可以不去上它的网站，直接订购它的应用，在一个全新的界面上去阅读这些内容；有很多游戏 app，可供下载玩乐；还有很多书也制成了 app，供下载阅读。所以从早期的 RSS 和 widget 到现在比较流行的 app，都会对万维网造成一些冲击。

Web 其实还是传统媒体思路的一种延续。首先，web 更多的是基于大众传播的思路，像门户网站是以 web 技术来支持的，它要造成的是一种大众传播的效果。另外一方面，web 实际上主要是针对内容的浏览所

---

① 长尾理论（The Long Tail）是网络时代兴起的一种新理论，由美国人克里斯·安德森提出。长尾理论的基本原理是：只要存储和流通的渠道足够大，需求不旺或销量不佳的产品所共同占据的市场份额可以和那些少数热销产品所占据的市场份额相匹敌甚至更大。商业和文化的未来不在于传统需求曲线上那个代表"畅销商品"的头部，而是那条代表"冷门商品"经常为人遗忘的长尾。克里斯·安德森认为，网络时代是关注"长尾"、发挥"长尾"效益的时代。

搭建的一个平台，所以我感觉web是所谓"内容为王"的大众传播时代的产物。但是现在不管是电脑互联网还是以手机、ipad等为终端的移动互联网，实际上已经开始进入一种web与app并行的时代了。内容也已经不是唯一的主角，人们在这样一个时代上网可能会有越来越多的诉求。app可以提供更多的更加丰富的界面，更加个性化的界面。因为每个app都是开发者自己开发的，它完全可以不受浏览器界面的约束，也可以不受它的逻辑的约束。你可以根据游戏的需要来开发界面，也可以根据杂志的需要来开发界面，或者还可以根据其他的需要去开发个性化的界面。这样看来，app虽然不像安德森说的宣判了web的死刑，但是它可能是对web这种界面方式造成冲击的很重要的一种技术。

从"大众门户"到"个人门户"

第二个话题我概括为从"大众门户"到"个人门户"。现在很多网站，特别是以提供新闻和信息为主的网站，它们努力的目标都是做门户网站，像现在的几大中央重点新闻网站，加上各级地方新闻网站。好像你要做一个网站，努力的方向就是要做一个"门户"，特别是在商业网站形成优势的局面下，很多传统媒体要崛起，大概就是要挑战商业"门户网站"。我觉得今天有谁再去做"门户网站"，哪怕经济实力再强，意义都不是太大。因为不光是媒体网站在web平台上发展并不尽如人意，那些曾经在互联网发展的前十年取得辉煌成绩的商业门户网站，最近也在走下坡路。早期新浪在中国网站流量排名第一，但百度这几年已经超过了它。美国就更明显。美国没有太多像中国这样的门户网站，当然雅虎（Yahoo）算门户网站，后来谷歌（Google）超过了它，脸谱（Facebook）也超越了它。这都说明"门户网站"的地位正在受到冲击和影响。过去的"门户网站"其实是传统的大众传播模式的一种延续，虽然很多人都说网络是一个分权时代，但是在1.0时代，事实上这些网站还是某种权力的中心。

咱们这个圈子里面，现在把微博或者SNS[①]作为上网起点的人似乎

[①] SNS全称Social Network Site，即"社交网站"或"社交网"。

还很少。我说一下我上网的首页是什么样。因为我用 IE7 浏览器，可以同时设多个首页，我把新浪、新浪微博，还有谷歌、谷歌电子邮件（gmail），再加上大众点评等等都设为我的首页。但在这些并存的首页中，我已慢慢地把微博作为上网的起点了，尽管新浪还是我的首页之一。据我观察到的情况，越来越多的人把微博作为自己上网的起点，或者在微博上一待一天。这意味着什么？微博比社会化网络服务（SNS，像开心网，校内网等）网站进步的地方在于，它不仅仅有一个很好的社交功能，公共信息传播的功能也得到了很大的加强。我们在微博上几乎可以获得所有门户网站提供的重要新闻内容。所有"门户网站"提供的重要新闻实际上在微博上都会有所体现，而且它的信息发得更快，更丰富。在它的评论里面，甚至很多是专业人士的评论。

如果微博把电子商务等功能吸纳进去，或者把邮箱的功能再吸纳进去的话，我觉得很可能有一些用户慢慢就会从过去作为"必由之路"的一些"门户网站"或是一些搜索引擎网站，开始转到以个人为中心的"个人门户"来。

这样的话意味着什么？互联网早期所说的分权时代其实在 web1.0 时代是没有实现的，但是到了今天或者再往后的时候，它可能会有更多的实现的可能性。这个分权更多的是指专业机构的权力被分化、被消解，不一定就是真正的网络中间没有话语权的中心了。我注意到在微博这个平台上，又出现了新的所谓的话语权力中心，这就是意见领袖。一些名人，还有一些行业里面的资深人士，或者在微博里面非常活跃的一些人物，他们实际上正在成为新的话语中心。这是另外一个需要去研究的话题，可以做纵深的学理性研究。

对于微博等个人门户时代的传播，我自己目前更关注三种机制，第一种是社会网络机制，第二种是自组织机制，第三种就是刚才我们提到的话语权力中心的作用。

社会网络机制是微博等平台的底层结构，与我们传统 web 时代不同的是，微博上的信息是以人际网络为渠道流通的，而过去门户网站的模式其实还是点对面的，就像我们传统的大众传播那样是一种单向的点对面的模式。所以这种模式我们需要关注。自组织理论可以帮助我们思考一个问题，就是微博发展下去会不会变得更混乱。因为现在有人在说，微博上的信息虚虚实实、真真假假，到底会不会造成严重的危害？自组织角度的考察有助于我们更好地认识这些问题。当然自组织理论也可以去解释网络中间很多其他东西，比如说论坛，比如说人肉搜索等等。微博中间话语的流动是靠什么力量来推动的，有些信息为什么那么快地蔓延，我想所谓的"意见领袖"一类的话语权力中心在这里起的作用是不可忽视的。

我把刚才说的这三个方面很简单地展开一下，首先，来看看社会网络机制。社会网络是微博传播的底层结构，它看上去就是人的关系网络。最近几年在新闻传播学科里面，社会网络理论被人家关注得越来越多，大家去做研究也是越来越多地去借鉴这个理论。这是为什么？是大家碰巧发现了一个可以借用的社会学的理论框架？还是别的什么因素？其实研究手段的拓展和互联网应用的发展，两者的脉络是一致的。我自己在看到像豆瓣这样的新社区的时候，突然发现用社会网络的理论去解释这种新的人和人在网络中的关系是更适合的。实际上网络这些新型社区的发展，特别是 SNS 和微博的发展，都有一个重要方向，那就是这些平台可以更好地构建人和人的关系，而且这样一种关系也在影响着信息的流动。所以，人的关系网络，或者说社会网络成为了微博等平台信息传播的底层结构。微博里面的传播也常常被称为裂变式的传播或者病毒式的传播，裂变的或者病毒式传播的过程，实际上都可以归结到社会网络这样一个视角来。关于社会网络是什么，社会网络的分析方法，可能在座的很多人有过很深入的研究，应该在很多方面比我更有修养，所以我不再多说了。但是我觉得这是我们研究微博的一个很重要的视角。

第二个是关于自组织。为什么要谈自组织？我并不是从微博开始才关注自组织，在研究人肉搜索现象时，我就在想为什么看上去素不相识的网民，天南海北的人们会步调一致地完成一件事情，把某个人搜得底朝天。这里面到底出现了怎样的协同工作？其实自组织理论可以一定程度上解释这样一种从无序到有序的过程。顺带说一个话题：我们一直在说互联网会带来一定的负面影响，但是从总体来看，我们发现一个很有意思的现象，互联网进入中国这十几年，对促进中国社会的进步功不可没。我们经常发现网民失控的情况，但总体上互联网又会扮演正面的角色，最后呈现一种较为理想的状态。实际上这都是可以从自组织理论中寻找某种线索。论坛里素不相识的人聚集在一块，但是为什么有些论坛最后变得组织有序？实际上也会有一些自组织效应在里边。微博当然也有很典型的自组织机制。维基的应用里面应该也存在很明显的自组织效应。

在分析网络中的自组织的时候，我想可以从两个不同角度去看：一种是常态性的，就是像论坛、维基，大家熟悉了之后会形成一种彼此的分工合作，会成为一种常态性的自组织，它是比较持续的。另一种是应急式的，每一个人可能会因为自己的兴趣随机参与人肉搜索的过程，这个过程也是随机的人的聚合，在当时会形成一种自组织机制，一旦任务完成，这个自组织就消失了。在微博里面既有类似常态性的自组织这样一种机制，同时也有应急性的自组织。我们一方面需要探讨这些常态性的自组织是怎样形成的，另一方面也特别需要关注应急性的自组织在网络世界中扮演的作用。我们研究网络舆论形成过程也好，网络生态世界也好，都需要研究自组织这样的机制。

网络中怎样形成应急性的自组织？首先一定是在网络中某个节点上出现一个公共性的话题，比如说要声讨一个人，要揭一个人隐私，或者说在微博中发起一次活动，总之是一个公共话题在一个节点出现。微博是以社会网络为基础的，每个人的人际网络或者说社会网络都是和某些人的社会网络相连通，这样的话，一个公共话题出现以后总是很快会蔓延到社会群体中间，那些感兴趣的用户就会通过社会网络汇聚起来。在网络中间有一种效应——正反馈效应，就是强者越强，弱者越弱，一个大家感兴趣的话题很快就会变得强大无比，淹没其他弱小的话题。因为有这样一种正反馈效应的存在，所以焦点很快会凸显出来，告诉我们要找一个什么样的线索，去解决什么样的问题，或者有什么样的行动，在这个基础之上我们会形成自然分工。我最困惑的是这个自然分工是怎样形成的，除了大家每个人各自有自己的特长之外，它是通过怎样一种交流机制，是类似蚂蚁的交流机制还是类似蜜蜂的交流机制使得他们形成这样分工的，我没有办法做细致的研究，但是从观察来看，会有这样一个自然分工的形成。不管是在微博上，还是在其他地方，这样的应急性的自组织对网络行动的形成或者对网络舆论的形成应该都起到了很大的作用。

第三种机制我们谈谈话语权力中心，从这个角度可以研究微博平台上信息扩散是由什么力量主导的。像我这样一个特定的用户来说，发一条消息到微博平台上会蔓延到几百个人、几千个人，还是几万个人？我想可能会有三类节点在同时起作用。第一类是和我们有直接关系或强关系的节点，如果其中有一些特别牢固的纽带，出于情感上的支持或者对意见的认同，他帮你转发一下，那么这样的话，信息比较容易扩散。如果这个强关系节点中间，有些人本来就是意见领袖，那么他的转发就会到达几万人甚至几十万人，这样就可以进一步增加信息扩散。这一类节点的作用无疑是重要的。第二类节点是看上去和我们是间接的关系的那些节点，中间隔了好几个人，但是并不是说这类人对我们就没有作用。其实间接关系节点也非常重要，我们发出的内容只有得到足够多的间接关系的认同才能够进一步扩散。在微博上，每一个看上去跟你隔个十万八千里的间接关系的节点，也会成为一种把关，他转不转发，这本身就是一个把关。转发的人越多就意味着信息扩散的效果越明显，所以这会形成一种自然的淘汰机制。实际上对于检验一个公共信息来说，这是很重要的机制。第三类是那些拥有较强话语权力的某些人，也就是话语权力中心，无论他们离我们远或近，对微博内容的传播应该也会起到至关重要的作用。话语权力中心是如何产生的，他们对微博的作用是什么，这是尤其值得我们关注的。

除了刚才说的微博具有个人门户的潜力之外，在移动互联网上还有另外一种新的方式呈现个人门户。刚刚我们谈到我们使用 ipad 或者 iPhone，主要是通过 App 应用，那么由我们个人选择的"应用"其实就构成了个人门户。

个人门户的另一个意义，是它能带来个性化的信息消费。对整个网络或者对新媒体的信息传播来说，它带来一种分裂的状态。未来的新媒体传播是一种分裂的信息传播，不再是像过去的大众门户那样提供集中的信息传播。

从"内容为王"到"关系为王"

我想谈的第三个话题可以表述为从"内容为王"到"关系为王"。

我说从"内容为王"到"关系为王"实际上是强调一种思维的变化，内容还是很重要的。但内容是不是可以决定一切？未必是这样的。

我举个例子。赵启正院长在2007年夏天在新浪开了博客，他个人的影响力不小，博客内容是关于公共外交的，也比较吸引人，没有多久已有几十万的访问量。但有一次他跟我们聊天时说，跟徐静蕾比他的博客访问量还小得可怜。他说自己也看了徐静蕾的博客，写的无非是她们家的猫生了小猫等等，他不太理解为什么徐静蕾的博客会这么火。我就在想，从这个角度看，内容到底是不是为王？赵启正院长写的是什么呢？他写的是怎么样做国际交流、对外传播，应该说这个内容比徐静蕾的内容更有价值更有吸引力。但是为什么人们更愿意去看徐静蕾的博客呢？再举个例子。韩寒在微博里面开了个账号，他说的第一个话是"喂"，这一个"喂"字引发的转发和评论，成千上万，那么这个"喂"字有多大的价值？你用任何标准来衡量和判断，"喂"都没有多少内容上的价值，但是它为什么这么引人关注？因为它的后面是一种关系。这几个例子我们还可以做进一步的探讨，但是它们至少促使我们思考，内容到底是不是在今天还能够成为一切，决定一切。

今天的传播其实是依靠关系网络，有很好的内容但是没有很好的传播网络，那么就没有办法使我们的内容价值真正地被发掘出来。

为何我们说今天网络更重关系，因为首先网络本身已经不像我们说的仅仅是一种媒体了，我们对网络属性的认识需要不断地拓展，网络作为一种社会形态对我们产生的影响越来越深入，社会是人与人的关系的集合，所以它要强调关系。

关系实际上也可以进一步去细分。我想如果从人、网站、网络产品这几个对象来看，关系可能会体现在三个层面上：一种就是人和网络中间所提供的各种产品之间的关系；一种是人和提供产品的网站之间的关系；最后就是人和人的关系也就是用户和用户的关系。我在看腾讯发展脉络的时候，觉得有些东西给我很大启发。腾讯最终的产品大家说靠的是QQ，但是QQ带来的更多的不是人与产品的关系，而是这个产品最终把人与人的关系牢牢地维系住了。如果它开发的不是QQ，而是像新浪这样一种新闻产品的话，那么它可能就没有这样大的吸引力，QQ最本质之处是它维系住人与人的关系，大家都使用它跟自己的社会关系交往，当人们因为这种关系被牢牢绑定在腾讯时，自然会和腾讯这个网站以及它开发的其他产品产生关系。

关系的重要性还体现在关系是内容生产的基础，今天我们谈所谓的 web2.0 时代，到底 web2.0 和 1.0 有什么不同，我个人认为 web2.0 的一个重要特征是说它并不是停留在人与内容的关系上，而是促进人与人的关系营造。但在 Web2.0 平台上，人们为了维系好关系，会生产更多的内容。关系推动了内容的生产。

即使在 Web1.0 模式下，内容对我们的约束力并没有像我们想象的那样大。由于超链接的存在，我们在看网络信息的时候，会经常被带到其他地方。当然很多时候，我们会固定地去访问新浪、搜狐，但这并不完全取决于网站品牌的影响力，在很大程度上是因为你看惯了它，你第一天上网就在浏览新浪新闻，就在受到这种界面的惯性的影响。当你换了一个网站，虽然还是同样的东西，但排列的方式发生了变化，版面发生了变化，你会觉得怎么看上去不舒服了，你还是愿意回到原来界面去。所以我觉得哪怕是在 1.0 时代，形式对人产生的制约有的时候比内容要强。

时至今日，要超越 1.0 时代需要一种新的动力，超越人与内容关系的新动力，这种动力就是人与人的关系。这是从"内容为王"的视野发展到"关系为王"的视野或思维的一个重要的原因。内容不是网民上网的唯一目标，甚至有时候它不是目标而是手段，人们是奔着关系而去的。每年大量网络新应用方式产生，大多是昙花一现，但是有些网络应用能够保持下来，发展下去，就是因为它们满足了用户对关系的需求。

微博之所以兴起，是把关系生产与内容生产两者结合起来了，可以说它是一种社交性的新闻传播。这个社交性有两个含义：第一，你要在微博平台上被人们广泛关注、转发的话，一定要有公共性，它不是很个人的话题。很个人的话题，除非是名人，名人的个人话题在某种意义上有公共的价值或者公共信息在里面，否则的话，它就很难传播；第二，它本身是一种关系的生产，通过微博扩大社交圈。微博上大家可以对某些问题展开探讨，慢慢从陌生人变成熟人，甚至会成为朋友。

刚才谈了关系建设和内容生产的关系，我们还要注意，关系建设也要和其他的产品和服务联系起来，在未来，电子商务会成为网络中非常重头的应用，像电子商务这样的产品和服务，也是靠关系建设维系的，把关系搭建好了，产品和服务推广都会有一个更好的起点。20世纪90年代美国有研究者提出"虚拟社区"的概念，一些美国的经济学家也注意到了网络经济的特点之一是基于虚拟社区，也就是关系。我给大家推荐美国的一本书，是美国哈佛商学院的教材，20世纪90年代中期出版，书名叫做《网络利益》，英文原名"Net gain"。作者是哈佛商学院的两位教授，他们对网络经济的认识，在十多年前就已经抓住了本质。那就是通过虚拟社区的建设建立起关系，再在这个基础上开发商业模式。

从社区到社会网络

下面谈第四个话题，从社区到社会网络。前面所讲的是技术上的变化、应用上的变化或者说是理念上的变化，而这个话题涉及的是网络中人与人的关系模式的变化。

对于网络交往的研究，早期的研究视角主要有两个：一个是关于一对一的人际交往，例如研究即时通讯、聊天等等；另外一个是研究网络虚拟社区，从强国论坛到天涯到猫扑等，这种传统网络社区实际上是一种多对多的互动。但是前两年我发现传统的研究视野对解释豆瓣的互动模式有些乏力。那个阶段偶然接触到一本叫《社会网络分析方法》的书，它当时对我直接的启发，是可以用社会网络分析方法去对所谓的权力中心或者意见领袖进行定量研究。之后，我一直保持对社会网络分析方法的关注。后来我使用SNS、微博时发现，社会网络分析的视角与这些新的应用非常契合，社会网络视角很好地解释了新的互联网应用的结构关系。这对我的研究思路、研究视野是个拓展。

早期的网络社区与今天的SNS、微博平台等最重要的差别是在社区的结构方面。传统社区的成员之间是围绕话题来互动的，传统的社区的模式是封闭的、画地为牢的一个圈。而像豆瓣等新社区，以及SNS和微博，它不是封闭的有明确边界的结构，它更多是基于社会关系链条形成的结构。在SNS里面，互动方式也更多，你跟你的好友之间可能不需要说话，不需要针对特定的东西去交流，但是他生日你送他一朵"花"或者是你们一起去参与一个调查，用这种方式也能够形成一种互动，跟传统社区相比它的互动方式更为多样，人们的关系也更为灵活。这些看上去相对松散的人际关系网络，在特定事情发生后，人们的集体行动力、凝聚力并不亚于传统论坛，而且蔓延的速度，波及的范围比过去传统社区还要大。

早期人们加入论坛，更多的是为了一种社会归属感；而现在很多人需要一种满足，就是从网络中间获得社会资本。开放的结构对于社会资本的获得是更为有利的。

人们之所以越来越多地从传统的封闭式网络社区转向 SNS 和微博这样的平台，还有很多其他因素的作用。社会网络这样一种结构关系的影响，也值得我们做深层研究。前面谈到了社会网络在微博传播中的意义，但在这样一种新的社会网络结构关系里面，还会有更多研究的话题，因为时间关系，这个话题我不做展开了。有兴趣的同仁可以看看我发表在《国际新闻界》的一篇文章——《从社区到社会网络——一种互联网研究视野与方法的拓展》，也希望你们对文章批评指正。

从网络媒体到网络社会

最后一个话题很简单，从网络媒体到网络社会。也许很多人早就把网络作为一种社会了，但是我注意到我们这个领域的人做研究时还是太多使用"网络媒体"这个词。是"网络媒体"，还是"网络媒介"抑或"网络社会"？不同的词代表不同的研究语境。我总觉得"网络媒体"这个词有点太狭义，因为当我们说"媒体"的时候，主要指向大众传播，用"网络媒体"这个词意味着我们仅仅是从大众媒体的角度去看网络。事实上网络更应该是一种媒介，是人际传播、群体传播、组织传播、大众传播等都可以利用的一种媒介，用"媒体"这个词无形中把自己的视野局限了。另外我们说"媒体"这个词时还有一个约定俗成的含义，即是指从事大众传播工作的专业机构。但研究网络时，对象不应该仅仅只是专业机构。我觉得对于网络媒体这个提法要谨慎。今天当我们做网络研究的时候，更应该把它当做一个"社会"来看待，在社会视角上去观察网络中各种现象以及之间的联系，就会感觉视野更开阔。

从互联网的发展轨迹来看，早期核心部分是内容平台，中国进入网络时代，首先是把网络当做内容平台来看待。之后，从业者还有用户开始把网络当社交平台看待，今天网络已进入到生活工作平台阶段。我想未来我们真正感受到的网络应是这三者的合一，而不是单纯的某一个。内容平台慢慢地扩展到了社交平台而不是说被它取代了，而下一步网络扩展到生活和工作平台对我们的意义可能更为深远。作为生活工作平台，电子商务应该是它核心的服务或者产品。

当我们真正认识到网络是一种无所不包的、可以真正生活在其中的社会，当它作为一种文明形态与现实社会发生相互作用的时候，我觉得我们才会开始真正地触及网络到底是什么。

新形势下从中央电视台的重大改革看我国国际传播能力建设

李德

(2010—9—14)

李德，博士，曾担任中央电视台经济频道记者组组长，现任中央电视台新闻中心经济新闻部产经新闻组组长。2009年7月，中央电视台实施了"新闻立台"的重大改革，作为这项改革的一线亲历者，李德先后参与组建了新闻中心产经新闻组以及新闻频道的全新改版，参与了国庆60周年、国际金融危机一周年、上海世博会等重大报道。先后参与创办经济频道龙头节目《经济信息联播》以及《第一时间》和《全球资讯榜》，2008年起担任这三档新闻节目的采访主管，先后参与制作了《小康中国》大型系列报道，《直击华尔街风暴》持续100天特别报道；《破解中小企业融资难》大型主题电视活动等等。

我今天讲三个问题，首先讲讲新形势下如何提升我国主流媒体的国际传播能力，把包括中央电视台在内的主流媒体作为对象来做一些思考。

首先我简单介绍一下我们所面临的新形势和新挑战。中央电视台2009年建台50周年。2000年前后，我们是绝对的主流媒体，现在也是主流媒体，但是从2000年以后，整个中国的传播格局发生了深刻的变化，以互联网为代表的新型媒体，对整个传统媒体包括电视以及报纸、杂志、书籍出版等平面媒体造成全方位冲击，传播的路径，传播的技术，传播的对象以及整个传播手段都改变了，对于我们电视台的冲击越来越大。实际上2000年以后，中央电视台在国内的传播影响力就面临着一个很大的挑战。通过我们艰苦的努力和提升改进，目前我们在国内仍然是毫无疑问的主流媒体或者说是最有影响的媒体。

现在中央台收视份额在全国整个电视收视市场大概占33%以上，这是中央电视台独特的国家媒体地位和作用决定的。遇到地震这种重大突发事件，我们的收视率可能会达到70%甚至到80%。2008年汶川地震，收视率达到90%，哀悼日那天几乎是100%。但是我们还是感受到来自新媒体的强大的压力和挑战。新形势下要建设国际一流媒体，我们面临的挑战更强。

什么叫新形势？中国经济总量已经是全球第二大经济体，但是作为中国最大的媒体，中央电视台去年收入刚刚200亿人民币。大家看一下全球前十大媒体的收入，最多的时代华纳是396亿美元；第二是法国的维旺迪，是308亿美元；第三是迪斯尼270亿美元；第四是美国的维亚康姆是266亿美元；第五贝塔斯曼是211亿美元；第六是美国新闻集团210亿美元；第七位索尼是192亿美元；美国做动漫的康卡斯特是180美元，然后是美国高清电视利润106亿美元，最后是美国高清频道86亿美元。全球前十大媒体，第十位都是86亿美元，我们200亿人民币，也就是30亿美元左右，在全球排在大概30位左右。也就是说中国最大的媒体，中央电视台一年的收入在全球排在30位以后。排名第一的时代华纳396亿美元，按现在的汇率大约乘以6就是2000多亿人民币，利润是我们的70到80倍。这样的经济实力，跟中央电视台30亿美元的地位悬殊可知有多大。

可以说，我们媒体的传播能力远远跟不上中国经济的全球地位，中国媒体的话语权和中国的经济地位严重不相匹配。所以中央急于要建设国际一流媒体，就是要建立与中国经济地位相匹配的话语权。但是建立话语权谈何容易，传播需要物质基础，全球化时代一切以资本为主导，美联社在全球各个国家都有采访，在有的国家甚至有很多的采访点。维护采访点需要人力物力，需要大量的经济支撑。中央电视台现在提出打造全球的采访点，而建一个中心记者站就要花上亿美元。这就是现实，是国际新形势。

第二个形势，作为国家级的中央电视台，面对高速发展的中国经济，我们的声音传播不出去，在舆论传播里面没有话语权。在全球十大传媒里面美国占了七家，占据了绝对优势；同时西方十家媒体跨国公司，占据了世界95%的传媒市场，美国控制了全球75%的电视节目的生产和制作；美国的电影生产量每年只占到世界的6.7%，但是它却占领了全球50%以上的市场。四大主流通讯社美联社、合众国际、路透社、法新社，它们每天的新闻量，占据了全球的五分之四，每天的发稿量占到全球的90%，整个发展中国家有60%—80%的国际新闻来源于四大通讯社。许多发展中国家的电视节目内容有60%—80%来自美国，包括中央电视台播出的国际新闻，几乎有一半是用人家的东西，自己制作播出的国际新闻量还很少。

从国内来讲，改革开放30多年，中国经济发生了巨大的变化，经济改革取得了很大成绩，中国在经济迅速发展的过程中诞生了一批世界级大公司和大企业集团。中石化是中国最大的公司，资产总额市值18000亿，国家电网大概15000亿左右，中石油12000亿。中国工商银行现在是全球最大银行，市值是12000多亿。同时还诞生了很多大型民营企业，像联想、华为、中兴通讯等。

但是在文化产业领域，传媒机制还没彻底改变。有些媒体的经济地位跟整个中国经济主流远远相背，这些媒体为了求生存，求竞争，就导致假新闻泛滥。比如北京电视台的"纸包子事件"。

同时，社会对主流媒体的需求越来越迫切，2008年金融危机发生的时候，央视做了个调查：当下你最关心的问题是什么？出人意料的是，高达80%的观众回答是国际金融危机。在国际金融危机以后，央视财经频道做了期节目《直击华尔街风暴》，当时我是节目的一个主创人，这个节目播出10天以后，财经频道的观众人流量一周内暴涨了40%。观众对经济报道、财经信息的需求越来越大，而媒体的经济实力决定了其传播能力无法满足观众的需求。经济基础决定上层建筑，经济基础也决定了传媒目前的格局，这就是我给大家讲的新形势。

第二个方面，我讲一下实践，讲一下中央电视台在提升国际传播能力方面做了哪些探索。首先我讲一下《直击华尔街风暴》。2008年9月14日美国雷曼兄弟公司突然宣布倒闭，这是国际金融危机标志性的事件，引发华尔街金融风暴，继而带来国际金融危机。从雷曼公司倒闭的第四天开始，我们停播晚上两档黄金栏目——经济频道的龙头节目《经济信息联播》、《经济半小时》，改播《直击华尔街风暴》。这对我们节目组来说是一个非常大的考验，也是我们本土报道国际事件的一个先例，以前从来没有做过，也不可能有这种报道形式。国际金融危机百年难遇，对国际金融危机事件怎么报道，我们经验不足。我们坚持连续做了100天节目，在这100天当中，我们请来全球的政界及商界精英、顶级学者。节目开播大概半个月以后，就有很多人排成长队想要来加入这个节目。

这个节目大致的形态是：先是全球连线，连线华尔街、欧洲、日本等全球主要的经济体，了解一线最新的情况，看当天受金融危机的震荡影响发生了哪些重大新闻。我们还在演播室邀请了比较重要的嘉宾，都是在华尔街工作过的大人物，能够立刻对这些新闻做出专业点评，而这种点评我们的记者是做不出来的。点评之后，我们再把视线拉回国内，看今天的重大事件会对中国哪个领域哪个产业影响最大。比如说美国纺织品贸易下降多少点，就意味着我们国家生产纺织的出口会降低多少。然后我们会马上到浙江、江苏等纺织企业比较集中的地方进行调查，把这个事件分析出来，告诉观众这跟你有关系。最后报道中央政府各部门当天的应对政策。大致分为这四个板块。

这个节目的影响远远超出了我们的想象，后来这个节目被国外很多媒体转载。这个事件我们有两个最大突破，一个是我们本土做国际新闻，这些新闻都是从我们自己的立场、观念出发，代表中国视角的一种内容；另外一点就是在具体的节目操作上，我们在形态和语态上做出了很大的创新，把国际连线、演播室嘉宾访谈、市场调查等电视形态和手段集中运用，对节目形态进行了一个大的创新和探索。这个形态完全是国际化的，从包装、报道手段，到通过技术手段实现的节目性能，几乎全部与国际接轨，在中央电视台是一个首创，不仅做到极强的专业性，而且收视率还很高。

《直击华尔街风暴》的收视率最高到达39.6%，就是说13亿中国观众在最多最高的一天有4.8亿人在看我们的节目。把一个高端的财经节目做得这么大众化，有这么大影响力是我们没想到的。2008年底达沃斯论坛第一场新闻发布会，专门点名要接受我们的提问采访，国际政要和商业精英，排成队要进我们的演播室，让我们采访他们，借助我们这个平台来传播他对中国的看法，推广他的产品和观点。

下面讲讲我参与的第二个节目报道——上海世博会。世博会应该是中国本土目前为止举行的最大的一个经济事件，中央电视台也是非常重视。为了跟踪报道，从建馆到开园，我们记者在世博园待了一年。最高峰的时候，中央电视台派驻上海世博园的记者有一千多人。对世博会的报道实际创造了中央电视台报道之最，历史跨度最长，空间跨度也很大，调动技术工种最多，所有的报道手段都用上了。

另外从节目的影响力来讲，我们要求每个国家都要报道，力图做到这个国家开馆的时候，去影响这个国家的媒体和舆论，从而向它们传播中国的声音。我们坚持国际的新闻价值标准，力图在报道里面提升我们的国际传播能力，这对我们是非常大的挑战。关于世博会报道，有几个数字，4月30日8点，一套、四套、七套、新闻、英语新闻、法语、西班牙语、俄语、高清频道都进行了直播，最后直播的结果，据我们总编室的统计，大概有140多个国家用了我们的信号，有130多个国家和地区的318家电视机构转播和使用了中央电视台六个国际节目频道信号，其中257家完整地传播，61家部分转播。国内收视数据调查显示39个转播频道的总体收视率13.93%，总体收视份额是38.79%，其中中央电视台的相关频道转播总体收视率是26.47%，中国网络电视台页面浏览量是1.26亿次，视频累计观看人次219万，最高同时观看在线人数是530万人。

"华尔街"报道和世博会报道是中央电视台打造国际传播理念的两次重大事件，这两次报道我都是亲历者，都是亲自参与了组织策划。通过华尔街风暴和世博会这两个事件可以看出中央电视台在提升国际传播能力的尝试和我们的努力。

接下来我就想跟各位请教两个问题，第一个问题就是新闻价值。新闻价值每个人有每个人的理解，但是我关心的是，财经新闻的普世价值是什么。第二个问题是国际传播的形态和语态问题的创新。在新媒体的冲击下，当代媒体正在发生深刻的变化，互动、互助、互联已经是大势所趋。电视这种线性的传播方式，已经落伍，从线性传播如何变成现在的网状传播途径，还有就是传播形态的改变，都值得研究。

纪录片的历史发展与创作理念及经典获奖纪录片观摩与解析

冷冶夫

（2010—10—26）

冷冶夫，中国广播电视协会纪录片工作委员会副会长，武警部队副军职高级编辑，中央电视台著名导演、资深策划，中国纪录片著名编导，中国多项电视奖（政府奖）评委，法国国际电视节评委，英国国际环保电影节评委，中国传媒大学、北京电影学院、中央戏剧学院客座教授，《凤凰卫视》中文台节目策划人，全国十佳电视工作者。主创作品《毛泽东》、《中华之门》、《让历史告诉未来》、《跨世纪的报告》、《活佛转世》、《科学发展之路》等大型历史文献纪录片（136集）。30多年来共创作播出纪录片2000多部，作品荣获中宣部"五个一工程"奖三次，获得中国新闻奖、中国电视奖、金鹰奖等国家级奖80多个。另有7部纪录片在国际电影电视节上入围并获得金银奖等奖项。出版《纪实艺术论》、《21世纪的电视理念》、《民间影像的革命》等专业书籍23本。其中《民间影像革命》系列丛书获广电总局十佳理论著作奖。

我主要是拍主旋律，政治片。从《让历史告诉未来》开始，到《毛泽东》、《邓小平》、《中华之门》等等。2009年中宣部有一个大项目"科学发展之路——21世纪中国战略思考"，主要拍胡锦涛思想，拍科学发展观。第一部九集，理论篇，已经拍完了；明年拍实践篇，还是九集，第三部是成就篇，正好这届领导班子任期结束的时候三部再一起联播，每期都是九集。实际上，我每年都在做这样的事情。人类学等内容是我和冷淞①的个人爱好。现在"纳西人"系列已经拍了五个，还有两个没有出来，这都属于个人爱好。

中国纪录片和国外纪录片相比，我们不讲差异，只讲应该注意到的一些东西。"十七大报告"提到国家公关的问题，影像公关和建孔子学院是不同的，孔子学院太慢了，从"之乎者也"开始，从汉字开始，唯一能打造的就是纪录片，因为没有一个国外媒体机构会买你的新闻，新闻有意识形态。而电影界的大片，我们拍不过好莱坞，我们的投入、制作甚至赶不上一些电影中等水平的欧洲国家。只有纪录片可以打入国外，现在我国每年1万多分钟的纪录片播出量，9000多分钟是买人家的，人家不买我们的。不买我们片子的原因，我认为有一大原因是中国纪录片的表达主题及方式过于直白。中国纪录片的主题能不能模糊表达？我去国际电影节几次之后，发现了一个问题，人家死盯着4个共产党国家的节目，朝鲜、越南、古巴和中华人民共和国。西方国家就盯意识形态的问题，包括一个人在讲故事，讲述做什么的时候，还是有意识形态。为什么？因为同样是同期声，西方国家把中国讲述的故事，视作一种意识形态。一个德国评委说，你们中国的所有片子，只要是同期声，就是一边倒。我想他们说的有道理。当我们不用解说词的时候，以为宣教味道没有了，但其实还是存在。比如《假种子害死人》这个片子出来之后，同期声肯定是一边倒，从法律顾问到老百姓到受害人，"你看假种子把农民害的"诸如此类，最后关在监狱里的所谓农民，出来时就一句话："我错了，我忏悔"。再有毒品贩子，永远是一句话："我该死，我毒害了人民"，其实他之前有很多辩词，比如"毒品不是我的，是别人放在我包里面，我拿起来的"等等，这样的东西成片以后一点都没有了。国外会说你的同期声语境不对。我的意思不是把比例做成5.5：4.5，因为国外会做片子的，如果做的片子主要表现主人公有毛病，会在片子中展示一些相反的东西，让观众相信主人公。国外做片子的时候，正反面的比例8：2的都少，同期声中正面和反面的比例6.5：3.5，都是比较大的。而我们的片子是10：1，或者10：1都不到。所以，西方国家会把我们同期声的记录作为政治语境的表现。我们该怎么做节目

---

① 冷淞为冷冶夫之子，中国社会科学院新闻与传播研究所副研究员。

呢？用画面来做，用行进中的视觉艺术来做。为什么用画面来做？由于纪录片这个片种是以画面语言为主创作的节目，画面是多意义的理解，而解说词是有一定的倾向性的，所以纪录片的主题应该是开放的。制作片子时不能只有一个主题，比如卖假种子的人本身还需要养活三个孩子，其中一个孩子上大学；另外，人家骗了他，说这个种子便宜，好，他又拿出去卖，他肯定是有他的原因的。咱们不说贩毒分子，就是贩卖假种子的人本身，他的语境不应该一边倒。这样即使我们有很多同期声采访的片子，但是它也传播不出去。尽管我们现在已经按照探索频道（discovery）的方式做节目，镜头不超过 7 秒，同期声不超过 20 秒，基本上是商业化运作纪录片的规则。如果你超过 20 秒，你为什么总让这群人讲，总让公安讲，而监狱里面的人就一句话——我该杀，这可能是一个问题。

那么我们如果不要语境，该怎么办呢？那就是画面语言的故事化。因为现在最大的问题是，中国的纪录片出不去，是意识形态问题，而且我们还不能违背我们的意识形态，我们就是要坚决捍卫中国特色社会主义，这就是我们的价值观。日本、美国也在用影像宣传他们的爱国主义，我们为什么不用呢？不过人家会隐藏意识形态，他们是这么做的——意识形态的故事化，故事形态的视觉化，用视觉形态隐藏了意识形态，所以它就可以打到咱们的市场上来。我们看 BBC 的片子，在济南的相亲会找了三个家庭，三个家庭的孩子嫁不出去。有一个母亲哭得不行，孩子嫁不出去是因为信基督教，中国信仰基督教的孩子嫁不出去的才有几个呢？没有几个，但是片子的制作者就选了基督教。第二个家庭，女孩嫁不出去，她说她要像西方一样开放一些。片子的政治语境和意识形态都藏在里面。还有奥运期间，美国一个组是文化部请来的，你就毙不了它的片子，我们看了以后，也是找不到毛病。它也是选了四户人家，要拍人物。第一户人家，他爷爷是被打倒的，曾关过牛棚的。片子中表现得非常好：小康社会，家里也好，什么东西都有，但是他爷爷是被打倒的，他一定要给你注入中国问题的元素进去，一定是这样的，所以他选的人物故事和意识形态相当强。

我想外国这么做，我们也这么做。但是我们做，光用影像、用故事去表现，可能还是不行。我觉得主题的模糊表达，可以使你的东西表现出去。用影像去表现很明显的倾向性，十个评委就可能会有五六种看法。这样你的节目可以在国际上拿奖，你的东西就可以在国外播。不然西方国家看你的语境太重政治化。因为我们现在的政治语境与民间语境相比，政治语境还是有点重。我过去写过一篇论文——《中国纪录片的源泉》。中国纪录片的源泉实际上最早来自新闻简报，新闻简报是从苏联过来的。当时苏联支援了一批机器，咱们开始做专题片，灵魂里面宣教味一直在打底，他做什么，总要告诉你什么。我想，能不能不告诉观众，因为揭示和展示是不同的。你不要揭示它，你展示它，你把画面放出来，让观众看明白。我们总怕人家看不明白——他在奉献，他在干什么——咱们能否给观众头脑中留出半个空间。不管是纪录片还是专题类节目，开放式结尾是一种表达。但是我想如果记录是一种思考方式和表现方式，那么能不能试验性的用模糊结尾来表达你的意思。

开放性结尾和模糊式结尾有点区别。比如说这次我们在西安评奖，《雨一直下》那个片子几乎是满票。因为它就是个开放式结尾。开放式的结尾，模糊式的结尾，是哪个国家都可以接受的，它的主题一定是开放的。从片子中很多人看到缺水的问题，其实片子的本意还是贫困，还有人情人性的含义，可以说出十个主题来，但所有人看着这个，都说是好东西，满票。你表现那个国家的贫困也好或者其他，你可以用各种办法，包含好几个主题。我们就做不出这样的东西。因为我们不会用影像特别是行进中的影像来创造这样的内容。虽然他的片子从头到尾都是导拍的。我们现在比较忌讳导拍的东西，其实我们不应该这样，因为现在所有的大学都在讲这样的课程——纪录片是原生态记录。这个观点是错误的，哪里有原生态，根本就没有原生态。你为什么剪辑留下这一块不留下那一块呢？没有原生态，开机的时候本身就是主观告诉你，要拍什么、后期剪辑留什么、不留什么，实际上所谓的原生态记录都是创意性编辑。所以说，纪录片一定是最主观的客观记录。所有的内容都应该是主观的艺术创作。既然纪录片是最主观的客观记录，那么它的主题思想可以是单一的，也可以是多元的。所以说，纯纪录片应该是等来的，但是我们不排除原生态记录，创意性编辑。

2010年是纪录片创作32年，不同于中国电视从1958年开始发展。大学里讲纪录片始终在强调一点，纪录片记录的是人的生存状态。讲了

30年了，总讲这一个理论是不行的，因为技术发展之后，纪录片的理论就是艺术的真实，感觉的真实。

什么是感觉的真实？所谓感觉的真实，它的原生态本来是这样的，比如说掩饰，我没有拍到死人这个部分，我用动漫、用 flash、用素描、用雕塑，用其他元素介入到里面来，难道不是真实的吗？所以说，老百姓看了这个，用的是动漫，但他感觉是真实的，那么他就是真实的。老百姓感觉不真实，作者感觉真实，你也可以这么做。所以，真实越来越相对于原来的原生态真实了。

我们最早的理论是，当我们突破了宣教色彩，以为使用了同期声就是真实。其实这里面还是有差异的。所以20世纪90年代，当我们进入到纪实时代的时候，没有想到后现代又推翻了纪实时代。纪实时代推翻了宣教时代的节目，由宣传人变成制作人，90年代产生了一大批作品；后来，制作人又到了制片人时代，制片人时代现在又到了策划人时代。原生态的真实感和真实性是相对的。真实感理论对不对我不知道，但是从实践中看，由于技术的发展，完全与原来不同。比如原来关于慰安妇内容的片子，日本、朝鲜和中国做得最差，因为都是原生态，破房子、破炕席、破被子，就以为讲了慰安妇；而印度和以色列做得最好，关于慰安妇的题材，他们敢用动漫、雕塑来表现媾和的场面。印度有个片子就用橡皮泥捏个人表现媾和，这也是图像的介入，也能让你看到。所以，不仅仅是原生态画面的展示，应该说纪录片是建立在原生态记录、创意性编辑的基础上，纪录片记录的是人的生存状态和人对生活的态度。

人对生活态度的记录最重要，任何节目你不表现人情人性是不行的。我做过一个纪录片《毛泽东》，这一集后面的1分多钟才真正讲毛泽东的性格。我在20万的资料带和素材带里面看到这些胶片，编在一起形成的这个结尾，毛泽东当时在大海里，想怎么游就怎么游。所以这集片名是"到中流击水"，想怎么游就怎么游，怎么自在怎么游，怎么舒服怎么游，谁也打不倒他。放在那里，大家去看，这样的东西才有史料价值、记录价值、存放价值、素材增值价值等，否则素材没有用。就像毛泽东拿棍比划的影像，你得找到长征时候毛泽东拿棍的活动胶片才行。孙毅将军说蒋介石总是拿棍，毛泽东以后就不拿了。毛泽东年轻时讲话是背着手，人家给他提了意见，他就把手放在前面。人是有变化的，以后做片子，越是政府的，越是开放的，可能越是中性的。

我们总在讲要做好片子，打入国际，民族的就是世界的，这个观点是有问题的。前年去清华做讲座，被质问过"为什么说民族的不一定是世界的"这一问题。来看看这个例子。我们曾拿了三个片子去卡塔尔国际电影节参展，《油菜花开》在首映式上放了，100多个国家就看这一个影片，放了9分多钟。所以说我们可以把民族的做成世界的。但是，同样送去的另两个高清拍摄的片子，就是另一个结果。这两个片子，一个是客家土楼，福建龙岩的客家土楼绝对是民族的，世界上没有这种房子；还有长角苗族的服饰，这个也是民族的，哪个国家有呢？但初评直接就被砍掉了。当我们说客家土楼好、全部是木质结构的时候，人家说你这个房子有我们哥特式房屋漂亮吗？俄罗斯人说了，你这个房子不行，防卫功能什么都没有；德国人也说，哥特式建筑也好客家土楼也好，你用的什么材料，他从材料这个角度看。谁都觉得自己国家的房子好看，民族的就不是世界的。印度首先反对苗族服饰，他说我们的纱丽最漂亮，可以做成各种形状，一块布怎么穿都可以。所以说现在大学讲课还在讲"民族的就是世界的"，这个观点有问题。

再讲一下关于中国纪录片影像事业的发展，这一点我们可以商榷，可以探讨。现在最恼火的是大学的摄影专业毕业分配最不好。其实中国缺少的是好摄影，因为你玩的是影像，不是广播和平面媒体。其实跨文化传播中，摄影是非常重要的，画面编辑以后要看有没有解读能力，有没有叙事功能。没有解读能力，这个摄影师就不能用。所以我们做纪录片喜欢招这样的摄影师，这个人只会把画面编在一起让人看懂，OK，摄影师就应该这样。我们国内过去很重视宣传，宣传靠什么？靠笔，笔下的是文字，文字出来以后，会影响你对影像的使用。

今天想和大家探讨三个问题：第一，中国的纪录片的主题能不能模糊表达，或者是开放式结尾？第二，民族的是不是世界的？咱们能不能墨守成规继续下去？第三，在纪实上，有没有感觉的真实？我这三个观点，不一定是对的，但是我想大家都研究跨文化传播，对于以后的研究会有所帮助。希望大家一起交流，共同探讨。

精彩讨论选编

姜飞：把文化冲突用图片拍出来，比如说，找一个黑人，找一个白人，找一个亚裔，不同的国家的人就一种文化冲突的观念发表观点，把语言、肢体语言在冲突中表现出来，一瞬间我就被打动。从那一刻我就在想，做跨文化传播，我们业界流行一句话：一图顶千言，你说很多的话，不如一张图片能够打动人的内心。《纳西人》和《雨一直下》这两个片子都是以原生态的手法做成的一个并不是原生态的东西，这里面以文明的元素展现文化的渊源，我其实非常感动。

冷淞：在跨文化传播中，悲剧的东西传播起来让人印象更深。比如说，卓别林是喜剧大师，但是卓别林最经典的几部电影，最后是笑中带泪，是悲剧性的。人能记住的东西都是悲剧性的，喜剧电影你看了多少遍都记不住。但是悲剧记得住，就像谈恋爱，你印象最深的，一定是伤害你最深的。包括法制类的节目、情感类的节目现在特别火，收视率特别高，都是传播一个悲剧性的东西。我个人的感受，跨文化传播中，悲的东西比喜的东西更容易让人印象深刻，这是为了传播效果。《油菜花开》这个片子完全是一个真实的事情，然后把它重新翻演。纪录片怎么去选择一个题材呢？我们很多人可能拿起机器就开始拍片了，之前缺乏一个论证，很多题材你拍了很长时间，没有效果，传播出去获不了奖，或者大家不认可。我自己体会，这里面还有一个规矩，故事和载体两者缺一不可。所以我们把《油菜花开》拿出来分析，就是这样一个悲剧性的故事、一个意外事故，如果发生在北京，发生在我们这个楼，发生在一个当代钢筋水泥的都市环境里，它最多算一条民生新闻，没有任何意义。如果发生在有蒸汽机车、漂亮的油菜花那样一个环境中，如果这个小女孩平平淡淡地把她的一生过完，这个故事也是不吸引人的。因为它的故事不好，它的情节没有戏剧矛盾冲突。要是这样一个悲剧性的事情，发生在一个特别的环境中，故事和载体两者兼具了，这个题材才能真正开机。首先，地方是独特的、蒸汽机是独特的、油菜花是独特的，独创性的环境，再加上一个独有的故事，这两者一起，这个片子才能成功。不然的话，这个故事发生在城市里，没有意义。发生在那样美的一个地方，没有故事，也没有意义，两者缺一不可。

冷冶夫：卡塔尔国际电影节首映式上从来没有放映中国的片子。这个片子首映式上放了，100多个国家就看这一个影片，放了九分多钟。播放以后大量的英国人成群结队地到那里旅游去了，把当地旅游带起来了，奔火车去了，很有意思。我想讲中国农村医疗保险的困惑，外国人不懂什么叫做医疗保险。我去参加国际电影节，国外能获奖的片，一定是反政府的，骂克林顿、骂布什的片。能获奖的还有悲剧性的东西，但是你的画面必须拍得很漂亮。我们这个片子的主题，自己都没有想到，它能成为一个旅游片。

冷凇：这在文化传播中歪打正着。我想举个例子来说这件事。冯小刚的《非诚勿扰》播了以后，国旅的电话被打爆了，全部都是情侣要去北海道游览。但是日本游并没有北海道线路，所以专门为了北海道的旅游开了一趟线路，然后好多情侣花了好多钱，跑去北海道体会浪漫的氛围。我有一个朋友去了，回来告诉我，那边和广东农村差不多，所以北海道给冯小刚封了一个旅游文化大使。《油菜花开》中那个火车原来是拉煤的，顺便拉工人，现在火车开始卖票了，六块钱一张票，六块钱在当地不算低。很多老外先去北京旅游，再去兵马俑看看；接着去四川看熊猫，顺路就去看这个小火车、看蒸汽机、看油菜花的环境，把当地旅游一下就给拉动了。

但是有一个是反例，拼命宣传却宣传不出来的地方。我们上次去意大利电影节，有一个意大利旅游文化专员，他说要到北京谈合作旅游项目。我说你不需要谈，意大利旅游全世界都知名，所有人去欧洲，都要在意大利玩好几天，这是必然的线路，你还有什么需要宣传呢？他说不对，我宣传的是意大利的西西里岛，西西里岛的旅游风光是意大利最美的，但是我们一直宣传不出去，因为《教父》这部电影把西西里岛渲染成黑手党的家乡、黑手党的老巢，全世界的黑社会老大，都是在那里出生的。大家就会误以为西西里岛是最不安全的地方，结果西西里岛这么多年没有人去旅游，一直发展不好，它其实是欧洲最美丽的海岛之一。后来我们开研讨会，说怎么振兴西西里岛的旅游经济，我出了个馊主意，我说只能打造成世界黑帮电影的旅游基地，你上了这个岛，你就体验黑帮生活，打黑帮旅游这张牌，甚至你在这里办一个电影节，也是黑帮电影节才行，因为这么多年的印象，已经根本纠正不过来了。所以这是跨文化传播中一个失败的案例。

提问：我提一个关于导播的问题，在国际评奖标准中，导播在多大程度上有限制？我是老牌学院派的，你这里边有一些记录手段，有动漫、flash什么的，说起来比较麻烦，但是导播在多大程度上可以导演，有没有限制？

冷淞：故事不是虚构的，这里面有一个观点，比如说《故宫》是一个像电视剧一样的纪录片。包括新的《外滩》、《大国崛起》、《圆明园》，这都是纪录片。但实际上，它使用虚构的手段拍摄一个非虚构的事情，这种方法是事实不虚，形式不拘。

冷冶夫：就像《雨一直下》里那个小孩子的事情，根本就没有，我就想表现水，它也是纪录片，它在国际上评奖也是纪录片不是故事片，它没有虚构。《油菜花开》跟它是有区别的，是真实的事。这个小孩掉进水沟里面伤了，用他们班同学重演的一个事情。目前不管是教科书还是国外国内，没有一个正经的标准，但是我认为，虚构的就是电影电视剧，非虚构类，就是这个（获奖片）。到国外电影节看，90%都是《雨一直下》这类片子，每个镜头都要导，否则镜头拍不了那么漂亮。我们是95%以上都是"纳西人"那样的纪实类的，我们父子一直是坚守纪实类的，拍这个是因为电影学院一直要创意性的，他们叫实验纪录片，国际上专门有实验纪录片的评奖，实际上是创意的。用电影手法、剪辑手法和摄影手法来创作纪实类节目。

冷淞：是虚构和非虚构的一种融合。

提问：那么《雨一直下》的故事，不也是虚构的吗？

冷冶夫：这个在评奖的时候也给《雨一直下》的导演提出了这个问题，但他说，我就是想表达我的一种思想，对水的看法。我们可能国外纪录片看得少，因为多元融合的社会允许多种形态的表达。

提问：我觉得纪录片反映史实，你比如说慰安妇内容的，不能倒回去再拍，你用动漫也好，flash也好，它的冲击力和人的叙述相比哪个更强？

冷淞：我个人观点，有资料的情况下肯定先用资料，但是有些纪录片出来之后，受到的争议就特别大，比如说周兵老师的《外滩》，片子出来以后，你从片头开始看，觉得和电视剧一样，以为是《潜伏》那样的电视剧，你根本不知道是纪录片。《故宫》还好一点，《故宫》是解说词，里面的皇上、大臣都是演员扮的，《外滩》就完全像电视剧。国外学术界有一个词叫 drama documentary，戏剧类纪录片，是虚构与非虚构的一种融合，20世纪70年代就有这个概念。我在英国留学时看到了一系列的著作来讨论这种形式的片子，但学术界仍一直有争议。

媒介化时代的融合效应之挑战

杨志弘

(2010—11—16)

杨志弘，博士，台湾传播管理研究协会理事长，台湾铭传大学传播学院创院院长暨传播管理研究创所所长。致力于研究文化创意产业、媒介经营与管理、数字媒体等领域。目前担任北京大学、中国传媒大学客座教授。曾担任台湾的台视、中视、华视和东森等电视公司董事，中国时报集团副总编辑，"台北金马国际影展"执行委员、评审、"美国国际艾美奖"亚非区纪录片评委。在台湾媒体改革阶段，筹设创办多家广播电台，有线电视及报纸杂志等。近年的主要著作有：《台湾地区传媒产业数字汇流发展状况》（2013）、《台湾传播产业的现况及趋势》（2010）、《文化企业品牌与营销策略》（2009）、《传播产业发展趋势》（2009）、《媒体企业再造工程》。

我在1995年成立了台湾第一个招收研究生的传播管理研究所，还在当年5月份开了一个研讨会，讨论现在大家讲的"三网融合"，也就是媒体、电信和网络的产业融合，算是比较早关注"融合"的课题。

这几年我大多数时间在大陆。从2008年开始，我在大陆的大学客座讲课。我觉得有机会跟大陆同行，不管是长辈或者晚辈交流，收获很大。另一方面，大陆的媒体改革，比境外精彩多了。因为政策体制、媒体体制和科技三方面，同时处在急剧发展的变化中，无论是从做研究，或是从实践方面来看，在大陆都会比在境外有更大的收获。因为对于从事数字媒体研究的人来讲，在境外可能只有想法，但实践不成。而在大陆，不只规模经济够大，还有政府行为参与，所以做传媒数字化，可以一步到位。反之，在境外，总是要面临先有鸡还是先有蛋的问题。需要先有个规模经济，就算没有 100 万用户，也至少需要有个 30 万或者 40 万用户，这在境外难度很高。如果你没有一定的规模经济，买内容（content）也买不到，就无法实现鸡生蛋，蛋生鸡的目标。

2005 年，我参加一项数字电视的研讨论坛。一位跨国公司的亚洲区副总裁问我台湾的数字电视做得怎么样。我说，台湾的数字电视搞了十几年，没有搞出什么花样来。因为存在先有内容，还是先有订户的问题。这位副总裁说他很羡慕大陆的基础建设一步到位，甚至包括内容都一次搞定。

融合，我不认为是 1 加 1 加 1 等于 3 或大于 3 的问题。熊是熊，猫是猫，熊猫不是熊和猫；也就是说，媒体是媒体，网络是网络（Internet），电信是电信（telecom）。以前传播学经常会提到说，报刊、杂志、广播、电视、电影，只是角色不同的分工，不会产生新取代旧的淘汰现象。但是，这是一个绝对错误的观念。

严格讲，新媒体和旧媒体的说法，不是很精确。我认为，未来媒体这个说法更适合；我也接受业界的，包括优酷的想法，叫做新兴媒体。新媒体和新兴媒体，是不同的概念。

数字科技融合，从市场来看，意味着市场结构的改变。简单地说，就是市场的游戏规则变了。举个例子，篮球、排球和足球，各有规则。如果三种球队在同一个球场上，一起比赛，踢的、拍的和投的，各显神通。这样一来，某些 2 米高的篮球中锋，首先被淘汰，因为球场变成足球场那么大了，高个子这么蹦跳 90 分钟，多数受不了。换言之，市场结构改变了，三个产业原本的政策法规截然不同，盈利模式也不同。但现在都放在一起竞争，形成全新的市场结构。

2008 年，我第一次到复旦讲课，给 2008 级的研究生讲媒介经营管理的必修课。我发现，多数同学很少看国产节目。大学宿舍没有电视机是原因之一，但更主要的这些 20 几岁的年轻人，在读大学之前遥控器不在他手里，父母不会把遥控器给他。但是他一定有一个电脑，他很习惯在电脑上接受所有的东西，包括看视频。学生在网络上同步看台湾的电视节目、英美剧和日韩剧。

现在网络上很多人会帮你翻译，一毛钱不要，而且翻得很好，很多专业翻译都做不到这么好。我记得iphone4在美国发布的时候，网络上有一位iphone粉丝，在现场每两分钟发一张照片，用中文告诉你英文发布会发生什么事，一直到凌晨3点多。我还记得，他说："我累了，明天回答网友提问"。这些网民，成千上万，来自不同地区、领域，他们所做的事情，所接触到的资源，再大的媒体都不见得有能力办到。这位iphone粉丝所做的事，对于专业媒体来讲难度都很大，要找一个记者像他那么专业，能够把英文现场马上翻译过来，又要懂iphone，又要懂技术的问题，又要有无限的热情，不是容易的事。

面对当前情况，新闻专业以后怎么办？以前我们所认为的专业技术，现在的某些业余专家，甚至比我们还专业。新闻人干这份工作要挣钱，可是业余专家往往不要钱。

再举一个广告例子。可口可乐是一种碳酸饮料，近年来有越来越多的人认为它不健康，所以境外的市场份额一直不停往下掉。几年前，可口可乐突然发现它在欧美的市场营业额大增。高层主管说，赶快研究，哪一个电视广告、哪一个行销活动这么有用。研究结果是，网络上有一个传播非常广的视频，视频中把一种叫做曼妥思的糖果，放进可口可乐里，摇一摇，喷出和香槟一样的气泡。所以很多网民都在开party的时候，买可乐摇出气泡来制造气氛。广告公司的创意总监都傻了，这年头就是这样，消费者自己做创意，不需要广告公司。消费者把可口可乐当香槟来玩，可口可乐公司其实也无所谓，只要能继续占有市场份额就好。

这些例证都指出，市场结构在改变。我还记得2008年北京奥运会的时候，我看到许多精彩的好照片——不是报刊摄影记者的作品——出现在中央电视台体育频道的一个栏目。这个栏目让观众把自己拍到的得意照片传给栏目组，从中择优在电视栏目上播放、讲评。这些照片中有许多比平面媒体记者的作品更精彩。现在的数码相机，使用简易，如果观众恰在适当位置、适当时机，可以刚好拍到一刹那的好照片。专业媒体很难办到，就算有100位摄影记者，也比不上成千上万的业余粉丝这么做。而且这些提供照片的人都不要钱。所以现在不止是广告业有问题，我们帮人家做内容都有问题。现在到底谁是消费者已经搞不清楚了。以往的政策、法规、产业营运模式、专业工作技能，都不再适用，必须全都重来，重新构建市场结构。全世界都是一样。假如哪一天政策许可，中国移动、中国电信能够把中央电视台买下来，我不会惊讶，因为移动和电信的资产要比中央电视台大很多。在国外也是这样，当电信要介入媒介领域的时候，媒体挡都挡不住。1996年，默多克在接受一次访问时，记者称他是媒体大亨，他说我不是，我只是这个媒介大水池里的一条鱼，还有些会喷水的大鲸鱼。他所说的大鲸鱼指的就是网络和电信，因为网络和电信的基础，要比默多克的媒体集团大多了。目前在三者融合的趋势下，三个产业正在做一样的事情，彼此相互竞争、合作或并购。

多年以来媒体的盈利模式，是大众媒介生产内容，吸引一群阅听众，再把阅听众当做消费者，卖给广告主。所以当数字媒体开始出现的时候，很多做市场研究的人都说，这下子好了，受众研究以后有分众了，我们能知道哪些受众在看哪些内容，更可精确地生产内容及从事广告行销。但是后来的发展，并不是如此。相反地，网络扩大了供应量，分食市场份额，甚至逐步瓦解原来的营运模式。

媒体的盈利模式主要依靠量的积累。由于大陆人口基数庞大，这种情况问题不大，因为就算受众再细分，每一部分的分众数量还是很可观；其次，大陆的媒介体制没有完全放开，传统媒体在非完全竞争市场下，仍有一定优势。但是，在境外，很多国家和地区没有这么大的受众量，情况完全不同。台湾地区约有2300万人，算是多的，有很多国家地区连1000万人都没有。如果市场一再细分下去，分众量就很少了，根本无法达到"大众"的基本数量，大众媒体盈利模式也就溃散了。

受众市场的个人化和分众化，彻底摧毁了原来的营业模式。原本市场营销强调市场导向的4P[①]和顾客导向的4C[②]。就市场导向的4P而言，如界定目标受众群体是25岁至45岁的北京白领妇女，平均月入

[①] 4P理论指产品（product）、价格（price）、促销（promotion）、渠道（place）四要素，由密西根大学教授杰罗姆·麦卡锡（E. Jerome Mccarthy）1960年提出。

[②] 1990年，美国学者劳特朋（Lauteborn）教授提出了与4P's相对应的4C's理论。4C's的核心是顾客战略。4C's的基本原则是以顾客为中心进行企业营销活动规划设计，从产品到如何实现顾客需求（Consumer's Needs）的满足，从价格到综合权衡顾客购买所愿意支付的成本（Cost），从促销的单向信息传递到实现与顾客的双向交流与沟通（Communication），从通路的产品流动到实现顾客购买的便利性（Convenience）。

10000元。假设北京这个群体有100万人，行销的目的，就是要从中去分抢一定的份额。但是到了顾客导向的4C，我必须完全从顾客的角度来考虑问题，比如化妆品类的产品越来越细分，为顾客量身定做，或者不停地说服顾客需要某个产品。这方面电信就是典型的顾客导向的行销。本来我们买电话是为了打电话，而现在买手机绝对不只是为了打电话，甚至主要是为了做其他的事，比如网购、微信等。买电脑本来应该是一个办公室的事务机器，如今也变成了一种生活方式的必需品。

电脑已是十分个人化的生活必需品，大多数人没办法共用电脑，共用时往往也无法得心应手，有时电脑被别人碰过之后，本人会很难再上手。所以，今天个人电脑、手机绝对是个人生活必需品，跟家里每个人总要有个人的牙刷一样。

现在的竞争是"媒介池（media pool）"的竞争，跨媒体、跨产业而且跨国际。由于外界环境在不断改变，我们的很多理论也随之产生变化。现在很多学传播学的年轻人在考试时还会被考到"守门人理论"。但是，守门人要有个门，为什么有门，因为有面墙；你现在看看，讯息上天下地，无所不在，基本上没墙。所以，没有墙哪来门，没有门的"守门人理论"，必须要认真地重新思考。今天，许多传统媒体时代的理论，要重新审视。那些旧有的理论、原理和规则，也许曾经在某个时期，解释媒体传播的人类行为是有意义的。但是，今天已经不再适切了。

对于很多年轻人来讲，甚至不知道所谓主流媒体的内容是什么。我经常利用学校上课的时机，调查学生的阅报情况，发现即使是名校新闻专业的研究生，也很少买报纸，甚至不看报纸。学生说，报纸新闻很笨，时效很差。这个我也同意，报纸新闻已不再有时效了。每天发行的报纸，当制作好内容，送往印刷厂，尚未印刷时，所刊登的新闻就已不够新了。从印刷厂出报，再送到读者手里，起码要再经过四五个小时，新闻事件的变化，已经转变了好几回了。从前我们说报纸是刊登新闻，因为它的时效性强；但是，现在报纸刊登没有时效的讯息，根本如同是"历史"，而且是未经过慎重论证和确认的资料。

我们再稍微回溯一下不同社会阶段，媒介和社会的关系。最早的城市，是政治军事的权力中心形成的。但是人类社会工业化之后，生产中心变成都市。因为生产线的需要，要把人搬过来，把原料搬过来，要在这里进行商业行为，现代都市因而形成。北京因为是政府的中心，形成大都市，上海就是贸易生产形成的都市。从这个理论来讲，那些从农村搬到工业社会城市的个人，其实是没有根的。他们在农村有根，有紧密的社会关系，人际网络盘根错节。但在都市，他们像盆栽一样被搬过来，在都市里没有根，相对地疏离。大众媒体对这么一大批疏离的人，有很大的影响力。工业都市的人，依赖的是整个社会的规范，按照政府的理性与个人的理性来维持这个社会的秩序，这就是工业社会。

早在1970年代中期，就有人提出信息社会的说法。那时我刚刚大学毕业，在报社工作，很难想象未来每个家庭里都有一个讯息中心（information center）的情况，一切充满预言的不确定性。30年过去了，信息社会真的来了。每个人的笔记本电脑、IPAD、智慧手机都是信息中心，什么功能都有，还能随身带着走。这个信息社会没有门，没有界限，不再是一个个独立的空间，广大的公共空间，属于每一个人。我们每次上网，网络就是一个公共空间，任何人都能进，任何人都能出。任何人要干什么，完全依靠公共理性，彼此之间共同界定的理性。这和我们日常生活中遵守红绿灯的习惯一样，很多人到了十字路口没有排队的习惯，上下班时必须要有协管吹哨子维持秩序，就是因为这些人没有公共空间的概念。

公共理性在传统社会里没有那么重要，但是在信息社会中，公共理性越来越重要。因为没有从上往下制定的规则、界限，完全要靠公众自己来约束自己在公共空间的行为。公共理性是一种协同服务。什么是协同，就如同我们运动会上玩过的两人三脚游戏，大家要协同，否则就会摔倒。网络上没有人控制游戏规则，所以网络上完全没有界限，就像是在马路上游走的群众，你没有办法告诉他只能走左边只能走右边，告诉他步伐要多快多慢，这个你办不到，因为技术导致你不可能这么做。

《纽约时报》电子版开始收费后，默多克从上个月开始要伦敦的《泰晤士报》也收费，马上失去了四成客户。为什么？可替代性太高。你的报纸上有什么呢，除非你有独家秘辛，否则很难吸引人。《纽约时报》认为自己的评论和分析是唯一的、独创的，可以吸引人，但这是不可能的；还有很多免费的、业余的专家，分析比《纽约时报》写得还好。以前，可以控制住媒体，控制你什么时候看什么，比如过去的电视剧，一天只能看两集，可是现在，我在网络上，可以一口气看完整套连续剧。不好看的内容，你可以快转；看到讨厌的人出现，可以跳过；如果你喜欢，可以倒回去再看一次，而且边看边聊天，看到喜欢的人、事、物，还可以同步搜索一下，这个人是谁、衣服在哪里买的，什么事都可以做。工业社会的同质竞争，是利润最大化，尽量降低成本，追求最高利润。这就是一个你死我活的同质竞争。传统媒体时代，某家媒体拿到独家内容、名家的评论，其他没有的，就输了。但现在海量的讯息网络中，上述情况都不存在了。现在只能做大价值，把价值最大化，把原来没有的东西，经过原创生产出来。创造新的需求，再去满足需求，成为一种营运模式。就是说本来没有的东西，把现存的某些元素合起来，产生一个新的价值。iPad其实没有新的硬件技术，技术几乎都是已存在的，绝大多数运用软件，是无数使用者共同研发的。Apple公司只是努力地思考，现有的技术能够干什么，适合哪些人的生活方式，所以它就用减法，把需求较小的减掉，最后产生一个能够满足特定需求的个人生活必需品。盈利模式在哪里呢？无数人在帮它研发软件，从免费的开始，然后0.99美金、1.99美金、2.99美金，甚至更贵的价格，完全看使用者的需求。然后，采用拆账来分享利润。这就是把价值最大化。因为有iPad这个平台，所以做软件的有活儿可以干，双方都可以拆账；因为有这个平台，任何人可以通过它做你想做的事。这就是价值最大化。价值最大化，不需要产生任何新的技术，只是最大化现存的价值。

　　信息社会里，你的成功是建构在所有相关人成功的基础上。iPad的模式就是这样，建立在所有人成功的基础上，每个人都应用它的平台来做事情，那些人在这个平台做事都有好处，它也从中得到好处，使用者也得到好处，人人都有收获，这叫价值最大化。

　　网络上依赖着公共理性。我们在网络上玩得很快乐，但要知道，你要自我节制，有些节制是必须要的。否则你会被所有人人肉搜索把你封死，再也不敢出现，否则就要换名字了。

　　我们再回头看工业社会。工业社会和信息社会的区隔，最早被指出来的时候，大家开始没有弄得很清楚，直到这几年，信息社会成熟了，摆在眼前了，我们就比较容易归纳出一些现象来看它们的区别在哪儿。我们知道资源是稀缺的，纸媒体就是依靠稀缺资源，油墨、纸张都是。看看报社的印刷厂，三四层楼高，机器运转起来，惊天动地，而且绝对不环保，绝对不轻薄短小。同时，印出来的内容，一点都不新，毫无时效性，且生产成本很高，运送成本很高，储存成本很高，加上高度污染，如此竞争力在哪里？答案是：毫无竞争力。

我们买书，甚至看不看书都会买书，别人也会送你书，所以有人会以拥有一间大书房而自豪。因为我收藏书，就是收藏知识，收藏知识就是收藏权力，也就是说收藏你的社会影响力。但信息社会是不需要的，资讯取之不尽，瞬息万变，且唾手可得，毫无储据的必要。传统社会，物质资源稀缺，一碰到，急躁地赶快拿走、搬走。

现在这个产业急速在变动中，当下的新鲜事物，搞不好很快又有人搞出一个新花样把前面的否决掉了。所以现在大学教信息工程的教授最痛苦，开学时采用最新的材料，还滚烫的，刚印出来发出去，到期中考试的时候，由于技术的变动，这些讲义可能就"出局"了。一学期要换两三次新书，也是常有的现象。所以，信息工程有些书不印了，因为一印妥，还未发出去就旧了。

新闻传播专业的人，也面临重大挑战；许多成功的案例、经验，都不见了。

工业社会的成本是递加的，但是信息社会的成本是递减的。

工业社会生产有限度，但是，信息社会是无限度的，不用追求单一产品利润最大化，这就是互惠共赢。

数字信息的融合有多重面向：有媒介融合、产业融合、国际融合、生产者（传播者）与消费者（阅听者）融合、内容（讯息）性质融合。最大的变动就在这里。从前，谁是生产者很清楚，也是守门人。现在不是了，业余专家的消费者，生产得比你还多，甚至更好。同样，虚拟摄影棚里面，我们把很多真的假的全都混在一起。可口可乐的视频也许发布者只是觉得好玩，结果没想到变成可口可乐和曼妥思的一个广告宣传片。这种现象不是能够去管理和控制的。

新闻截稿对网络新闻来说是没用的，只要你有截稿，你就不是新闻，你有截稿，不是滚动播出，那就不是当今的新闻媒体。

还有消费者（阅听人）替代生产者（传播者）。其实今天的海量内容不是我们供应的，是消费者供应的，是那批业余专家供应的。阅听人也变成一个传播者，因为他自己有媒介。其实，不止他有媒介，现在人人都有。按照台湾还有其他国家的法律，政府不可以有媒介，但是现在政府也可以有媒介了。因为以前我们所说的媒介是指传统媒介，而现在政府可以设网站，企业可以有媒介，社会团体可以有媒介；个人有媒介，媒介的类型非常多元，操作的方式也多元。

内容本身也在逐渐升级，不像以前那样简单，可以互动、多媒体、即时、无限量，这都是传统媒体做不到的。我们现在的渠道和以前不同。我喜欢ipad的一个广告，男主人在吃早餐，用ipad看报纸，配的台词是：什么都能做，只有一件事情不能做。广告画面里男主人吃饭的时候有一只苍蝇在飞，男主人用ipad一打，ipad完了。呵！报纸的作用只剩打苍蝇这件事情，可从早餐桌退出了。

网络和电信把我们传统的媒体覆盖了，而且它的技术比较先进，没有传统媒体模式的包袱。网络是媒介，可以通过电信打电话，更重要的是它可以做电子商务。传统媒体没有办法在看完报纸后马上点一下报纸，成交买卖。电信是不是媒介？当然是，智能手机都是，加上网络，也能从事电子商务。现在问题来了。网络和电信做了这么多，我们传统媒体做什么呢？

最后，看一下我们这个行业的挑战和回应。目前称作新闻传播，将来或许可能不叫做新闻传播了，可能是数字信息的传播产业了。

媒体自营，撇开广告公司。媒体扩大经营范围，侵蚀广告公司业务。现在太多广告主自己办媒体，消费者自办媒体。再加上数字媒体的融合效应，连串的冲击，改变了产业本质。

我们今天需要解决的课题是什么？我们的产业本质是什么？如同一开始说的，这种球赛，不是篮球，不是足球，不是排球，三者都有，三者都不完整。它不是熊，不是猫，也不是熊猫。

行业的角色是什么？我们以前很清楚。但是，当前媒体的本质是什么？角色是什么？功能是什么？有一大堆理论政策和产业应对的模式，似乎全都不适用了。这个行业里的专业关键技能是什么？

对于学术单位来说，到底应该研究什么？我们培养的人要做什么？

假如不做科研，他要进入产业，进入实践，到底要教他什么。境外的出版社已经改变了。以前招人要求的是文字，可是现在希望他要懂音乐，要懂动漫，要懂许多媒体。以前，很多文科的学生若不会写文章在出版社找不到工作，现在难度更高了。出版社好像不太需要只懂文字的人了。

这是我们要面对的，不管是研究也好，产业也好，我们的产业变了，我们需要的技能也变了。

我们正面对一个巨大的变动。三网融合，绝对不是三种游戏规则，一定是一个全新的规则。所以说，它不是从熊慢慢演变成一个比较先进的熊，它也不是从猫慢慢演变成一个比较厉害的猫，当然，更不是熊加猫，慢慢演变成熊猫。它是另外一个物种。

以前新旧媒体按时间空间来看，各有特色，形成分工。今天不是这样子，以前什么叫日报，什么叫周刊，什么叫月刊，因为出版的时间不一样，所以我的内容的页数不一样，操作的形式不一样，有的强调快、多，有的重视周延、精致。现在这些都没用了。这是一个新生的物种。

以上是我对这次产业变革的看法。

精彩讨论选编

提问：我想问一个灰色的问题，主要是我对理论发展趋势比较关注。刚才在对融合这个概念的理解上，我觉得您有这样一种思路，融合是一种无奈的选择，也可能是一种理论的方向。在这种状态下，您刚才用了一个形象的比喻说融合不是猫，不是熊，也不是猫熊，您用的是一种否定式的思维来界定融合这个概念。但其实现实当中我们感觉到的是一种肯定式思维，它是猫，也是熊，也是猫熊。拿书来看，我说它是一本书，在使用 ipad 的时候我也可能把它当成一本书来读，显示的这种现状始终是一种肯定的方式。这也是认识融合的一种思路。哪种思路更合适，需要探讨。

刚才您让我感到最震惊的说法是原来的理论现在都不中用了。这确实让我们这些做理论的人感觉挺恐慌。原来的理论都不能用，那我们给学生讲什么东西，我们自己要做什么样的研究，这都是很大的问题。在您看来融合的产物是非常新的东西,而且是模糊不定的东西,消费者不见了,生产者也不确定,不知道谁在网上可以发布信息,媒介的形式也在变化。在所有的媒介都发生变化的情况下,事物都融合了,理论是不是也有融合的可能性。以前存在的理论是不是也有这样的一个可能性,这是我想问的问题。

杨志弘:我没有想说我们理论的主轴是什么。按照学科发展来看,我们现在很苦恼。之所以没有办法把做研究的范畴定下来,是因为产业的变动,我看它好像是月亮圆,初一十五不一样。ipad也可以当成传统的报纸来看,或者专门看视频。但是,它不只如此,还有传统媒体不具备的功能。如出版一本教科书,纸本印出来后,万一有错我根本没办法更正。所以现在出书,有些和网站绑在一起,作者可以把新的东西不停地放上去,作者可以随时更新,所以是买它的服务,也就是售后服务。这对科研书很适用。网站上,很适合发表学术论文。这里一切讨论是公开的,所有的讨论会出现,即使是教科书,都可以更新。你不是买一本书,你是买一个学术性的科研服务。

附:讲座内容摘要

一、数字科技的融合效应:数字讯息传播时代的来临
二、数字讯息传播的融合趋势
    1. 媒介融合
    2. 产业融合
    3. 国际融合
    4. 生产者(传播者)与消费者(阅听者)融合
    5. 内容(讯息)性质融合
        ①新闻与广告融合
        ②事实与意见融合
        ③现实与虚构融合
        ④虚拟实境(网游)与真实虚境(虚拟棚)
        ⑤新旧融合
        ⑥素材和成品融合

6. 渠道融合

　　①真实与虚拟融合

　　②时间与空间融合：时空融合，打破时空规律

三、融合效应下的产业变革

1. 消费者（阅听者）替代生产者（传播者）：

阅听众 = 传播者 + 媒介（自有媒介）

2. 内容（讯息）的升级：互动的、多媒体、立即的、无限量、多元的……

3. 渠道的升级：超链接、跨时空、移动的、便捷的……

4. 数字信息传播产业的形成：网络与电信正在侵蚀媒介

四、结论：传媒行业正在面对产业融合效应的挑战

瑞典媒体中的中国形象

霍肯·林托夫（Hakan Lindhoff）

（2010—11—30）

霍肯·林托夫（Hakan Lindhoff），斯德哥尔摩大学新闻媒介与传播系媒介及传播学教授。1978年开始在新闻媒介与传播系各年级任教，主要教授课程媒介理论、媒介法制、媒介经济、经济新闻、公共关系以及研究方法论。研究领域：广告和消费者行为研究、瑞典媒介经济研究、20世纪90年代起研究中国媒介发展以及瑞典媒体中中国及其经济形象的变化。

我今天要讲的是：瑞典媒体中的中国形象，我将与大家分享关于瑞典媒体中的中国形象研究的一些阶段性研究成果。我也鼓励大家对我的观点提出不同的见解和问题，可以随时打断我。

引用《中国日报》的一句话作为开端。这是一篇对美国前政府官员的采访，他曾经在重要项目上帮助过中国政府，比如奥运会和其他一些建设项目。他说："冷战时期我生活在美国，这使我在首次来中国之前对这个国家有很多错误的观念。"他8年前来中国。"我在中国看到，这个国家比美国媒体报道的要先进得多，这个国家的人民也很友好。这8年中我持续关注中国，我看到这个国家发生了翻天覆地的变化，这是我在美国或其他任何国家都从未见过的。中国做决断和推行项目的能力令人欢欣鼓舞。"这则采访中令我感到有趣的是，被采访人看到一个"比美国媒体报道的要先进得多"的国家，也就是说美国媒体上充斥着错误观念，让人无法看清事实真相，让人越来越糊涂。

虽然这是美国的例子，但我觉得用它作为演讲开端很合适。因为媒体对于国家形象的报道，塑造人们对世界的认识非常重要。所以，如果瑞典媒体报道中充斥着谎言、假象，我想这会影响中国与瑞典两国人民之间的关系。但是事实并非如此。近十年，瑞典人民对中国的兴趣与日俱增，很多人来中国旅游，亲身体验中国。瑞典人口很少，不超过一千万，是北京人口的二分之一。所以当瑞典人到中国旅游达几百甚至几千人时，就说明国民中了解真实中国的人很多——这对瑞典媒体来说很重要，因为他们不敢编造有关中国的谎言。事实上，瑞典的主流媒体，像报纸、电视台等，都选择向中国派遣记者，每天向瑞典发送中国的最新消息和图片。我会把瑞典媒体中积极和消极的中国形象分别向大家做个介绍。西方媒体的报道并不总是公平公正的，有时会带有偏见，但我希望在瑞典，这种媒体报道不会太多。

我先来回顾一下世界形势。经济危机时，世界上不同的国家、大洲，权力间的关系都会被重构——目前西方经济危机正是如此。这次经济危机从雷曼银行泡沫破裂、银行倒闭开始，爆发已逾两年。它给西方经济发展带来严重影响，使经济增长下降了三至四个百分点，目前其影响已降至一个百分点。经济危机使得失业率增加、房贷危机、利息降低、经济增长趋于零。希腊、爱尔兰等一些欧盟国家受经济危机影响极其严重，它们失业率增高，大幅削减社会福利，并且从欧盟和国际货币基金组织进行大额贷款来应对危机。奥巴马政府出台了特殊政策，促使美元贬值，美国政府还请求中国让人民币增值。与此同时，西方媒体包括瑞典的一些媒体，也大幅报道金融危机对金砖四国（中国、俄罗斯、印度、巴西）影响并不大，金砖国家的经济仍持续增长。虽然全球化和全球发展格局越来越受关注，但经济危机并非在每个国家都有很大影响。中国经济增长仍保持每年8.5%—10%。在这种情形下，各大洲之间的关系会被重新定义，这具有重要的历史意义。富裕国家和贫困国家的关系或许将被扭转。我要加一句，如果我们更加仔细观察国家间的经济关系，会发现比我总结的要复杂许多。因为经济上的依赖关系是相互的，如果中国依赖欧洲，欧洲也会依赖中国。现在，美国经济很大程度上依赖中国，因为中国持有许多美国国债；另一方面，中国也依赖美国，因为如果美元大幅贬值，将影响中国所持的美国国债的价值。所以，经济上的依赖关系是双方的。但是，经济主动权也很重要，就是说一方经济持续增长的同时，另一方却受经济危机影响。从这个角度来看，我认为中美经济关系中，中国掌握主动权。

瑞典媒体逐渐对中国表现出一种新的尊敬。例如：2010年上海世博会、中国经济增长、城市建设、吉利收购沃尔沃、瑞典品牌在中国开设门店（宜家、H&M）等等。或许有些人记得上周在798工厂举办的"北欧纪录片电影节"，我带着几个学生去看了电影。我们看了一部很有趣的电影：《中国人来了》（*The Chinese are Coming*），片名像是宣传"中国入侵瑞典"的威胁，但这部影片的内容并不是关于中国"入侵"瑞典。它讲述了中国的资本家想在瑞典进行建设，找到了一个失业率高、到处是废弃工厂的小镇。中国人想在这里租到便宜的建筑和土地，建设一个巨大的展览馆，让中国商人来展示自己的商品。故事结束时，展览馆几近完成，但经济危机爆发了，这个商人的计划被经济危机影响了，参展的产品几乎无人问津。这部瑞典电影中，一开始中国的形象十分正面，中国商人刘先生刚到瑞典时很受欢迎，地方媒体和主流媒体都大肆宣传。但是随着投资的破产，这种正面形象开始变得负面了。这个项目的大部分资金基本是瑞典银行的贷款，刘先生自己出资的数目我不清楚，随着项目破产，刘先生消失了，瑞典人开始寻找这个刘先生。刘先生的公司总部在杭州，瑞典人去杭州找他，但他把总部关了，就这样消失了。这个影片讲述了一个真实有趣的故事，瑞典媒体对这个项目进行了两三年的连续报道，从"中国人来了"到最后"中国人消失了"。瑞典人并不认为中国人不诚实，但大多数人都希望他还能再回瑞典继续这个项目。

这个例子中，刘先生的形象从正面变成负面，还是有一些消极因素。现今中国媒体有很多关于本国经济的不利因素和问题的公开报道，我今天读《中国日报》的时候切实地感受到这一点，这与3年前的中国媒体报道很不相同。其中一个例子就是对小煤矿的报道，10年前这种报道非常少，瑞典媒体对此报道也很少。但是今天这种报道变多了，并不是说这种报道是政府倡导的，而是因为这种报道不仅关乎矿工的生命安全，而且与环境污染有关。瑞典媒体中关于环境问题的报道很多，不仅有中国的，而且有世界其他国家的环境问题。环境问题与气候变化等一系列话题相关。就在此时此刻，墨西哥的坎昆正在举行世界气候大会。昨天晚上我在电视上看各国新闻，像亚洲新闻频道（Asian News Channel）、BBC 新闻等频道，昨天的头条都是维基泄密网站的消息，当然这条消息也与瑞典有关。维基泄密泄露了 25 万份机密文件，很多西方媒体都在分析这次泄密所带来的影响。但是只有一个频道昨天的头条新闻与别的频道不同，就是中国中央电视台国际频道，它的头条是墨西哥气候变化大会，在 BBC 没有关于这个会议任何的消息，亚洲新闻频道也没有。所以我想，环境问题是中国最关注的话题。

我认为气候人会是事先有计划的报道，中央台派遣了记者组织报道，但维基泄密是突发事件，没有事先的计划。如果没有这 25 万份文件被泄密，那么维基泄密网站所带来的后果很难立即显现。我想 CCTV 的做法是好的，因为电视台需要在事件发生后进行一些调查才能报道，最好是等上一两天。今天早晨 CCTV 就对维基泄密进行了报道。CCTV 用了一些时间去调查、分析，而不是立刻进行报道，这是很明智的。市场要求媒体报道最热门的消息，但是用新闻启发受众也很重要。如果只是用最快的速度报道事实，或许效果并不好，因为调查时间太少，不能搞清楚这起事件的影响。

中国能源大部分依赖于煤矿，这点有时受到瑞典媒体批评。我听说中国每年有一半能源是燃烧煤炭得来的，这肯定会带来空气污染和气候变化。启用其他能源也很重要，例如风能、太阳能等等，但这种改变需要一些时间。我们要给中国一些时间，从煤炭转移到风能等新能源上去。

在瑞典有三大能源公司，一个是芬兰的公司，另一个是德国公司，第三个是瑞典公司。这个瑞典公司叫做"瀑布"（Waterfall），一开始只用水力生产能源，后来扩展到核能，十年前又发展到其他欧洲国家。它进军德国的时候投资开发了很多煤矿——这就让这个清洁能源公司开始污染环境了。因此，瑞典常常指责这种投资煤矿的行为，认为煤炭能源污染环境。瑞典对于污染环境很敏感，瑞典人认为政府需要更严格地管控这些能源公司，不让它们投资煤矿。瑞典本国没有煤矿，但在德国拥有煤矿，这引起了瑞典关于煤炭能源的讨论，所以中国的煤炭能源利用也引起了瑞典媒体的注意。

现在我们来讨论一下不太积极的报道，比如中国的城市化。这一点因为中国的城市化进程太快、太剧烈，带来了很多意想不到的后果。虽然得到了瑞典媒体的赞赏，但同时也受到了批评；另一个问题是中国需要更多森林覆盖面积来防止沙漠化，比如北京北部；还有城市交通问题，西方有很多城市交通治理的相关经验，北京和上海等城市现在也面临着同样的治理难题。我的中国朋友给我发来邮件说，北京的高速公路可以容纳二百万辆车，但汽车保有量已经达到四百万辆，所以堵车很严重，没有别的解决办法。我认为市场会帮助调节汽车保有量。从长期来看，汽油价格会一直上涨，更多的人会把车留在家中，因为开车的开销太大。我从《中国日报》中读到，这种变化已经开始了。通货膨胀让更多人抛弃私家车转而坐地铁，我认为这是通货膨胀的好处之一。这种情形会持续下去，5年内汽油价格会大幅增长，会影响私家车的使用。我个人认为地铁建设应当放在首位。在我看来，北京地铁十分方便快捷，外国人乘坐也非常便利，我非常喜欢。北京地铁和斯德哥尔摩的地铁很相似，让我有种熟悉感。北京地铁的信息系统甚至比斯德哥尔摩的更好。

世界上其他国家有解决交通拥堵问题的经验，斯德哥尔摩就借鉴了这些经验。斯德哥尔摩市坐落在群岛上，四周环水，车辆会直接驶入城市中心，再集中驶出。最近，斯德哥尔摩将要建设一条高速公路，而不是造桥或隧道，这条路不会穿城而过，而会从城边通过，使人们能够在城市的南北穿行。这条新高速公路还未开工建设，就已经引起一些讨论。有人认为，如果建设这样一条路，会吸引更多车辆上路；如果不建设，就不会有那么多车在路上。说到为了容纳更多车辆而修路，虽然路就是为了让车通行而修建的，但这是个"先有鸡，还是先有蛋"的问题，是因为有路才有车，或者我们不修路，让车到别处去开，这是个很复杂的问题。虽然我并不是中国的政府官员，但我建议中国政府三思而行——或许修路并非良策，因为路越多，车越多。中国政府可以停止修路，思考一下这个问题，然后转而修建更多的地铁。这只是我的个人见解，并没有经过调查研究。我也是有车一族，我有时会在工作日把车停在家里，然后坐地铁，只在周末或晚上用车。

让我们继续其他话题。关于中国发展的其他方面，瑞典媒体也有很多报道，比如中国对非洲投入越来越多。我听说当下有超过一百万中国人在非洲安家，虽然数据并不确切。他们在当地发展工业、零售业，还帮助进行基础设施建设，比如铁路和港口。在国际上，对于非洲欠发达地区的投资更多的被认为是国外经济援助项目，而不是用来赚钱的项目。瑞典国际发展委员会在非洲很多国家都进行了投资，比如乌干达、莫桑比克等撒哈拉以南非洲国家。在这些国家独立后，瑞典也支持其民主自由运动，从20世纪60年代至今已近50年。1960年以来，以几内亚为首的非洲国家纷纷独立，这些国家曾经是英、法、德、西、葡等国家的殖民地。今天，欧洲列强力量式微，在非洲政局中的影响力也逐渐下降，瑞典将如何处理中国在非洲的新利益？很多瑞典媒体从正面报道了中国在非洲的利益，比如中国给非洲国家经济援助、帮助非洲国家进行基础设施建设、建设新工厂等等。也有些媒体从负面进行报道，报道中国在非洲的消极影响。一些媒体说，中国在非洲投资是有目的的，而不是为了帮助非洲发展。比如，中国将本国的廉价劳动力带到非洲，对当地就业没有任何贡献；中国想在非洲为本国开采更多的原油等等。

我和很多朋友一起旅行过。我们去过两次非洲，还去过拉丁美洲和越南等地。我向他们提议应该到中国去看看。他们中很多人都投身于各种不同的非洲国际援助项目，所以当中国在非洲进行了几年投资以后，这些朋友对中国投资的批评很多，因为他们怀疑中国在非洲投资的目的，这种投资被外人更多地解读为"开发"而非"援助"。或许中国可以通过一些行动改变他们对中国投资的印象，比如中国政府可以从人道主义方面对非洲投资——并不只进行基础设施建设，或者只为了发展零售业——同时也发展医院、慈善事业。我想这些行为可以塑造一个更加积极的中国形象，至少在瑞典人看来会是这样的。

我认为非洲是一个很好的案例，用来说明瑞典媒体中中国形象的矛盾性。在瑞典，人们对非洲的印象很传统，认为非洲应当接受人道主义援助，而不是成为投资者的市场。我个人认为，中国进入非洲是打破这种传统观点的一个途径，这是有益的，因为瑞典人心中的非洲形象也有缺点：我们只是把非洲看作接受人道主义援助的一方。有些瑞典人认为非洲离开我们的援助将一事无成，这是绝对错误的。我们让非洲成了一个只能接受人道主义援助的地方，我们没有将非洲人民看作可以照顾自己的民族。我认为非洲人民完全有能力自食其力，不必依靠我们的援助，而依靠自己进行发展。

当然，这种"矛盾"也可以理解成对中国形象的均衡的报道，包括正面和反面。这是由于瑞典媒体采用了更多的来自中国的新闻报道，像我之前提到的，至少有两三家瑞典媒体向中国派遣了记者。我想他们提供了一个均衡的中国形象，描述了一个很真实的中国。特别是在2008年奥运会时，这些记者可以到中国大城市之外的地方去，给我们带来中国小城镇和乡村的报道，这对塑造全面的中国形象起着相当重要的作用。

我要对媒体经济事件的报道做一个理论回顾。过去20年，在瑞典和世界其他国家，媒体经济事件报道都在国内和国际范围不断扩展，20世纪80年代末，经济新闻开始在瑞典兴起，并不断发展。我将这种现象解释为"新闻经济化"的体现。这并不只体现在媒体的经济板块，对其他类型的报道也是如此，例如体育新闻、娱乐新闻、政治新闻，现在的报道视角很多都从经济和金融角度切入。在西方，政治自身也在市场化，政治问题曾经只在政治内部解决，在政府、国会等权力机构内。但这些问题现在被外包给市场去解决。五六十年代至80年代，瑞典主流意识形态已经逐步被一种新的市场意识形态所取代，我把它称作"新自由主义"。因为它建立在自由贸易的基础上，认为市场可以解决一切问题。从个人层面上来说，这种意识形态的变化体现在：瑞典公民对政治话题、合作运动的兴趣越来越小；贸易组织的数量不断减少；社会民主党曾是瑞典较大的政党，现在其支持者也在减少。另一方面，对消费者、个人消费、炒房、炒股的兴趣在不断增长。这是当今的主要潮流。

对这种现象所带来的后果的思考是，西方对中国的经济增长有越来越多的尊敬。有种看法认为，新自由主义不仅在西方建立，而且在中国同样也建立起来。不只是同时发生，而且是平行发展。我们对市场的依赖越来越多，而对政治的依赖越来越少，中国和西方都是如此。我认为，新自由主义已经生根，在中国，不仅经济问题被外包到中国市场，社会问题也是，比如教育、医疗等等。这些问题曾经要靠社区和社会资源来解决。40年前我第一次来中国的时候，这些事情不言自明——它们不应该由市场来解决，但现在它们都交给市场了。

另一方面，经济本身的增长越来越依赖于媒体，我将它称作"经济媒体化"。之前我曾谈到过"媒体经济化"，这二者是辩证存在的。这是由于经济的财政部门、财政层级已经成为虚拟经济和实体经济的发展中心。从国家层面和角度，在预期的基础上，对于物质生产需求需要更多的猜测、观察和预报。因为当所有市场价值和现值都建立在股市交易的变化上，财政部门会依赖于未来，我们必须考虑未来的市场。这是经济媒体化的实质。所以在这种媒介的环境下，人们会时常感受到一种满足自我的消费欲望，在达到巅峰后，随之而来的就是经济泡沫的破裂和经济危机。也就是说，媒体倾向于支持这种恣意挥霍、自我满足的消费循环。在瑞典的经济报道中，自我批评式的分析太少了，这不仅是在报道中国时，在报道瑞典自己的时候也是如此。近20年，随着新自由主义时代到来，经济危机相比于二三十年前发生得越发频繁、影响也越发深刻。90年代发生了深刻的经济危机，西方媒体将1997—1998年的经济危机称为亚洲经济危机。随后，2000年发生了IT经济危机，2008年以雷曼银行倒闭为首，经济危机又一次爆发。之所以经济危机频繁地发生，我认为经济媒体化构成一部分原因。这种发展带来的另一个严重问题就是收入分配问题。这个问题在瑞典、欧洲和中国都存在。收入分配不仅在中国而且在瑞典都带来很多社会矛盾。贫困人口没有得到足够的收入，当今瑞典的收入分配比25年前更加不公平。

让我引用昨天《环球时报》的一句话作结，我读了一篇书评，书名是《美国政府如何与新闻媒体打交道》，作者是龚铁鹰，这本书或许是写给新闻发言人的书。这篇书评最后引用了作者的话："西方有一小部分思想极保守的记者是坚定的反华分子，但西方媒体的基本原则，它们对报道的公平和诚实的追求是值得赞赏的。"这篇评论的结尾对大家提出了一些建议，他的研究结论不仅针对中国的新闻发言人，还针对中国的新闻传播学研究者："善待媒体，善用媒体，善管媒体，尊重媒体的独立性和社会功能，而不是把它当做政府的负担。"

精彩讨论选编

提问：海尔是中国的电器公司，它聘请意大利设计师设计了最新式三开门冰箱。在欧洲市场有三次投放,第一次,该商品没有标明生产国和品牌,见过这个商品的欧洲人70%都希望购买;第二次,标注了品牌,50%的人希望购买;第三次标上了"海尔"和"中国",这次没有人想买。我想请教教授,是否欧洲媒体有"妖魔化"中国的做法,让欧洲消费者不信任中国?我认为这个例子非常典型。

霍肯·林托夫:我并不了解这个案例的具体情况,但我会尝试回答你的问题。很久以前,在中国改革开放之前,大概50—60年代,二战后日本公司被指责抄袭欧洲公司的产品,比如汽车和电冰箱,然而日本的产品质量更差一些。但是后来,如果我们追溯近20年来汽车工业的发展就会发现,日本汽车的质量远远超过欧洲汽车,许多欧洲汽车厂家都已经关门倒闭,但日本公司依旧顺利经营。在这三四十年中,欧洲市场对日本产品的态度有了很大改变。我认为对于中国产品来说,欧洲市场的态度也会经历如此的转变,而且所需时间会更短,因为我们知道世界上四分之三的电视机是中国制造,但我们不介意购买这些产品。

提问:刚刚您提到,瑞典媒体中对中国的报道越来越正面,您可以分析一下其中的原因吗?

霍肯·林托夫:我认为这种转变从1950年开始,当时瑞典是第一个承认新中国的欧洲国家,两国外交开始得很早,这是重要原因之一。这使得中瑞两国都能从更加积极的角度去看待对方,这是60年前的事情。同时,对于瑞典人来说,中国作为旅游目的地的发展前景很好,发展很快。当瑞典媒体派遣记者来中国之前,中国在瑞典媒体中的形象比今天要差;但与此同时,来中国旅游的瑞典游客数量增加了。我知道有很多瑞典游客很高兴看到一个现代化的中国,看到中国的快速发展。他们对媒体说:"为什么不报道更多正面的中国的消息?我们对此很感兴趣,请多报道这样的消息。"所以我认为这与游客和媒体间的相互依赖有关,这是主要原因之一。

提问:我听说北京奥运会期间发生了这样一件事。一名德国记者撰写了一些关于中国的正面报道,但报社编辑认为这些文章读者不爱读,所以他派了另外一名记者来报道奥运会。通过这个例子,我觉得或许很多西方人对中国有偏见,他们希望读到有关中国的负面报道,这是文化原因吗?您认为我们应该怎么做?

霍肯·林托夫：我认为前面我引用的一句话是很好的例子："西方有一小部分思想极保守的记者是坚定的反华分子"。我认为有两种方法，第一，这种保守思想是不能改变的，就让他们自己消失好了；或者第二，邀请他们到中国来。就像我一开场引用的那个访谈中的男嘉宾所说的，他8年前来到中国，之前从美国报道中并没有获得很多中国的正面消息。2002年第一次来中国后，他说"我在中国看到，这个国家比美国媒体报道的要先进得多"。美国媒体的报道给他灌输了很多对中国的错误观念，但当他来到中国，他就可以把事实和报道作对比，事实比媒体报道更有分量。

提问：外国媒体中的中国形象是中国政府很重视的问题。听了你的演讲，我觉得其他国家的人对中国有很多偏见。他们的观点一方面来自本国媒体，另一方面可能来自中国媒体。几十年来，中国政府在国际传播上投入很多，为了让人们更多地了解中国，我想听听您对中国对外宣传的看法。

霍肯·林托夫：比如我之前提到的《中国日报》的报道，对来访中国的外国游客来说影响很大。游客们可能不懂中文，但可以在街头或旅馆找到这份报纸。这是个重要的中国媒体，因为它直接面对国际游客。在最近3年中，它的发展很积极，方向很正确。它比3年前更真实，观点更多样，这让我有种熟悉感，像是在阅读伦敦出版的一份优秀的英文报刊。所以发展英文报刊是其中一点。另一点是发展英文频道，比如CCTV英语频道。我认为这个频道就发展得很好，尽管播出渠道有些问题，在外国有线电视和互联网上很难看到这个频道，应该让它变得更加容易被收看，比如互联网播放，这在技术上完全不成问题，但需要与发行人对话。我很愿意在家收看CCTV国际频道，但很难看到它。

提问：就像刚刚您提到的，《中国日报》是份好报纸，但或许在您的国家很难买到这份报纸。

霍肯·林托夫：对，这是另一方面。我很乐意订阅它，但不知道是否发行。它的订费并不贵。我回到瑞典以后会尝试订阅。我认为在国际上发行《中国日报》是个好办法。

提问：您的意思是中国政府可以在媒体发行上多投入一点？

霍肯·林托夫：是的。

提问：我想知道在您的国家能够从何种渠道得到有关中国的消息？您在瑞典观看CCTV4吗？

霍肯·林托夫：不常看。

提问：你是从网上获得有关中国的消息吗？

霍肯·林托夫：是的。但也包括其他瑞典媒体，因为像我这个年龄的成年人不太上网。年轻人从网上获取他们需要的信息，老年人可能是从传统媒体，比如电视、报纸对他们而言更重要一些。另外，在演讲中我没有提到书籍。其实关于中国，瑞典的市场上图书很多，因此书籍也很重要。

提问：我对瑞典媒体中的中国女性形象很感兴趣，希望听您介绍一下。

霍肯·林托夫：我听到这个问题的第一反应是毛主席的一句话："妇女能顶半边天。"在"文化大革命"后期这句话在瑞典传播很广。从那时起，像我这个年龄的人就对中国很感兴趣，我本人被其中的意识形态所吸引，这是我想来中国的原因之一。20世纪70年代，很多外国人来到中国，写了很多有关中国的书。在性别问题上，我们认为中国是很先进的、很成熟的国家。根据中国的法律，女人拥有和男人一样的权利——当然现实中就是另一回事了，还有很多地方需要改进。但我们惊讶于中国的性别意识。我这辈人都对中国的性别问题持积极乐观的态度。后来我们通过数据和报道了解到，中国在这方面还有很多地方需要改进，当然在瑞典也是如此。我想起我和其他研究者共同出版的一本书：关于中国的媒介文化和全球化，其中卜卫老师提供了一些数据，互联网最初的用户中男性占主流，但女性使用者数量迅速上升，与男性数量几乎相等。不知道今天这个数字是怎样的，但中国每天上网人数达四千万，我想其中应当有两千万女网民。在这点上中国已经与瑞典同步了。

国际传播研究
——自传式的回顾

伊莱·卡茨（Elihu Katz）
（2010—12—21）

伊莱·卡茨（Elihu Katz），美国宾夕法尼亚大学安纳博格传播学院（the Annenberg School for Communication，Upenn，USA）教授，国际著名社会学家、传播学资深学者，他在哥伦比亚大学与其导师保罗·拉扎斯菲尔德于1955年合写的著作正是致力于观察大众传播和人际传播之间的影响。20世纪60年代后期，卡茨教授接受了以色列政府的邀请，负责引入电视广播的研究。在此期间，他还担任BBC广播研究的顾问。

卡茨教授的研究领域主要集中在不同社会系统中大众传播媒介的影响、创新扩散、公共舆论等。他的研究成果丰富，影响深远。1992年卡茨教授和丹尼尔·戴扬（Daniel Dayan）出版了《媒介事件：历史的现场直播》一书。该书经历了长达15年的合作，现在已被翻译成7种文字在全世界出版。在与利贝斯（Tamar Liebes）的合作中，卡茨开始了对另一广播类型——夜间肥皂广播剧的研究。他们的著作《意义的输出：肥皂剧〈达拉斯〉的跨文化解读》（1990年,），已被公认为跨文化研究的经典著作。

卡茨是教科文组织加拿大麦克卢汉奖、布尔达奖（媒体方面）得主。曾被比利时根特大学、加拿大蒙特利尔大学、法国巴黎大学、以色列海法大学和意大利罗马大学授予荣誉学位，并被选为美国艺术与科学学院成员。

我主要从个人的研究历史角度来谈国际传播，讲的内容比较个人化，但是我希望内容还是有学术价值。

　　我会向大家逐项介绍我参与的和国际传播相关的研究项目。大约在1951年或1952年，"美国之音"委托哥伦比亚大学应用社会研究所研究阿拉伯世界以及希腊和土耳其等国家的舆论和传播，这个研究以我的老师保罗·拉扎斯菲尔德为首，总共研究4个阿拉伯国家，再加上希腊以及土耳其。主要是通过调查研究的方法研究这些国家的现代化过程。这组研究最为有名的成果是丹尼尔·勒纳出版的《现代化的中东》。在这次研究中，他访问了哥伦比亚研究小组访问过的同一群人，并且向这群来自阿拉伯国家、希腊和土耳其等地的受访者提出了以下问题：如果你是一家报纸的编辑你会写什么？或者是，如果你是总理，你会做什么？请注意，这些问题都是投射性的问题，他根本不在乎答案是什么。他在乎的是，是否有人会说：我是谁？报纸编辑、报纸是什么？或者说：我是总理？你不如问我的邻居吧，他应该知道答案。勒纳对"移情"这个概念很感兴趣，他要看受访人是否能够想象他们扮演某种角色，比如是否能够想象自己是这个国家的总理或某份报纸的编辑，他把"移情"作为现代化建设的关键，即现代化主要是城市化、识字率、接触媒体以及当地人是否具有想象超越他们现实生活的这种能力。

　　我总共会介绍我所参与的九个与国际传播相关的研究项目。我先把第一个项目说完，就是中东现代化的项目，在这个项目中，我扮演的是一个非常次要的角色。在1951年，我还只是一个年轻的研究生。关于第一个项目我要说三点，一这是中东调查研究，二是丹尼尔·勒纳的书，还有一点是"移情"这个概念。

　　这项现代化研究和拉扎斯菲尔德的主要兴趣只有一步之遥。他的主要兴趣是媒体在决策中所起的作用。他很早就开始了关于投票的决策研究，这是关于选民选谁的决策研究，还有关于消费者如何做出购买决定、时尚以及决定看什么电影等方面的决策研究。拉扎斯菲尔德的研究显示，媒体并没有直接影响人们做出某种决定，而是通过一个两级传播的过程进行间接影响，这和我的第二个研究项目相关，拉扎斯菲尔德的研究使我们意识到人际传播网络在信息传播中的重要性。我们曾经认为，媒体将会取代口口传播和人际沟通，相反，我们却看到了旧媒体以及更旧的媒体，即口口相传，它们之间的融合或两级传播的现象。我们从决策研究转向"创新扩散"的研究,这项研究我和很多人都在做,尤其是埃弗雷特·罗杰斯。一旦我们从直接影响到两级传播,即媒体—口传—决策,我们意识到把传播研究重新放回到了社会科学的行列,因为许多社会和人文学科充斥着扩散过程研究,比如时尚研究对风格扩散的研究,音乐研究中也有这样的扩散研究,这是露西·卡茨(Lucy Katz)[①]的领域。还有比如考古学对事物如何从一地迁移到另一地的研究,人类学对文化接触的研究,医学对疾病如麻疹或艾滋病或其他疾病的研究等,还有研究基督教或伊斯兰教在电视来临之前如何在整个世界传播。这是我从事的第二个项目。我们提出的"扩散概念"以及研究传播最基本的形式,比如基督教的传播,即研究沙漠中某地的某几个人如何在全世界传播基督教的话语,这都属于国际传播研究的范畴。这是我要介绍的第二个项目。

接下来介绍第三个我所参与的研究项目。我们从哥伦比亚大学到芝加哥,到耶路撒冷。当时我和布伦达·德内茨(Brenda Danet)合作,研究来自发展地区的新移民,尤其是来自阿拉伯世界的犹太公民如何与以色列的政府机构打交道,比如健康部门、房管部门、海关部门、税务部门以及警察等。研究他们如何看待对方。这项研究与其说是媒体研究,不如说是人际传播研究,我们研究的是新移民之间,特别是来自传统社会的新移民和政府官员之间的交流方式。为了能够了解这些新移民对政府机构持有怎样的印象,我们分析了请愿书、信件以及移民和官员之间的对话。这里举一个例子。如果你在公交汽车上发现某乘客就票价与公交车司机讨价还价,你会看到作为客户的乘客和司机对组织机构有着不同的概念。司机意识到他受某个组织机构管理,而乘客会根据印象认为票价太高。我们还研究了其他的组织机构。这是第三个项目。

我要介绍的第四个项目最不可思议,我被委托建设以色列全国的电视广播系统。我不知道他们为什么会选我。这可能仅仅是因为在我的办公室的标志上写着:卡茨,传播学教授。以色列总理说:传播学教授,他肯定知道如何建设一个全国性的电视系统。他说:你愿意做吗?我说:当然。在这个过程中,我学到了如何进口电视系统,我也逐渐对其

[①] 卡茨教授的夫人,音乐教育家。

他地区的广播系统产生兴趣，看这些系统是否适合以色列，而不仅仅是我所了解的美国广播系统。我特别对英国广播公司产生了兴趣，当我离开以色列之后，英国广播公司说，卡茨肯定对电视有一些了解，或许他可以成为英国广播公司的顾问。我说当然可以。需要指出的是，以色列排斥发展电视系统差不多有10年的时间，他们担心电视会被美国化，而且电视可能会破坏犹太文化的复兴或再生，当时这个国家有许多不同的犹太移民群体仍需要整合。接着约旦、埃及和以色列之间发生了战争，而这场战争在以色列建设电视系统这件事情上起到了"临门一脚"的作用。

现在介绍第五个研究项目。这是我担任以色列电视台台长之后的事情，我做台长两年，职业角色发生了变化。我从研究传播的社会心理学家转变成研究传播机构的社会学家。在为以色列电视台和英国广播公司工作之后，我们研究了电视机构在10个发展中国家的移植情况。我们对巴西、秘鲁、塞浦路斯等世界各地总共10个国家将电视作为一个机构引进自身文化的过程进行了研究。我们试图了解这个过程是如何发生的，其中存在怎样的社会关系，当纽约、巴黎，以及伦敦出口电视机构的时候存在什么样的霸权或帝国主义野心，当地领导是怎么想的——考虑到以色列的领导层排斥电视这么久以及人民对电视有什么样的期望。这个项目进行了几年的时间，我的合作者是来自英格兰的埃伯哈德·乔治·温德尔（Eberhard George Wedell），他和我的背景有点相似。我们当时去了很多国家，观察电视作为一个机构是如何被移植、扩散到目标文化的。

之后，我开始了第六和第七个研究项目。第六个项目不再研究作为组织机构的电视，而是研究全球最热门的电视节目，也就是"媒介事件"。我来介绍一下项目背景。当时我的合作者丹尼尔·戴扬发现了一些特殊的电视节目类型。这些电视节目会打断日常生活和电视的正常播出，会让一个国家、两个国家，或者整个世界同时收看某个现场直播，而该现场直播是如此重要，以至于没有节目可以取代或者与之竞争。你们所熟悉的北京奥运会是一个很好的例子，全世界都在收看。在这个研究项目中，我们最终认识到存在一种我们称之为"媒介事件"的节目，这种节目是现场直播的、会中断其他节目，是仪式性的。我们认为，总共有三种媒介事件。一种是我们所说的竞技，比如运动、民主政治；还有一种我们称之为征服。举个例子。来自波兰的教皇说，作为一个土生土长的波兰人，我的工作是去波兰，所以他从罗马梵蒂冈飞往波兰。他说，让我们推翻俄国对东欧的统治——他的原话不是这样说的，但是这个意思。他举行了弥撒，亲吻波兰土地，提醒波兰人不要忘记自己的本土宗教天主教。而在波兰，大家通过电视直播将他的一举一动看在眼里。再举一个例子。埃及总统萨达特来到耶路撒冷时，他说已经有足够多的战争，阿拉伯世界和以色列不要再有战争。他对以色列议会和议会领导人说，我们希望和以色列实现和平。他来耶路撒冷三天，这三天里，他所有的举动都被现场直播，从访问清真寺到犹太教堂到犹太纪念碑，从会见总理贝京到会见前总理梅厄，以及他们之间交换儿孙照片等行为都被现场直播。第三种"媒介事件"是典礼。典礼是指葬礼或者真正的就职典礼，比如奥巴马的就职典礼，或者是戴安娜葬礼以及肯尼迪被刺后的葬礼。因此，我们观察这些事件并且认为，这体现了电视真正的力量，也就是能够把一个国家或世界组织在一起。请注意，从这个项目开始我们已经从有限的媒介效果转到了强大的媒介效果，揭示大众传媒可以把大家联系在一起的能力。教皇对东欧政治确实起到作用，萨达特对实现和平起到作用，而登月证明美国人在太空争霸中可以击败苏联，全世界都在观看。

在第八个项目中，我和我的合作者研究的是犹太人离散的问题。大家应该知道，犹太人在公元 70 年离开巴勒斯坦开始背井离乡的生活。在之后两千多年的时间里，他们流散到很多地方。我们想要知道，在这样的情况下，他们的民族性是怎么维持的？你们也可以研究中国人的离散现象，但这两者之间很大的区别在于，大多数中国人留在中国，而犹太人并不是。我们的问题是，犹太人是如何维持着这样的一个想象共同体，在这里引用一下本尼迪克特·安德森的理论。犹太人如何创造出一个不再存在的家园？我们通过阅读文本的方式，试图来发现不同的群体是如何保持联系的。

现在介绍最后一个项目。我的有些同事在研究中又开始运用"移情"这个概念，这个概念我在介绍第一个项目的时候已经提到过。距离第一个项目 60 年后，有一群传播学者扪心自问：为什么在电视上看到这么多的灾难这么多的苦难？目击种种危机，天灾人祸或种族屠杀，难道我们作为道德个体能够眼睁睁地看着这些事情发生却没有感同身受？我们为什么不做些什么呢？于是，这群学者重新找回了"移情"这个概念，这个我认为主流传播研究已经差不多遗忘的概念。也就是说，他们提出了一个伦理问题。我在这个项目也参与了一小部分，但无论如何，我认为这是一个重要的问题，而且我觉得这个问题从现代化研究开始到现在转了一圈。在现代化研究时期，投射、移情、同情或情感被引入传播研究，情感似乎在后来的传播研究历史中被遗忘了，而现在它似乎又被重新发现。这是第九个项目。

现在谈一下我的想法，不是总结。有些学者认为需要将国际传播国际化。我不知道这样说究竟是什么意思，我也不知道这九个项目或别人做的其他20个项目是否真的毫无益处。

举个例子。我们先回到20世纪50年代的现代化研究。该研究由"美国之音"资助，而"美国之音"这么做的目的是为美国做公关。这样一来，关于勒纳和其他研究者的问题出现了，我也和这组研究略有关系：为什么替霸权意图工作？这是俄罗斯和美国冷战的一部分。这是研究者该做的工作吗？这也促使我思考这样一个问题，谁应该是你的客户？但我想要强调的是，这是一项独立的研究。首先这项研究基于投射测验的调查研究。在测验中，人们被问到如果他是一个编辑或总理他会怎么做。另外，这项研究还发现了媒体和人际影响共同起作用，以及"移情"——一个正在复苏的概念。我们是应该把它们都抛弃掉，还是应该从这种研究中获益？埃弗雷特·罗杰斯本人也从这样的研究中抽身，认为我们正在帮助西方国家政府将价值观强加于发展中国家。虽然事实上现代化研究效果不是很明显，但我们是否因为现代化研究是无益就抛弃一切，而不是从这些方法、这些发现的基础上再往前推进几步。为什么要取代旧模式而不是在旧模式的基础上进行发展呢？

我再举个例子。方才提到过我们在哥伦比亚大学进行的扩散研究。科尔曼、门泽尔和我曾合作研究新药如何在医生中间扩散。该项目由辉瑞公司资助，这是一个很大的医药公司。他们想知道如何把伟哥卖出去。如今他们在卖什么？抗生素。他们想要知道如何说服医生。我们说，我们不再做这种类型的研究了。我们对扩散更感兴趣。所以我们把社会计量学和调查研究的方式结合起来，来研究扩散如何在社会网络和媒体之间进行，最终我们对基督教的扩散也非常感兴趣，这和辉瑞公司希望我们做的研究相去甚远，但我们告诉了他们医生之间药物是如何扩散的，我们也问他们，你们注意到了基督教的扩散了吗？

总的来讲，我们要想好在国际传播领域中研究什么问题。我们可能会想要研究信息的流向问题，而这和我之前提及的两个、三个或四个项目有关。但还有很多问题可以研究。卡尔·多伊奇通过量化测量国家之间传递的电话信息流量来研究国家与国家之间的紧密程度。我们也可以测量新媒体的信息流，来看世界各国是否联系得更为紧密。但信息流向的问题仍然存在，接受问题也是，这是文化差异的问题，还有文化共存的问题——看到同样的事情人们的解读或许相同或许不同。不管如何，这些国际传播中的经典问题可以建立在早期研究之上，而不用去管是谁付钱，也不用计较该用什么方法不该用什么方法，社会调查、社会计量法、焦点访谈，民族志等方法都是可以选择的。

精彩讨论选编

提问：我的第一个问题是，随着互联网和移动电话的扩散，传播环境已经发生了变化，新的媒介技术给您的媒介事件研究带来了哪些新的思考？第二个问题是，在分析网络空间中正在形成的历史性时刻以及集体记忆时我们应该运用哪些方法？

卡茨：新媒介构成了新的社会网络。博客、微信、微博等新媒体做了什么？它们组成了什么样的社交网络？它使得具有独立力量的群体形成。这意味着人们可以在已有建制之外聚集到一起，无论其理由是否合理。它也意味着新旧媒体的融合。奥巴马竞选总统时，电视对唱票的过程进行了现场直播，而人们则是边看电视，边就媒体上看到的内容进行交流。和我一起写《媒介事件》的丹尼尔·戴扬在《电视是否会消亡？》一文中讨论了人们边观看媒介事件边相互谈论它的情况。不过这个现象可能存在以下问题：人们很有可能只会和与自己意见一致的人交谈，而不是和意见相左的人交谈。

关于第二个问题，我们通常有一种通过某种媒介进行历史写作的做法。理论家认为,在书写出现之前就有历史。当然,在印刷技术出现之前更是如此。如果没有关于发生事件的记录,任何人都可以更为自由地叙说过去。所以毫无疑问,每一种新的媒介的出现,包括电视都意味着增加了一种新的记录过去的方式。当然,人们也可以存在不同的观点。历史学家之间也会争论不休,即使他们有文本和视觉记录。现在人们对历史的解释更为自由、宽松。当然,它可能再次导致了更多的分歧,应该记录什么事情或者对某一历史事件的评价是好还是坏。人们对有些事件已经改变了评价的标准,过去被认为好的现在却被认为不太好,如此种种。

提问:近年来中国有很多的国际媒体事件,比如奥运会和世博会。就中国的国家形象而言,您怎么看待这些媒体事件的影响?我注意到您主要研究媒体对社会的影响,在您的研究中,媒体事件对媒体自身是否有影响呢?

卡茨:首先,关于中国形象问题,普莱斯(Price)和戴扬(Dayan)合编了一本书《拥控奥运会》(Owning the Olympics),在书里他们讨论了宣传人员就如何利用奥运会来推广中国形象发生的争论,这和你提及的问题很有关系。也就是说,媒体在某事件发生之前,就已经在设计如何从某个角度呈现某个国家的某种想象。在中国,关于呈现怎样的中国形象也存在许多辩论。我觉得这对国际传播研究而言是一个核心问题。在媒介事件研究初期,当时电视还不如现在的技术这样精巧,这样无处不在。我们研究的是中心性的仪式性事件,比如戴安娜和查尔斯的婚礼、登月事件,比如萨达特访问耶路撒冷或者教皇访问波兰。在电视业发展早期阶段,如何把各种资源组织起来展示这种媒介的潜力——几十个摄像头、专家以及色彩——对工作人员而言是巨大的挑战。英国广播公司(BBC)报道传统中盛大的仪式,王室活动如婚姻和加冕仪式等,颇受到电视呈现效果的影响。看电视和在现场的感受是不同的。在某些情况下,在现场看到的东西只是你在电视上所看到的内容的局部,因为电视会将报道对象呈现得庄严并且绚丽。比如张艺谋对奥运盛会的呈现更具影响力。所以,电视从技术上而言有影响力,同时它也是政治性的,因为电视人必须决定呈现事件的哪些方面。在媒介事件研究中,查尔斯和戴安娜的婚礼被英国广播公司(BBC)和其他电视网络作为一个童话进行报道，而主婚的坎特伯雷大主教却说，别说这种废话了。当然他没有具体使用这个词。他说，让我们不要自欺欺人，婚姻不是童话的结束，他们至多也就是一个新的故事的开始，一个基督徒的故事。所以他在电视直播中对制作方强调婚姻的童话方面表示了不认同。我想说，电视的复杂性让我们意识到，人们对媒体事件持有更加怀疑的态度。他们现在并不太相信这些仪式性事件表现出来的就是真相。他们相信这些事件是表演出来的。另外，媒体事件似乎转向更具破坏性的事件，如世贸大楼双子塔的爆炸事件，或自然灾害如东南亚海啸。所以，戴扬和我以及其他合作者认为，媒介事件不光是20世纪90年代初我们研究过的仪式性事件，或许应该把破坏性事件包括进来。

提问：您怎么看维基解密事件？美国的老百姓怎么看？

卡茨：梅罗维茨（Joshua Meyrowitz）写过一本关于电视的书《消失的地域》（*No sense of place*）。他认为电视和其他媒体的差异是电视的可获得性（accessibility）。年幼的孩子以及成年人，识字和不识字的人，每个人都有平等收看电视的机会，电视已经消除了"神秘"。孩子们了解父母的世界正如父母掌握孩子的生活。女人了解男人正如男人了解女人。市民对政客的了解不亚于政治家对他们了解的程度。这是他的观点，我将他的论点总结为"不再有秘密"。现在，随着新媒体的来临，我认为"不再有秘密"这个想法正延伸到"不再有借口"。现在你们接触媒体很方便，没有事情可以被隐瞒，你总会看见这件事情。你不能说我不知道隔壁或马路上正在发生种族屠杀，你要负道义上的责任。我将其称之为：不是"不再有秘密"，而是"不再有借口"。维基解密是"不再有秘密，不再有借口"的一个极致的例子。这样的事情不是第一次发生。之前也发生了类似泄密的例子，比如五角大楼文件有关越南的情况从华盛顿国防部流传到广大市民之间。维基解密是一个极端的"不再有秘密"的例子，当然随着技术的改进或许还会有秘密存在。大家也都同意，维基解密的人由于指名道姓使某些人的生命处于危险之中，比如外交官和其他人等，这种做法很可恶。此外，他们泄露的秘密处于非常低的水平，大多是各种八卦，地方事件。但从言论自由的原则而言，应该保护他们，就像记者揭露获得的秘密也有受到保护的权利一样。比如水门事件，这件事情的线索来自举报人。因此，就维基解密事件而言，他们的所作所为也可以看作是记者有权报道所获得的秘密这一权利的延伸。

提问：请问您如何区分跨文化传播和国际传播？

卡茨：我认为两者关系非常密切，但它们是不同的。如果你是一个技术理论家，像麦克卢汉一样，你会说国家不再是一个有效的概念，因为信息跨越国界非常容易。但即使你是一个技术理论家，你也不可能说世界已经成为一个地球村，你会说，文化差异仍然存在。我认为，国际传播不能只限于研究各国之间的传播，这仍然是一个很合理的思路，因为我们离国家崩溃这一天还很遥远，文化差异还很明显而且会保留。因此，它们是不同的，关系密切，我认为国际传播研究者应该对两者都保持关注。

提问：您研究了阿拉伯国家和以色列。请问这两个世界之间有什么异同，我们学者可以做些什么来改善这两个世界之间的关系？

卡茨：这是一个很大的问题，我希望能给出一个认真的答案，但我还没有对两者之间的关系做很多研究。你刚才提醒我，这可以是我的第十一个项目。我曾经参与过一个有关耶路撒冷的形象研究，这个城市是冲突的焦点之一。以色列已经把耶路撒冷作为首都，而阿拉伯人说它是属于我们的。世界各地感到困惑不解。

提问：他们为什么不互相沟通，以便更好地了解？

卡茨：这说明了现有的国际传播研究还不是很好。我们发表了一本书《谈判耶路撒冷》（*Negotiating Jerusalem*）。我们想要知道阿拉伯人对耶路撒冷持有怎样的印象，犹太人对耶路撒冷持有怎样的印象，两者之间妥协的可能在哪里。我们做了一些工作，思考耶路撒冷地区的哪部分可能可以成为巴勒斯坦国的首都。但同整个大的问题相比，这个项目只是很小的一部分。感谢你的良好祝愿，希望我们能够最终解决这个问题。

提问：人类可以文明地交往和沟通。为什么这两个世界不能互相沟通以达成更好的理解？

卡茨：无论大小国家都会存在这样的问题。以色列很小，像美国罗得岛州那么大。中国要大一些，但也存在地区冲突。再以朝鲜半岛为例，为什么韩国没有和北朝鲜达成共识？他们甚至讲同一种语言。不过您说得对，为什么我们人类不做一些事情来减少暴力，缓和紧张关系。

提问：全球性传播和国际传播的区别是什么？门罗·普莱斯（Monroe Price）的研究和您的研究之间的区别是什么？

卡茨：门罗·普莱斯相信民族国家还有一个大的未来。国际传播受制于国与国之间的协议，即什么样的信息可以跨越国界取决于民族国家之间达成的共识，即使技术上来讲信息传播可以是全球性的，他仍然相信国家的重要性。关于这个问题，他已经写了两本很好的书。所以你问我全球传播和国际传播之间的差异，我的回答是，全球传播是指有能力跨越所有边界进行传播，而一些媒体事件可以做到，比如奥运会，虽然理论上来讲这样的信息可以被拦截。或者以谷歌为例，理论上它是全球性的，但在实践中却不尽然。两者之间的区别是，全球性是有可能的，但国家是更为现实的存在。

提问：戴扬教授最近发表一篇文章《超越媒介事件》（Beyond media events）。他认为新媒体背景下，媒体事件变得更为显著。他使用的是三个D模式而不是三个C模式。媒体事件基于您的电视研究，请问新媒体背景下，我们怎么理解媒体事件？我们怎样从媒体事件的角度研究新媒体？

卡茨：我认为电视（发展）已到尽头。它是如此分散——数百个频道、每个人家里都有电视、每个人的手机都是便携式电视，电视作为共享的全国性的体验已经或正在消亡。媒介事件可能除外，但不再仅仅是仪式性事件，也包括破坏性事件，比如纽约双子大楼遭受恐怖袭击事件等。所以，在电视带给人们更加私有化的个性化的体验的同时，媒介事件是唯一将人们凝聚的事件。我想这是戴扬说媒介事件将变得更为重要的原因。但与此同时，他也有可能是在说，新旧媒体会融合。比如就一些大事件而言，如上海大火——这不太算得上是媒体事件因为它没有在一个较长的时间段里连续播出，但人们会在人际网络里通过微博进行传播，人们对这件事仍旧会聚焦，但会是新老媒介的融合。

提问：我最近关注的话题是政府官员的媒介素养。我想知道有什么好的方式可以让政府官员更为有效地利用媒体来改善当地经济？我也想知道你怎么看待官员的媒介素养与当地经济的关系？

卡茨：我之前提到过一个项目，这个项目研究了公民和政府官员之间的关系。这两者之间的交流确实存在很大的探索空间。在传播研究出现之前,就有专家从事简化政府语言使之更容易被理解的工作,我觉得现在还有这样的人。类似的问题不仅仅存在于政府官员和公民之间,而在使用说明比如吹风机的使用说明中也存在。有些电器公司的使用说明,英语写的,连我都看不懂。我认为应该存在这么一个行业,从事同一种语言中的翻译,使得人们能够理解。广告是整个行业的重要组成部分。我并不认为广告如我某些同事所说的那样强大。香烟盒上印有"吸烟会导致肺癌导致死亡",我也不能理解为什么这样的警醒行不通。安尼博格传播学院对这个问题正在展开研究。美国香烟要更换新的禁烟图片,图片是一个人躺在棺材里,我们要研究哪幅图片更有说服力。政府和公众之间的沟通是一个老问题,公众如何与政府沟通——比如公众可以向谁提意见也是一个重要的问题。总之,官员与公众如何沟通是很有意思的问题,但我也不知道答案。

提问:我看过尼尔·波兹曼(Neil Postman)写的《娱乐至死》(*Entertaining ourselves to death*)。我觉得波兹曼对数字世界有点悲观。我想知道您是怎么想的。

卡茨:我不认为波兹曼生活在数字世界。他反对再现(representation),尤其是电视。他的《娱乐至死》针对电视但是认同印刷。他认为,电视摧毁理性,而印刷导向理性思考。我不知道他是否针对新媒体,我想他会的,因为他会认为网络上流传的信息要么太短要么太八卦,无法表达思想。对电视或新媒体还有一种新的批评观点,新媒体正在破坏辩论。人们在新媒体上和观点与自己差不多的人交流,但民主意味着你需要跟持有其他意见的人交流。这有点类似哈贝马斯的沟通理论。哈贝马斯反对任何形式的再现,反对图像。他认为人们需要在精神的层面互相交谈,不要考虑肉体、角色、地位、兴趣和身份。他认为"再现"会把情感带入政治辩论。电视因为它的直白性很有可能摧毁抽象化思维,电视太过直白,不太具备政治讨论所需要的抽象性。麦克卢汉也是偏爱印刷胜过电视,印刷的呈现方式是线性的,你没有读完整句之前无法把握其要旨。麦克卢汉看到了电视其他的优点,但他没有什么好感。

致　谢

值此文集出版之际，我们感谢学界同人对沙龙的厚爱，感谢新闻与传播研究所领导对沙龙的支持，感谢贾金玺与季芳芳两位同事的友情援手，感谢中国社会科学出版社冯斌老师的敬业和严谨；还要感谢中国社会科学院研究生院新闻系研究生邱耀洲、范圆圆、徐善水、孙彦然、杨琦、姚金楠、徐靖、丰家卫、张楠和吴雅靖等同学的辛勤工作，感谢编委会老师们的学术指导，希望我们的严谨学风在演讲集的第二辑里发扬光大！

编　者